MANUEL

D'ARCHITECTURE.

TOME II.

731

MANUEL
D'ARCHITECTURE

OU

TRAITÉ DE L'ART DE BATIR,

COMPRENANT

Les Principes généraux de cet Art, la Géométrie appliquée,
l'Analyse des Matériaux employés dans la Construction, les Lois des Bâtimens, les Prix courans des Travaux, etc., etc., etc.

Par M. TOUSSAINT, Architecte.

Ouvrage orné de Planches.

TOME SECOND.

─────◦◦◦◦─────

PARIS,

RORET, LIBRAIRE, RUE HAUTEFEUILLE,

AU COIN DE CELLE DE BATTOIR.

1828.

MANUEL

D'ARCHITECTURE

OU

TRAITÉ DE L'ART DE BÂTIR.

CHAPITRE V.

PRIX-COURANS DES OUVRAGES DE BATIMENS.

Les prix qui suivent sont ceux alloués aux entrepreneurs dans les principaux ateliers de Paris, par MM. les vérificateurs le plus au courant, par leurs nombreuses relations, de connaître le taux journalier des matériaux de toute espèce, et des journées de tous les ouvriers dans chaque genre d'entreprise.

Ainsi que nous l'avons dit dans notre introduction, ces prix sont continuellement susceptibles de variations, tant à cause de la quantité de travaux entrepris à la fois dans une seule ville, comme à Paris en 1825 et 1826, ce qui a occasionné une augmentation d'un quart et même d'un tiers sur tous les travaux de bâtimens, que de la facilité ou de la difficulté des arrivages, des obstacles que présente la mise en œuvre de tels ou tels matériaux, et enfin de mille autres circonstances locales qui peuvent s'offrir lors de l'exécution de certains ouvrages.

Les adjudications publiques offrent aussi des différences quelquefois énormes avec les résultats que nous donnons ici, puisque certains entrepreneurs font souvent des rabais de 25 à 30 pour cent sur les prix portés aux cahiers des charges par les architectes ou les ingénieurs des administrations, lesquels prix sont pourtant basés sur des détails très précis, et sont portés aux devis d'après des expériences souvent réitérées, et la conviction intime qu'il est impossible de faire ces travaux au-dessous. Comment donc se fait-il que des rabais si extraordinaires aient lieu? Chacun se fait cette question, à laquelle il n'est pas difficile de répondre : c'est, 1°. que les entrepreneurs, qui les consentent, sont ou des ignorans qui ne savent se rendre aucun compte du coût de leurs travaux : aussi combien y en a-t-il qui terminent les ouvrages dont ils se sont rendus ainsi adjudicataires, sans être ruinés? 2°. ou qu'ils comptent sur la faiblesse, la négligence ou la nullité des chefs placés pour les surveiller, qu'ils entendent bien alors se dédommager sur les qualités des matériaux à fournir, et sur les malfaçons qu'ils rejettent sur des sous-traitans rendus responsables, et dupes à leur tour de leurs sous-traités. Nous avons donné sur ce sujet, dans notre *Memento des Architectes*, quelques anecdotes qui peuvent éclairer sur cette question les personnes qui seraient tentées de suivre cette marche onéreuse, et nous nous proposons de les multiplier, dans la suite des livraisons qui nous restent à publier.

Nos lecteurs ne verront donc dans la série que nous lui offrons, que des prix de travaux supposés parfaitement bien faits, exécutés sans aucune circonstance extraordinaire, avec les matériaux de meilleures qualités, par des entrepreneurs probes, actifs, intelligens, qui reçoivent les plans et tous les documens de la construction, d'un architecte extrêmement rigide; qui sont surveillés par des inspecteurs qui vérifient exactement toutes les matières fournies, ainsi que leur emploi, qui prennent chaque jour attachement de tous les travaux cachés et de toutes les journées au compte du propriétaire; enfin par des entrepreneurs entourés et observés de manière à ne pouvoir compter bien strictement que ce qu'ils fournissent : ce qui est impossible, lorsque ces entrepreneurs dirigent seuls leurs travaux, et qu'ils sont, par conséquent, juges et parties dans leur propre cause; ce qui est impossible encore, lorsqu'on fait des constructions à prix débattus et *les clefs à la main*, après avoir lutté contre des concurrens qu'il a fallu éloigner par des

rabais onéreux. Cette impossibilité de per-
fection et de solidité est prouvée, au surplus,
par les cinq-sixièmes des maisons neuves
élevées à Paris depuis quatre années.

MAÇONNERIE.

OUVRAGES EN PIERRE.

Pierres tendres.

Saint-Leu, pour murs montés
en assises ordinaires, de 13 à 16° de
hauteur. La toise cube, compris
taille de lits et joints, bardage,
montage, pose et fichage, vaut.   527 f. 0 c.

C'est, pour chaque pouce d'é-
paisseur   7   33

Saint-Leu, id., mais en assises d'appareil réglé d'environ
12° de hauteur, vaut la toise
cube en œuvre, compris comme
dessus.   546   0

C'est, pour un pouce d'épais-
seur   7   58

Saint-Leu, id., pour fermetures de baies en plates-bandes,
les claveaux mesurés par équarrissement, et compris la taille
des lits en joints, vaut la toise
cube en œuvre.   575   0

C'est, pour un pouce d'épaisseur .... 8 f. o c.

Évidement simple sur le
chantier, sans déchet, pour
main-d'œuvre seulement, en
Saint-Leu, le pied cube...... o 35

Idem, sur le tas........... o 45

Refouillement simple sur le
chantier entre quatre côtés conservés, en Saint-Leu, le pied cube. o 70

Idem sur le tas, à la masse et
au poinçon, pour des incrustemens et autres............ o 90

Évidement d'angle fait sur le
chantier, avec perte et déchet,
en pierre de Saint-Leu, le pied
cube, vaut................ 2 20

Refouillement à la masse et
au poinçon, et *déchet*, en Saint-
Leu, le pied cube........... 2 60

Taille de parement droit,
layé, en pierre de Saint-Leu, la
toise superficielle........... 6 o

Idem, sur le tas.......... 6 80

Idem, pour moulures...... 7 60

Moulures *idem* sur le tas... 8 20

Vergelé tendre employé en
assises ordinaires et courantes,
de 12 à 16º de hauteur, pour
murs; la toise cube pour fourniture, taille des lits et joints,

bardage, montage, pose et fichage, la toise cube en œuvre,
vaut...................................... 520 f. 0 c.

C'est, pour chaque pouce d'é-
paisseur 7   23

Vergelé tendre, *idem*, mais
en assises réglées, d'environ 12°
de hauteur, la toise cube com-
pris *idem*...................................... 555   0

C'est le pouce d'épaisseur...   7   72

Vergelé tendre, *idem*, pour
claveaux de plates-bandes, mesurés par équarrissement, la
toise cube en œuvre vaut, compris taille des lits en joints obli-
ques, etc...................................... 583   0

C'est par pouce d'épaisseur..   8   10

Évidement simple sur le chantier, sans déchet, pour main-
d'œuvre seulement. En vergelé
tendre, le pied cube................   0   40

Idem, sur le tas...............   0   50

Refouillement simple sur le
chantier, contre quatre côtés
conservés. En vergelé tendre,
le pied cube...................................... 0   80

Idem, sur le tas, à la masse et
au poinçon, pour des incruste-
mens et autres...................................... 1   0

Évidement d'angle sur le
chantier, avec perte et déchet.

En vergelé tendre, le pied cube.......................... 2 f. 25 c.

Refouillement à la masse et au poinçon, et *déchet*. En vergelé tendre, le pied cube..... 2   70

Taille de parement droit, layé. En vergelé tendre, la toise superficielle 7   80
Idem, sur le tas........... 8   40
Idem, pour moulures..... 9
Moulures *idem* sur le tas... 9   60

Pierre tendre de l'Isle-Adam, dite *Parmin*, employée en assises courantes, de 18 à 21° de hauteur, pour murs, fourniture, taille de lits et joints, bardage, montage, pose et fichage. La toise cube en œuvre vaut..... 648   0
C'est, le pouce d'épaisseur.. 9   0

Parmin id., mais pour murs en assises d'appareil réglé, d'environ 18° de hauteur. La toise cube en œuvre, *idem*....... 710   0
C'est, le pouce d'épaisseur.. 9   86

Parmin idem, en plates-bandes de fermetures, de baies de portes et croisées. La toise cube en œuvre, y compris taille de lits et joints................ 740   0
C'est, le pouce d'épaisseur.. 10   27

Evidement simple sur le chantier sans déchet, pour main-d'œuvre seulement. En parmin, le pied cube...............   o f. 4o c.

    Idem, sur le tas.........   o   5o

Refouillement simple sur le chantier entre quatre côtés conservés, en parmin. Le pied cube.   o   8o

    Idem, sur le tas, à la masse et au poinçon, pour des incrustemens et autres.............   1   o

Évidement d'angle fait sur le chantier, avec perte et déchet. En parmin, le pied cube.....   3   o

Refouillement à la masse et au poinçon, et *déchet*. En parmin, le pied cube..........   3   4o

Taille de parement droit, layé. En parmin, la toise superficielle   7   8o

    Idem, sur le tas..........   8   4o

    Idem, *pour moulures*......   9

    Moulures *idem*, sur le tas..   9   6o

Lambourde de Gentilly ou *de Saint-Maur*, en assises ordinaires et parpaings, de 15 à 16° de hauteur, compris fourniture, déchet, taille des lits et

joints, bardage, pose et fichage.
La toise cube en œuvre vaut.. 465 f. o c.
C'est, le pouce d'épaisseur.. 6 45

*Lambourde des mêmes car-
rières*, mais en assises d'appareil
réglé, de 12 à 15° de hauteur,
compris comme dessus, vaut la
toise en œuvre............... 477 o
C'est, par pouce d'épaisseur. 6 6$_2$

Lambourde idem, employée
en plates-bandes en claveaux.
La toise cube en œuvre mesurée
par équarrissage, y compris
taille des lits en joints........ 530 o
C'est, par pouce d'épaisseur. 7 37

Evidement simple sur le chantier, sans déchet, pour main-
d'œuvre seulement. En lambourde de Saint-Maur, le pied
cube........................ o 5o
Idem, sur le tas.......... o 6o

Refouillement simple sur le
chantier, entre quatre côtés conservés. En lambourde de Saint-
Maur ou de Gentilly, le pied
cube........................ o 95
Idem, sur le tas, à la masse et
au poinçon, pour des incrustemens et autres.............. 1 20

Evidement d'angle sur le

chantier, avec perte et déchet.
En lambourde de Saint-Maur
ou de Gentilly, le pied cube...   2 f. 10 c.

Refouillement à la masse et
au poinçon, et *déchet.* En lambourde de Saint-Maur, le pied
cube.......................   2   40

Taille de parement layé
droit, lambourde de Gentilly
ou de Saint-Maur. La toise superficielle...............   9
    Idem, sur le tas..........   10
    Idem, pour moulures......   11
    Moulures *idem,* sur le tas..   12

Vergelé dur, en assises ordinaires, d'environ 15° de hauteur
pour murs, la toise cube compris taille des lits et joints, bardage, montage, pose et fichage.
La toise cube en œuvre vaut..   548
    C'est, pour un pouce d'épais-
seur......................   7   60

Vergelé idem, mais pour des
assises réglées, d'environ 12° de
hauteur. La toise cube compris,
idem.....................   565
    C'est, pour un pouce d'épais-
seur......................   7   85

Vergelé idem, mais pour
plates-bandes de baies, les cla-

veaux étant mesurés par équarrissement. La toise cube en œuvre vaut, compris taille des lits
en joints.......................... 602 f. 0 c.
    C'est, le pouce d'épaisseur... 8 37

Evidement simple sur le chantier, sans déchet, pour main-
d'œuvre seulement. En vergelé
dur, le pied cube............. 0 55
    Idem, sur le tas.......... 0 65

Refouillement simple sur le
chantier, entre quatre côtés conservés. En vergelé dur, le pied
cube.......................... 1 20
    Idem sur le tas, à la masse et
au poinçon, pour des incrustemens et autres............... 1 50

Evidement d'angle sur le
chantier, avec perte et déchet.
En vergelé dur, le pied cube.. 2 40

Refouillement à la masse et
au poinçon, et *déchet*. En vergelé dur, le pied cube........ 3 0

Taille de parement droit,
layé. En vergelé dur, la toise
superficielle................. 9 60
    Idem, sur le tas.......... 10 50
    Idem, *pour moulures*...... 11 50
    Moulures *idem* sur le tas... 12 60

PIERRES DURES.

Pierres franches.

Pierre dure franche des plaines de Montrouge, Châtillon et Bagneux, pour bornes, dez, auges et autres ouvrages semblables qui n'ont ni lits, ni joints, la toise cube en œuvre y compris bardage et pose....   440 f. 00 c.

   C'est, par pouce d'épaisseur.   6   10

Pierre franche id., employée comme libages dans les fondations, vaut, compris taille grossière des lits et joints, descente et pose, la toise cube en œuvre.   470   0

   C'est, le pouce d'épaisseur..   6   52

Pierre dure franche id., en assise courante et parpaings de 14° à 16° de hauteur, la toise cube en œuvre pour fourniture, taille de lits et joints, déchet, bardage, montage, coulis, fichage et pose, mais les paremens comptés à part..............   596   0

   C'est, pour chaque pouce d'épaisseur..................   8   28

Pierre franche id., mais en assises de hauteurs égales, dites appareil réglé de 13° à 14° de hauteur, la toise cube en œuvre, comme dessus........... 648 f. o c.

C'est, le pouce d'épaisseur.. 9 o

Pierre franche id., mais pour claveaux de plates-bandes, mesurés par équarrissage, la toise cube en œuvre compris taille des lits en joints, et autres, comme dessus........... 680 o

C'est, par pouce d'épaisseur. 9 45

Évidement simple sur le chantier, sans déchet, pour main-d'œuvre seulement, en pierre franche de la plaine, le pied cube..................... 1 10

Idem, sur le tas........... 1 3o

Refouillement simple sur le chantier entre quatre côtés conservés, en pierre franche de la plaine, le pied cube........... 2 10

Idem, sur le tas, à la masse et au poinçon................. 2 6o

Évidement d'angle sur le chantier, avec perte et déchet, en pierre franche de la plaine, le pied cube................. 3 10

Refouillement à la masse et au poinçon et déchet, en pierre franche *id.*, le pied cube..... 4 o

Taille de parement droit layé, pierre franche de la plaine, la toise superficielle..   18 f. 60 c.

Idem, sur le tas...........   20   60

Idem, pour moulures......   22   50

Moulures id., sur le tas....   24   50

Pierre franche, dite *banc dur de l'abbaye du Val* (à l'Ile-Adam), en assises ordinaires et courantes, ou en parpaings de 22 à 24° d'épaisseur, la toise cube en œuvre, y compris taille de lits et joints, bardage, montage, pose et fichage, vaut..........   897   0

C'est, le pouce d'épaisseur..   12   45

Pierre franche id., mais en assises d'appareil réglé, de 20 à 21° de hauteur, la toise cube, compris comme dessus, vaut.   928   0

C'est, le pouce d'épaisseur..   12   90

Pierre franche, idem, employée pour des claveaux de plates-bandes, la toise cube en œuvre, mesurée par équarrissage et compris la taille des lits en joints, vaut..............   978   0

C'est, le pouce d'épaisseur..   13   58

Pierre franche idem, pour marches, seuils, dalles ou parpaings de peu d'épaisseur, la

toise cube en œuvre, vaut, le
parement compté à part...... 955 f. o c.
C'est, le pouce d'épaisseur.. 13 27

Pierre franche id., mais en
dalles de 2 à 3° d'épaisseur, la
toise cube, sans parement,
vaut 1090 0
C'est, le pouce d'épaisseur... 15 15

Évidement simple sur le
chantier, sans déchet, pour
main-d'œuvre seulement, en
pierre franche de l'abbaye du
Val, le pied cube........... o 90
Idem, sur le tas........... 1 5

Refouillement simple sur le
chantier, entre quatre côtés conservés, en banc dur de l'abbaye
du Val, le pied cube........ 1 90
Id., sur le tas à la masse et
au poinçon pour des incrustemens et autres........... 2 3o

Évidement d'angle sur le
chantier, avec perte et déchet
en pierre franche de l'Ile-Adam,
dite de l'abbaye du Val, le pied
cube...................... 4 3o

*Refouillement à la masse et
au poinçon*, et *déchet*, en pierre
franche de l'Ile-Adam, le pied
cube...................... 5 7o

Taille de parement droit layé, en pierre franche de l'abbaye du Val, la toise superficielle................... 16 f. 0 c.

Idem, sur le tas............ 17 80

Idem, pour moulures....... 19 60

Moulures id. sur le tas..... 21 50

ROCHES.

Roches de Sèvres ou de Passy, pour dez, bornes, auges et autres semblables, sans lits ni joints, mais y compris bardage et pose, la toise cube en œuvre. 495 0

C'est, pour chaque pouce d'épaisseur.................. 6 87

Roches id., mais pour libages, y compris taille grossière des lits et joints, descente dans la fondation et pose. 530 0

C'est, le pouce d'épaisseur.. 7 37

Roches de Passy ou de Sèvres pour assises courantes, et parpaings, de 21 à 22° de hauteur, la toise cube en œuvre, y compris taille de lits et joints, bardage, fichage et pose, vaut... 580 0

C'est, le pouce d'épaisseur.. 8 6

Roches id., mais pour assises

d'appareil réglé de 20 à 21° de hauteur, y compris *id.*, vaut la toise cube en œuvre....... 517 f. o c.

   C'est, le pouce d'épaisseur.. 8 58

Mêmes roches, mais pour claveaux de plates-bandes, la toise cube en œuvre et mesurée par équarrissage, y compris comme dessus, et la taille des lits en joints....'............ 668 o

   C'est, le pouce d'épaisseur.. 9 28

Roches id., mais pour seuils, marches, appuis ou parpaings de peu d'épaisseur, vaut, la toise cube sans les paremens.. 659 o

   C'est, le pouce d'épaisseur.. 9 16

Roches id., mais pour dalles de 3° environ d'épaisseur, la toise cube en œuvre, comme dessus, mais sans le parement. 846 o

   C'est, chaque pouce d'épaisseur.................... 11 73

Evidement simple sur le chantier, sans déchet et pour main-d'œuvre seulement, en roche de Passy ou de Sèvres, le pied cube.................. 1 10

   Idem, sur le tas......... 1 30

Refouillement simple sur le chantier entre quatre côtés conservés, en roches de Passy ou de Sèvres, le pied cube....... 2 f. 50 c

Idem, sur le tas, à la masse ou au poinçon, pour des inscrustemens ou autres.......... 3 0

Evidement d'angle sur le chantier, avec perte et déchet, en roche de Passy ou de Sèvres, le pied cube............. 3 10

Refouillement à la masse et au poinçon et déchet, en roche de Passy, le pied cube....... 4 10

Taille de parement droit layé, roche de Sèvres ou de Passy, la toise superficielle...... 20 0

Idem, sur le tas.......... 22 0

Idem, pour moulures..... 24 0

Moulures idem sur le tas... 26 0

Roche dite de Paris, provenant des plaines de Châtillon, de Bagneux, de Montrouge, libages de ces roches pour fondation, les assises de toute la hauteur de la pierre, et compris équarrissage grossier des lits et joints, descente et pose, la toise cube.............. 485 0

C'est, le pouce............ 6 73

Roche idem pour dez, bornes, auges et autres onvrages partiels, sans lits ni joints, la toise cube en œuvre, compris pose . . . . 452 f. o c.

C'est, le pouce. 6 28

Roche idem en assises ordinaires et courantes, ou parpaings de 18 à 20° de hauteur, la toise cube en œuvre pour fourniture, taille de lits et joints, déchets, bardage, montage, coulis, fichage et pose, mais sans parement, vaut. . . . 680 0

C'est, pour chaque pouce d'épaisseur 9 45

Même roche, mais pour assises d'appareil réglé de 15 à 16° d'épaisseur, vaut, y compris comme dessus 740 0

C'est, le pouce cube d'épaisseur 10 27

Roche idem, mais pour claveaux de plates-bandes mesurés par équarrissage, la toise cube y compris déchet et taille de lits en joints obliques, les évidemens ainsi que les paremens comptés à part. 775 0

C'est, le pouce cube d'épaisseur 10 76

Roche id., mais pour seuils, marches, appuis ou parpaings de peu d'épaisseur, la toise cube.   762 f. o c.

C'est, le pouce d'épaisseur..   10   58

Roche id., mais pour dalles de 3 à 4°, la toise cube......   914   o

C'est, le pouce d'épaisseur..   12   70

Evidement simple sur le chantier, sans déchet, pour main-d'œuvre seulement, en roche de la plaine, le pied cube........................   1   15

Idem, sur le tas..........   1   35

Refouillement simple sur le chantier entre quatre côtés conservés, en roche de la plaine, le pied cube....................   2   6o

Idem, sur le tas, à la masse et au poinçon, pour des incrustemens ou autres............   3   1o

Evidement d'angle sur le chantier, avec perte et déchet, en roche de la plaine, le pied cube.....................   3   4o

Refouillement à la masse et au poinçon et déchet, en roche de la plaine, le pied cube....   4   6o

Taille de parement droit

layé, roche de la plaine, la toise superficielle............ 21 f. 0 c.

Idem, sur le tas.......... 23 0

Idem, *pour moulures*...... 25 0

Moulures idem, sur le tas.. 27 0

Roche de Saillancourt, en assises ordinaires ou parpaings de 24 à 25° de hauteur, compris comme dessus, mais sans les paremens, lesquels sont comptés à part, vaut la toise cube en œuvre, avec taille des lits et joints..................... 737 0

C'est, par pouce d'épaisseur. 10 24

Évidement simple sur le chantier, sans déchet, pour main-d'œuvre seulement, en roche de Saillancourt, le pied cube..................... 1 25

Idem, sur le tas........... 1 45

Refouillemens simples sur le chantier, entre quatre côtés conservés, en roche Saillancourt, le pied cube......... 2 65

Idem, sur les tas, à la masse et au poinçon, pour des incrustemens et autres........... 3 15

Évidement d'angle sur le chantier avec perte et déchet, en roche de Saillancourt, le pied cube.................... 3 75

Refouillement à la masse et au poinçon et déchet, en roche de Saillancourt, le pied cube. 5 f. o c.

Taille de paremens droits layés, roche de Saillancourt ou de Lachaussée; la toise superficielle.................. 21 50

Idem, sur le tas........... 22 25

Idem, pour moulures...... 24 50

Moulures *id.*, sur le tas.... 26 25

Roche de Saint-Non ou de la Remise, employée en auges, bornes, dez et autres ouvrages semblables, sans lits ni joints, la toise cube en œuvre......... 732 0

C'est, le pouce d'épaisseur.. 10 17

Roche id., mais pour libages dans les fondations, lesdites de toute la hauteur de la pierre et compris taille grossière des lits et joints, vaut, la toise cube en œuvre..................., 837 0

C'est, le pouce d'épaisseur.. 11 62

Roche de Saint-Non ou de la Remise id., employée en assises courantes ordinaires, de 18 à 21° de hauteur ou à des parpaings de même hauteur; la toise compris comme dessus, vaut.................. 905 0

C'est, pour chaque pouce d'épaisseur.................. 12 f. 57 c.

Même roche, mais employée en assises d'appareil réglé, de 17 à 19 o de hauteur, la toise cube comme ci-dessus............ 985 o

C'est, le pouce d'épaisseur.. 13 68

Roche id., mais pour claveaux de plates-bandes, mesurés par équarrissage, la toise cube en œuvre, compris taille des lits en joints obliques, vaut...... 1022 o

C'est, par pouce d'épaisseur. 14 20

Roche id., mais pour marches, seuils, appuis ou parpaings de peu d'épaisseur, la toise cube comme ci-dessus........... 1004 o

C'est, par pouce d'épaisseur. 13 95

Idem, mais pour dalles de 2 à 3 o d'épaisseur........... 1170 o

C'est, le pouce d'épaisseur.. 16 25

Évidement simple sur le chantier, sans déchet, pour main-d'œuvre seulement, en roche de Saint-Non, ou de la Remise, le pied cube........ 1 30

Idem, sur le tas.......... 1 50

Refouillement simple sur le chantier, entre quatre côtés conservés, en roche de Saint-

Non ou de la Remise, le pied
cube...................... 2 f. 75 c.

Idem, sur le tas, à la masse
et au poinçon pour des incrustemens et autres........... 3   25

Evidement d'angles sur le
chantier, avec perte et déchet,
en roche de Saint-Non, le pied
cube....................... 4   60

*Refouillement à la masse et
au poinçon sans déchet*, en roche de Saint-Non ou de la Remise, le pied cube.......... 5   80

*Taille de parement droit
layé* roche de la Remise ou de
Saint-Non, la toise superficielle.   22
  Idem, sur le tas.......... 24   o
  Idem, pour moulures...... 26   o
  Moulures *id.* sur le tas..... 28   o

LIAIS.

Liais de l'Ile-Adam, en assises courantes ou parpaings de 12
à 15° de hauteur, la toise cube
en œuvre, y compris celles de
lits et joints, déchet, bardage,
coulis, fichage et pose, mais les
paremens non comptés, vaut. 1181   o
  C'est, pour chaque pouce d'é-
paisseur 16   40

Même liais de l'île Adam, mais pour marches, seuils, appuis et autres ouvrages de 4 à 7° d'épaisseur, la toise cube comme ci-dessus.............. 1230f. 0 c.

C'est, le pouce cube d'épaisseur...................................... 17 10

Même liais, mais pour dalles de 2 à 3° d'épaisseur ; la toise cube *id*..................... 1375 0

C'est, le pouce cube d'épaisseur 19 10

Evidement simple sur le chantier, sans déchet, pour main-d'œuvre seulement, en liais de l'île Adam, le pied cube..... 1 10

Idem, sur le tas.......... 1 30

Refouillement simple sur le chantier entre quatre côtés conservés, le pied cube......... 2 50

Idem, sur le tas, à la masse et au poinçon pour des incrustemens et autres........... 3 0

Evidement d'angles sur le chantier, avec perte et déchet, en liais de l'île Adam, le pied cube........................... 5 70

Refouillement à la masse et au poinçon et déchet, en liais de l'île Adam, le pied cube.. 7 20

Taille de paremens droits et layés, liais de l'île Adam, la toise superficielle.................. 20 f. 0 c.

Idem, sur le tas.............. 22   0

Idem, pour moulures...... 24   0

Moulures *id.*, sur le tas.... 26   0

Liais ordinaire, dit *gros liais* ou *cliquart*, en assises courantes, ou parpaings de 12 à 15° d'épaisseur, y compris taille des lits et joints, déchet, bardage, montage, coulis, fichage et pose, mais les paremens comptés à part pour taille ; la toise cube de 216 pieds en œuvre........................ 976   0

C'est, pour chaque pouce d'épaisseur 13   55

Même liais, mais en assises d'appareil réglé, d'environ 12° de hauteur, compris *id.*, la toise cube........................ 1027   0

C'est, pour chaque pouce... 14   28

Même liais employé en marches, appuis, seuils ou parpaings de 6 à 7° d'épaisseur, la toise cube........................ 1002   0

C'est, le pouce............. 13   93

Idem, mais en dalles de 2 à 3°

d'épaisseur, la toise cube sans
paremens.................... 1210 f. 0 c.
 C'est, le pouce............ 16 82

 Évidement simple sur le chantier, sans déchet, pour main-
d'œuvre seulement, en gros liais
ou cliquart, le pied cube..... 1 40
 Idem, sur le tas.......... 1 60

 Refouillement simple sur le
chantier, entre quatre côtés conservés, en gros liais ou
cliquart, le pied cube........ 2 90
 Idem, sur le tas à la masse
et au poinçon, pour des incrustemens et autres............ 3 40

 Évidement d'angles sur le
chantier, avec perte et déchet,
en gros liais ou cliquart, le pied
cube........................ 4 80

 *Refouillement à la masse et
au poinçon et déchet*, en gros
liais ou cliquart, le pied cube. 6 40

 Taille de parement droit layé,
gros liais cliquart, la toise su-
perficielle................... 22 0
 Idem, sur le tas.......... 24 0
 Idem, pour moulures...... 26 0
 Moulures *id.*, sur le tas.... 28 0

 Pierre de liais fine, assises

courantes et ordinaires, y compris tailles de lits et joints, bardage, montage, coulis, fichage
et pose, mais sans paremens ; la
toise cube de 216 p. en œuvre. 1215 f. o c.

    C'est, pour chaque pouce d'é-
paisseur.................... 16 90

Pierre de liais id., mais
pour assises d'appareil réglé,
la toise cube *id*............. 1300 o
    C'est, le pouce........... 18 o5

Pierre de liais id., mais pour
marches, seuils, appuis ou parpaings de peu d'épaisseur, la
toise cube .... 1270 o
    C'est, le pouce........... 17 65

Pierre de liais id., mais pour
dalles de 2 à 3° d'épaisseur, la
toise cube sans paremens..... 1416 o
    C'est, le pouce........... 19 66

Évidement simple sur le chantier, sans déchet, pour main-
d'œuvre seulement, en liais fin
de Paris, le pied cube....... 1 5o
    Idem, sur le tas......... 1 70

Refouillement simple sur le
chantier, entre quatre côtés conservés, en liais fin de Paris, le
pied cube.................... 3 o
    Idem, sur le tas, à la masse et

au poinçon, pour des incrustemens et autres........... 3 f. 60 c.

Évidement d'angles sur le
chantier, avec perte et déchet,
en liais fin de Paris, le pied
cube............................ 5 90

*Refouillement à la masse et
au poinçon et déchet*, en liais
fin de Paris.................. 7 50

*Taille de paremens droits
layés*, liais fin, la toise superfic. 24 0
Idem, sur le tas.......... 26 0
Idem, pour moulures..... 28 0
Moulures *id.* sur le tas..... 30 0

OUVRAGES EN PLÂTRAS ET PLATRE.

Massifs en plâtras pour scellemens ou autres; la toise cube. 91 0

Murs id. en élévation à des
hauteurs ordinaires, la toise
cube............................ 108 0
C'est, le pouce d'épaisseur.. 1 50

Nota. On compte en légers ouvrages tous les murs en plâtras jusqu'à 12°
d'épaisseur.

Murs id. de grande hauteur
pour dossiers de tuyaux de cheminées, au-dessus des combles,
la toise cube.................. 146 0
C'est, par pouce d'épaisseur. 2 2

OUVRAGES EN MOELLON.

Moellon dur d'Arcueil pour
massifs, blocages et reins de
voûtes hourdés en mortier de
chaux, en sable ou plâtre, la
toise cube, nu............... 136 f. o c.

Idem, pour mur de fondation
élevé entre deux lignes, la toise
cube....................... 144   o
   C'est, par pouce d'épaisseur.   2   o

Idem, pour murs en élévation,
id., à toutes hauteurs et y compris échafaudages, la toise cube. 16o   o
   C'est, par pouce d'épaisseur.   2   22

Idem, pour voûtes en plein
cintre et autres, la toise cube. 172   o
   C'est, par pouce d'épaisseur.   2   3o

Idem, pour murs en reprise,
la toise cube................ 166
   C'est, le pouce d'épaisseur..   2   4o

Idem, pour murs repris en
sous-œuvre et par épaulées, ou
parmi les étayemens, la toise
cube....................... 169   o
   C'est, le pouce d'épaisseur..   2   34

Moellon essemillé et jointoyé, la toise superficielle de
parement...................   3   6o

Moellon piqué et jointoyé, la toise superficielle de parement. 18 f. o c.

OUVRAGES EN MEULIÈRE.

Meulière employée pour massifs et blocages, hourdés en mortier de chaux et sable........ 168 o

Idem, mais pour mur en fondation élevé entre deux lignes, la toise cube................ 176 o
C'est, par pouce d'épaisseur. 2 44

Idem, pour mur en élévation, la toise cube.......... 190 o
C'est, par pouce d'épaisseur. 2 64

Idem, pour voûtes de fosses ou autres, hourdés en mortier de chaux et sable, la toise cube... 204 o
C'est, par pouce d'épaisseur. 2 83

Idem, pour mur en reprise, la toise cube................ 196 o
C'est, par pouce d'épaisseur. 2 72

Idem, pour murs repris en sous-œuvre et par épaulées, ou parmi les étayemens, la toise cube....................... 200 o
C'est, par pouce d'épaisseur. 2 78

OUVRAGES EN BRIQUES ET EN POTERIE, HOURDÉS EN PLATRE.

Languettes en briques des

environs de Paris, dites *briques de pays*, de 2° d'épaisseur, pour tuyaux de cheminées ou autres semblables, la toise superficielle, nue, vaut.................... 11 f. 50 c.

Languette en mêmes briques, mais posées de plat, la toise superficielle, nue....... 24 90

Briques de Sarcelles, employées pour murs ou pour fourneaux d'usines, et hourdés en terre à four, la toise cube, tous vides déduits, vaut............ 414 0

Languettes de tuyaux de cheminées posées de champ en même briques de Sarcelles, vaut la toise superficielle, nue. 11 10

Languettes id., mais en briques de plat, vaut la toise superficielle, nue.............. 23 60

Briques de 3° *carrés* sur 8° de longueur, pour languettes de cheminées ou cloisons de distributions intérieures, la toise superficielle, nue, vaut....... 15 70

Languettes en briques de Bourgogne ou de *Montereau*, pour tuyaux de cheminées ou autres, de 2° d'épaisseur, la toise superficielle, nue............ 18 f. 60 c.

Languettes id., mais de 4° d'épaisseur, nue, vaut la toise superficielle................ 34 0

Briques de Bourgogne employées en fortes épaisseurs pour murs, tuyaux d'usines, revêtemens extérieurs de fourneaux de fabriques et autres semblables, la toise cube, tous vides déduits, vaut................ 542 0

Briques id., mais pour voûtes, vaut la toise cube........ 558 0

Voûtes ou planchers construits en pots de 6° de hauteur et de 4° de grosseur, hourdés en plâtre et faits avec soin, vaut la toise superficielle......... 78 0

Les mêmes voûtes, mais en pots de 7° de hauteur, valent. 70 0

Les mêmes en pots de 8°, valent................... 63 50

LÉGERS OUVRAGES.

Les légers ouvrages réduits aux us et coutumes, selon les détails n° 678 du chapitre III, page 274, se paient à Paris... 15 0

Prix des journées. (1)

Scieur de pierre, journées de 10 heures......................	4 f.	25 c.
Tailleur de pierre...........	3	75
Poseur	4	
Contre-poseur..............	2	75
Maçon	3	5o
Limousin.	3	
Bardeur, pinceur...........	2	20
Garçon maçon..............	1	9o
Garçon de limousin.........	1	75

CHARPENTE.

Bois neuf ordinaire jusqu'à 12° d'équarrissage et jusqu'à 24 pieds de longueur, sans assemblages, la pièce de 3 p. cubes............	9 f.	75 c.
Idem, mais avec assemblages.	10	5o
Idem, avec assemblages, mais du sciage sur 1 ou 2 faces......	11	o
Idem de sciage sur 3 ou 4 faces.	11	5o

Bois neuf, dit *de qualité,* de

---

(1) Ces prix sont les mêmes qu'en 1823. Ils ont été plus élevés dans les trois années qui ont suivi ; mais en 1827 ils ont été rétablis au taux ordinaire, *Voyez* le *Memento des Architectes,* pour les détails annuels.

13 à 15° de grosseur ou de 24 p. de longueur, sans assemblages, la pièce vaut............................ 12 f. 0 c.

Idem, mais avec assemblages.. 13   0

Idem, mais refendu en deux pour poitraux boulonnés, moisées ou autres ouvrages semblables... 13   75

Bois neuf, première qualité, au-dessus de : 15 ° de grosseur, sans assemblages................... 15   0

Idem, mais avec assemblages.. 16   0

Idem, mais refendu en deux, ou de sciage..................... 17   0

Bois neuf refait des quatre faces et rabotté, grosseurs et longueurs ordinaires................. 12   50

Idem, mais avec moulures pour poteaux et couronnemens de lucarnes et autres semblables, feuillures et moulures comprises. 14   0

Bois neuf qualité de choix, pour escalier sur limons, la pièce 15   25

Idem, pour escalier demi-anglais, sur faux limons et crémaillères, les moulures des marches retournées d'équerre.......... 16   50

Idem, pour escaliers dits *anglais*, supportés sur leurs coupes. 18   0

Vieux bois ordinaire, fourni

par l'entrepreneur, retaillé et posé, la pièce .... 7 f. 5o c.

Idem, en belle qualité....... 8 5o

Bois pour étais et chevale-mens, amenés du chantier et re-pris ensuite par l'entrepreneur, vaut, y compris double transport, façon, pose, dépose et déchet, la pièce........................... 2 o

Les mêmes pour dépose et re-pose dans le même bâtiment, sans transport ni déchet, la pièce.... o 70

Vieux bois fourni par l'entre-preneur pour échafaudages et cintres de cave, repris ensuite et transporté, vaut, compris dé-chet, la pièce 3 5o

Démolition de plancher, pans des bois, combles, etc., avec des-cente des bois pour resservir, la pièce .... o 5o

Idem, mais jetés du haut en bas, sans précaution, vaut la pièce. .... o 3o

Buchemens sur le tas, la toise. 1 20

Refeuillemens ordinaires, *id*.. 1 5o

Délardement d'arêtiers ou de faîtage : pour les deux faces..... 2 o

Chaque mortaise sur le tas dans des vieux bois............ o f. 5o c.

Tenon idem................ o 4o

Coupement ou *entaille id*..... o 4o

Journées de compagnon char-pentier........................ 3 5o

Journées de deux scieurs de long, appelés *fer de scie*....... 7 5o

COUVERTURE.

Ouvrages mesurés à la toise superficielle.

Tuile de Pays sur lattis neuf, en lattes de cœur de chêne, la toise superficielle.............. 13 o

Tuile de Bourgogne, petit moule, sur lattis neuf, *id*....... 15 6o

Tuile de Bourgogne, grand moule, sur même lattis........ 16 9o

Ardoise neuve d'Angers, dite grande carrée, sur lattis de vo-liges neuves, la toise superficielle. 15 5o

Ardoise cartelette, idem, sur même lattis, le panneau de 3°.. 17 4o

Plâtres neufs, comptés selon les us et coutumes, la toise superficielle 7 5o

Pentes en plâtre sous les chaîneaux, de 1 à 3o d'épaisseur, la toise superficielle............... 65 f.   o c.

Pose de plomb, la toise superficielle............................   4   o

Couverture en paille ou *en ro-
seau*, en raison des localités et de la
saison, la toise superficielle de 6 à.   8   o

Journée d'un couvreur, à Paris.   4   5o
D'un garçon couvreur, *idem*..   2   5o
Journée d'un couvreur en
chaume..........................   2   25

MENUISERIE.

*Ouvrages en sapin de bateaux, mesurés à
la toise superficielle.*

Cloisons à claire-voie, bois de
bateau, coupées jointives, 2e qua-
lité, la toise superficielle........   10   5o
Idem dressées sur les rives, et
jointives.........................   11   6o
Idem rainées..................   13   20
Idem blanchies un côté, rainées.   15   5o
Idem blanchies 2 côtés, rainées.   17   20

*Ouvrages en bois blanc, mesurés à la toise
superficielle.*

Cloisons et planchers blanchis.

d'un côté, les planches rainées, de
12 l. d'épaisseur, la toise superficielle........................... 15 f. 80 c.
 Idem, mais de 15 l.......... 17 90
 Idem, blanchies des deux côtés,
12 l. d'épaisseur.................. 17 30
 Idem, mais de 15 l.......... 18 90

 Portes pleines, 12 l., emboî-
tées en chêne, la toise superficielle. 21 80
 Idem, mais de 15 l.......... 25 o

 Lambris à bouvement simple,
6 à 9 l. de profil, bâtis de 15 l.,
panneaux feuillets, bruts derrière,
la toise superficielle............. 26 50
 Idem, petits cadres, 15 à 18 l.
de profil......................... 27 o
 Idem, blanchis à deux paremens 29 o

*Ouvrages en sapin neuf, mesurés à la toise
superficielle.*

 Tablettes ou cloisons, 12 l.,
brutes, coupées de longueur seulement, dressées sur les rives et
posées jointives, la toise superficielle .... 15 o
 Idem, les planches brutes, jointes à rainures et languettes...... 16 50
 Idem, pour planchers blanchis
d'un côté......................... 16 o
 Idem, de 15 l. d'épaisseur.... 18 50

Idem, 12 l., dressées sur les rives et blanchies des deux côtés... 17 f. 60 c.

Idem, 15 l. d'épaisseur...... 20   0

Idem, Blanchies d'un côté,
jointes à rainures et languettes,
de 12 l. d'épaisseur............ 17   80

Idem, 15 l. d'épaisseur...... 20   50

Idem, 12 l. d'épaisseur, blanchies des deux côtés et rainées... 19   40

Idem, 15 l. d'épaisseur...... 22   50

Idem, 12 l. d'épaisseur, blanchies des deux côtés, rainées et
collées 20   0

Idem, 15 l. d'épaisseur....... 23   40

Cloisons, 12 l. d'épaisseur, blanchies des deux côtés, rainées et
assemblées à tenons et mortaises,
la toise superficielle........... 21   0

Idem, 15 l. d'épaisseur....... 24   0

Portes pleines, 12 l., collées
dans les joints et emboîtées, la
toise superficielle.............. 24   0

Idem 15 l. d'épaisseur........ 27   50

Parquets de glaces ou *derrières
d'armoires* à petits panneaux, bâtis
extérieurs de 12 l., ceux intérieurs
de 9 l. d'épaisseur, remplis en panneaux de 4 à 5 l., pris dans du
15 l. refendu en deux, la toise superficielle.................... 28   0

Idem, bâtis extérieurs 15 l., ceux intérieurs 12 l. d'épaisseur.. 30 f. 20 c.

Idem, bâtis 15 l. et panneaux de 6 à 7 lig. d'épaisseur........ 33 o

Portes et cloisons vitrées, panneaux d'appui, bâtis de 12 l. d'épaisseur, panneaux en feuillet... 24 o
Idem, bâtis 15 l. d'épaisseur.. 26 5o
Idem, bâtis 18 l. d'épaisseur.. 3o o

Lambris d'appui, unis, blanchis d'un côté, rainés, collés et coupés d'onglet, 12 l. d'épaisseur, la toise superficielle..................... 22 5o
Idem, 15 l. d'épaisseur...... 26 o

Lambris d'assemblage sans moulure, bâtis 12 l., panneaux à glaces et bruts derrière, la toise superficielle..................... 3o o
Idem, blanchis au deuxième parement........................... 32 5o
Idem, arasés au deuxième parement........................... 33 20
Idem, bâtis de 15 l. d'épaisseur, bruts derrière................. 32 o
Idem, mais les panneaux 12 l. d'épaisseur, bruts derrière...... 32 5o

Lambris assemblés à bouvement simple, 6 à 9 l. de profil, bâtis 12 l., panneaux feuillet, brut derrière, la toise superficielle...... 29 5o

Idem, bâtis 15 l. d'épaisseur.. 32 f. o c.

Lambris à petits cadres, bâtis 12 l. d'épaisseur, profil de 15 l., panneaux feuillet, brut derrière, la toise superficielle............ 30   o

Lambris à cadres ravalés, bâtis 15 l. d'épaisseur, 12 à 18 l. de profil, panneaux en feuillets, brut derrière, la toise superficielle.... 36   o

Lambris grands cadres, 18 l. d'épaisseur, profil de 18 l. à 2° embrevé dans les bâtis de 15 l. d'épaisseur, panneaux feuillet, brut derrière, la toise superficielle.... 40   80

Idem, bâtis 18 l. d'épaisseur.. 48   o

Plancher en frises de 4° de large, 12 l. d'épaisseur, rainées, la toise superficielle............ 25   50

Idem, 15 l. d'épaisseur...... 29   o

Idem, de 18 à 20 l. d'épaisseur. 36   o

Idem, mais à joints chevauchés et 12 l. d'épaisseur............ 29   50

Idem, 15 l. d'épaisseur...... 33   50

Idem, 18 à 20 l. d'épaisseur.. 41   50

Idem, à point de Hongrie, frises 12 l. d'épaisseur, et 3° 6 l. de large. 33

Idem, 15 l. d'épaisseur...... 36   50

Idem, 18 à 20 l. d'épaisseur.. 45   o

Châssis vitrés, avec moulures, sans dormant, 12 l. d'épaisseur.. 22   50

Idem, 15 l. d'épaisseur...... 25 f. 80 c.
Idem, 18 l. d'épaisseur...... 29 30

Ouvrages en sapin, comptés à la toise linéaire.

Barres brutes et fourrures, 12 l. d'épaisseur sur 2° de large, la toise linéaire...................... 0 75
Idem, 12 l. d'épaisseur sur 6° de large..................., 1 30
Idem, 15 l. d'épaisseur sur 2° de large..................... 0 85
Idem, 15 l. sur 6° de large.... 1 70

Lambourdes et chevrons bruts, pris dans des plats-bords, 21 l. d'épaisseur sur 2° de large........ 1 20
Idem, 2° 3 l. sur 3° de large. 1 50
Idem, 2° 6 l. d'épaisseur, 6° de large...................... 2 70

Barres corroyées portant assemblages, et entretoises ou barres à queue de 12 l. d'épaisseur sur 2° de large, la toise linéaire....... 0 90
Idem, 12 l. sur 4° de large... 1 70
Idem, 15 l. et 2° de large.... 1 0

Poteaux ou *barres brutes* dressées et assemblées à tenons et mortaises, de 21 l. d'épaisseur sur 2° de largeur, la toise linéaire..... 1 60

Idem, 2° 3 l. à 2° 6 l. d'épaisseur sur 4° de largeur.......... 2 f. 90 c.

Huisseries feuillées et quarde-
ronnées, de 2° 3 l. d'épaisseur sur
3° de large, la toise linéaire.... 2 50

 Idem, 2° 3 l. d'épaisseur sur 6°
de large..................... 4 10

 Idem, 2° 9 l. d'épaisseur à 3°
sur 3° 3 l. de large............ 2 90

 Idem, 2° 9 l. d'épaisseur à 3°
sur 6° de large................ 4 50

Poteaux de remplissage pour
cloisons hourdées, de 2° 3 l. d'é-
paisseur sur 3°, la toise linéaire. 2 25

 Idem, 2° 3 l. sur 4° de grosseur. 3 20

 Idem, 2° 9 l. à 3° sur 3° de
grosseur..................... 2 50

 Idem, 2° 9 l. à 3° d'épaisseur sur
5° de grosseur................ 3 70

Bordures de 6 à 12 l. d'épaisseur
sur 12 l. de profil, la toise linéaire. 0 75

 Idem, *id*. d'épaisseur sur 2° de
profil....................... 1 05

 Idem, *id*. d'épaisseur sur 3° de
profil....................... 1 30

Moulures id. de 15 l. d'épaisseur
sur 15 l. de profil, la toise linéaire. 1 05

 Idem, *id*. d'épaisseur sur 2° de
profil....................... 1 40

 Idem, *id*. d'épaisseur sur 3° de
profil....................... 1 75

Corniches de 12 l. d'épaisseur sur 2° de profil, la toise linéaire. 1 f. 20 c.

Idem, 12 l. d'épaisseur sur 4° de profil.......................... 1 80

Idem, 12 l. d'épaisseur sur 6° de profil.......................... 2 30

Idem, 15 l. d'épaisseur sur 2° de profil 1 40

Idem, 15 l. d'épaisseur sur 4° de profil.......................... 2 10

Idem, 15 l. d'épaisseur sur 6° de profil.......................... 2 80

Idem, 2° à 2° 3 l. d'épaisseur sur 2° de profil.................. 2 10

Idem, même épaisseur sur 4° de profil.......................... 3 50

Idem, même épaisseur sur 6° de profil.......................... 4 80

Chambranles de portes dits *à la capucine*, 12 l. d'épaisseur sur 3° de large, la toise linéaire....... 1 50

Idem, *id.* d'épaisseur sur 4° de large........................... 1 90

Idem, 15 l. d'épaisseur sur 3° de large........................... 1 80

Idem, *id.* d'épaisseur sur 4° de large........................... 2 40

Idem, 18 l. d'épaisseur sur 3° de large........................... 2 0

Idem, 18 l. d'épaisseur sur 4° de large........................... 2 70

Chambranles à moulures ra—

valés en plein bois, ou les moulures rapportées, 12 l. d'épaisseur, sur 3° de profil, la toise linéaire.... 1 f. 60 c.

Idem, 12 l. d'épaisseur sur 4° 6 l. de profil.................. 2 10

Idem, 15 l. d'épaisseur sur 3° de profil.................... 1 90

Idem, 15 l. d'épaisseur sur 4° 6 l. de profil.................. 2 50

Idem, 18 à 21 l. d'épaisseur sur 3° de profil.................. 2 25

Idem, même épaisseur sur 5° de profil.................... 3 10

Idem, 2° à 2° 3 l. d'épaisseur sur 3° de profil.............. 2 90

Idem, même épaisseur sur 6° de profil.................... 4 70

Barres et entretoises, de 15 l. d'épaisseur sur 4° de large, la toise linéaire................. 1 90

Coulisses, de 12 l. d'épaisseur sur 2° de large, la toise linéaire. 0 85

Idem, 12 l. d'épaisseur sur 3° de large...................... 1 20

Idem, 15 l. d'épaisseur sur 2° de large...................... 1 05

Idem, 15 l. d'épaisseur sur 3° de large...................... 1 40

Idem, de 2° à 2° 3 l. d'épaisseur sur 2° de large............ 1 80

Idem, de 2° à 2° 3 l. d'épaisseur sur 4° de large............ 2 f. 75 c.

Tringles de tenture non assemblées, dressées, de 6 l. d'épaisseur sur 2° de large................ 0 80

Idem, 6 l. d'épaisseur sur 4° de large.................... 1 25

Idem, assemblées à entaille, ou dans des portes-tapisseries, de 12 l. d'épaisseur sur 2° de large..... 1 0

Idem, 12 l. d'épaisseur sur 4° de large.................... 1 50

Bâtis de porte-tapisserie, assemblés d'onglet, feuillures obliques et mortaises, de 15 l. d'épaisseur sur 3° de large, la toise linéaire.................... 1 75

Idem, 15 l. d'épaisseur sur 5° de large.................... 2 60

Bâtis pour portes et autres, assemblés à tenons, avec ou sans feuillures, de 12 l. d'épaisseur sur 2° de large, la toise linéaire...... 1 10

Idem, 12 l. d'épaisseur sur 5° de large.................... 2

Idem, 15 l. d'épaisseur sur 2° de large.................... 1 25

Idem, 15 l. d'épaisseur sur 5° de large.................... 2 20

Idem, 18 à 21 l. d'épaisseur sur 2° de large.................... 1 40

Idem, 18 à 21 l. d'épaisseur sur
5° de large..................... 2 f. 60 c.

Idem, 2° 3 l. d'épaisseur sur
2° de large..................... 1   95

Idem, 2° 3 l. d'épaisseur sur 5°
de large....................... 3   70

Plinthes, de 4 à 5 l. d'épaisseur
sur 3° de large, la toise linéaire. 1   10

Idem, même épaisseur, mais
6° de large.................... 1   70

Cimaise, de 12 l. d'épaisseur sur
2° 6 l. de profil, la toise linéaire. 1   20

Idem, 15 l. d'épaisseur sur 18 l.
de profil...................... 1   0

Idem, 15 l. d'épaisseur sur 3°
de profil...................... 1   50

Idem, 18 l. d'épaisseur sur 2°
de profil...................... 1   40

Idem, *id.* d'épaisseur sur 3°
de profil...................... 2   0

*Feuillures, rainures, languet-
tes*, et toutes sortes de moulures formées d'un seul coup d'outil,
en sapin, la toise linéaire........ 0   10

Tasseaux de tablettes d'environ
12 l. de grosseur, la toise linéaire. 0   60

Goussets chantournés, de 12 l.
d'épaisseur et de 8° sur 5° de
large, chaque gousset.......... 0   40

Idem, de 10° sur 7° de large. 0   50

Idem, de 11° sur 8° de large.. o f. 60 c.

Idem, de 12° sur 9° de large.. o 70

Ouvrages en chêne et sapin, mesurés à la toise superficielle.

Portes et cloisons vitrées, bâtis et petits bois de 12 l. panneaux feuillet de 6 à 7 l., la toise superficielle.................... 30 50

Idem, bâtis 15 l............. 34 o

Parquets de glaces, bâtis 12 l. d'épaisseur, panneaux de 4 à 5 l. d'épaisseur, pris dans du 15 l. refendu en deux; la toise superficielle.................... 34 o

Idem, de 15 l. d'épaisseur.... 38 o

Lambris unis, les panneaux à glace, bâtis chêne, de 12 l. d'épaisseur, panneaux en feuillets de sapin, bruts derrière, la toise superficielle.................... 34 o

Mêmes lambris, mais bâtis en chêne de 15 l. d'épaisseur...... 38 o

Lambris assemblés à bouvement simple, bâtis de 12 l. d'épaisseur et 6 à 9 l. de profil, panneaux en feuillet, bruts derrière, la toise superficielle.................... 35 50

Idem, bâtis de 15 l. d'épaisseur, bruts derrière................... 3g f. o c.

Idem, à petits cadres, bâtis de 12 l. d'épaisseur et de 15 à 18 l. de profil, panneaux feuillet, bruts derrière .... 36 o

Idem, bâtis 15 l. d'épaisseur... 4o o

Idem, *grands cadres*, bâtis 12 l. d'épaisseur et 2o de profil, panneaux en feuillet............ 46 o

Idem, bâtis 15 l. d'épaisseur... 52 o

Portes charretières sans écharpes, bâtis 2o d'épaisseur et 6 à 7° de large, panneaux 15 l. avec baguettes sur les joints, la toise superficielle..................... 52 o

Idem, avec barres et écharpes derrière, de 12 l. d'ép. 4o de large. 56 o

Ouvrages en chêne, mesurés à la toise superficielle.

Cloisons de caves ou autres, de chêne de bateau 1re qualité, brutes, coupées de longueur, dressées sur les rives et posées jointives, la toise superficielle.............. 14 o

Idem, belle qualité, 15 l., brutes, dressées en gros et jointives. 25 o

Cloisons, plancher et tablettes, en chêne neuf, de 12 l. d'épais-

seur, blanchies d'un côté et non rainées, la toise superficielle........ 24 f. o c.

Idem, 15 l. d'épaisseur...... 29 5o

Idem, 18 l. d'épaisseur...... 36 o

Idem, 12 l. d'épaisseur, blanchies des deux côtés, non rainées. 27 o

Idem, 15 l. d'épaisseur....... 33 o

Idem, 18 l. d'épaisseur...... 38 o

Idem, 2 d'épaisseur......... 52 o

Idem, 12 l. d'épaisseur, blanchies d'un côté, rainées........ 28 o

Idem, 15 l. d'épaisseur....... 34 o

Idem, 18 l. d'épaisseur...... 40 o

Idem, 2° d'épaisseur........ 54 o

Idem, 12 l. d'épaisseur, blanchies des deux côtés, rainées..... 31 o

Idem, 15 l. d'épaisseur...... 37

Idem, 18 l. d'épaisseur...... 43 5o

Idem, 2° d'épaisseur........ 58 o

Idem, 12 l. d'épaisseur, blanchies des deux côtés, rainées, collées et assemblées, à tenons et mortaises........................ 35 o

Idem, 15 l. d'épaisseur...... 40 o

Idem, 18 l. d'épaisseur....... 48 o

Idem, 2° d'épaisseur........ 62 o

Portes pleines, 12 l., assemblées,
avec clefs dans les joints, emboîtées et collées, la toise superficielle. 36 o

Idem, 15 l. d'épaisseur...... 44 o

Idem, 18 l. d'épaisseur....... 52 f. 0 c
Idem, 2° d'épaisseur......... 68   0

Portes et cloisons vitrées, avec panneaux d'appui blanchis derrière, panneaux 6 à 8 l. d'épaisseur, bâtis de 12 l. d'épaisseur, la toise superficielle................ 33   0
  Idem, de 15 l. d'épaisseur.... 37
  Idem, de 18 l. d'épaisseur.... 40 60

Portes et lambris d'assemblage, panneaux à glace, bâtis 12 l., panneaux de 7 à 8 l. d'épaisseur, bruts derrière, la toise superficielle... 38   0
  Idem, bâtis 15 l. d'épaisseur.. 42
  Idem, bâtis de 18 l. d'épaisseur. 46 50
  Idem, bâtis 18 l., panneaux de 12 l. d'épaisseur 48   0
  Idem, bâtis 2° et panneaux 2 l. d'épaisseur.................... 56   0

Lambris à tables saillantes sans moulures, ou à bouvement simple, bâtis 12 l., panneaux de 7 à 8 l., bruts derrière, la toise superfic... 39   0
  Idem, 15 l. d'épaisseur....... 44   0
  Idem, bâtis 15 l., panneaux 12 l. d'épaisseur.................... 45   0
  Idem, 18 l., panneaux 12 l. d'épaisseur 48   0
  Idem, 18 l. panneaux 15 l. d'épaisseur..................... 54   0

Portes et lambris à petits cadres

de 15 à 18 l., bâtis 12 l., panneaux
8 à 9 l. d'épaisseur, bruts derrière,
la toise superficielle............ 42 f. o c.

Idem, bâtis 15 l. d'épaisseur... 46   o

Idem, bâtis 18 l. d'épaisseur... 5o

Idem, 18 l., panneaux 12 l. d'é-
paisseur 53   o

Idem, bâtis 2°, panneaux 12 l.
d'épaisseur.................... 6o   o

Idem, bâtis 2°, panneaux 15 l.
d'épaisseur.................... 66   o

*Portes et lambris, grands ca-
dres*, 2° de profil, bâtis 12 l.,
panneaux 7 à 8 l. d'épaisseur, la
toise superficielle. 54   o

Idem, bâtis 15 l., panneaux 7 à
8 l. d'épaisseur............... 6o   o

Idem, bâtis 2°, panneaux 12 l.
d'épaisseur, bruts derrière..... 79   o

Châssis vitrés, sans dormans, en
bois de chêne de 12 l. d'épaisseur. 28   o

Idem, de 15 l. d'épaisseur.... 34   5o

Idem, de 18 l. d'épaisseur... 38   6o

Croisées à glaces à deux vantaux, châssis et dormans 15 l. d'é-
paisseur; sur 3 p. 6° de large, la
toise courante................. 21   o

Idem, dormans de 18 l. d'épaisseur, châssis de 15 l. 24   o

Idem, de 4 p. de large, dormans et châssis de 15 l......... 24   o

Idem, mais les dormans de 18 l. 25 f. 50 c.

Idem, mais les dormans de 21 l. d'épaisseur.................... 27   0

Idem, de 4 p. châssis de 18 l. d'épaisseur, dormans de 2 °..... 30   0

Volets brisés en quatre feuilles à bouvemens, blanchis derrière, panneaux de 6 à 7 l. d'épaisseur, bâtis de 12 l. la toise superficielle. 42   0

Idem, bâtis 15 l. d'épaisseur et panneaux de 12 l.............. 50   80

Persiennes à deux vantaux sans dormans de 4 p. de largeur, bâtis de 15 l. d'épaisseur, les lames dormantes ou mouvantes avec ou sans moulures, la toise courante. 25   50

Idem, 18 l. d'épaisseur...... 30   0

Idem, aussi de 4 p. de large, mais avec dormans, le tout en 15 l. d'épaisseur.................... 34   50

Idem, les dormans de 18 l. d'épaisseur.................... 40   50

Châssis à tabatière, avec dormans de 2 p. 6 ° sur 18 l. hors œuvre du dormant, 15 l. d'épaisseur, chaque châssis........ 7   75

Idem, 15 l. d'épaisseur et 2 p. 6 ° sur 2 p.................... 8   50

Idem de 18 l. d'épaisseur et 3 sur 2 p.................... 10   90

Idem, de 18 l. d'épaisseur et 3 p. sur 2 p. 6° avec montant de petits bois........................ 13 f. o c.

Idem, aussi avec un petit bois de 3 p. 6° sur 2 p. 6° de large.. 14 5o

Parquets de glace et derrières d'armoires, bâtis 12 l. d'épaisseur, panneaux de 5 à 6 l. d'épaisseur, la toise superficielle... 36 o

Idem, bâtis extérieurs de 15 l., bâtis intérieurs de 12 l. d'épaisseur, panneaux de 6 à 7 l. d'épaisseur. .... 43 o

Planchers en frises, 12 l. d'épaisseur, rainées, et débitées à 4° de large, la toise superficielle... 38 o

Idem, 15 l. d'épaisseur...... 46 5o

Idem, 18 l. d'épaisseur...... 54 8o

Idem, 2° d'épaisseur........ 70 o

Plancher à point de Hongrie, frises, de 12 l. d'épaisseur, et 3° 6 l. de large, la toise superficielle. 42 o

Idem, 15 l. d'épaisseur...... 54 o

Idem, 18 l. d'épaisseur...... 62 o

Parquets en feuilles, bâtis de 15 l., remplis de panneaux de merrain, la toise superficielle... 5o o

Idem, bâtis 18 l. d'épaisseur. 6o o

Idem, bâtis de 2° d'épaisseur. 72 o

Portes charretières sans échar-

pes derrière , bâtis de 2 ° d'épaisseur sur 7 à 9 ° de large , panneaux de 15 l. avec clefs , et col-
lés, la toile superficielle........ 66 f.   o c.

Idem, avec baguettes en demi-
rond poussées sur le joint de chaque planche.................. 68   o

Idem, bâtis de 2 ° d'épaisseur,
panneaux de 18 l. sans écharpes
ni baguettes................. 70   o

Idem, bâtis de 2 ° d'épaisseur,
panneaux de 15 l., sans baguettes,
mais écharpe derrière , en 12 l.
d'épaisseur.................. 71   40

Idem, mais panneaux de 18 l. 76   o

Idem, bâtis en membrures en-
tières, 3 ° d'épaisseur sur 5 ° 6 l.
à 6° de large, panneaux de 18 l.
et écharpes derrière, en 18 l. d'é-
paisseur.................... 80   o

Idem, panneaux de 2 ° d'épaisseur, sans écharpes........... 84   o

Idem, avec écharpes derrière ,
de 12 l..................... 88   o

*Portes cochères ordinaires avec
guichets*, battans de rives et traverses en membrures , les doubles
battans en 2 °, cadres de 2 ° 6 l.
d'épaisseur sur 2o de profil, doubles
panneaux à hauteur d'appui en
15 l. d'épaisseur, blanchis et ar-

rasés au double parement, la toise
superficielle..................... 96 f. 0 c.

Idem, mais avec les panneaux
de 18 l. d'épaisseur............. 102   0

*Portes cochères de grandes di-
mensions*, battans et traverses de
4° d'épaisseur sur 9 à 10° de large,
les doubles battans et traverses en
membrures, cadres 3 à 4° de profil, panneaux de 18 l. sans parquet à l'appui, blanchis, arrasés
au double parement, *id.*, la toise
superficielle.................... 144   0

Ouvrages en chêne, mesurés à la toise linéaire.

*Barres brutes, lambourdes,
chevrons* et *fourrures* sans assemblages, de 12 l. d'épaisseur sur 2°
de large, la toise linéaire.......   0   95

Idem, de 4° d'épaisseur......   1   70

Idem, de 15 l. d'épaisseur sur
2° de large.....................   1   20

Idem, de 4° de large.........   2   05

Idem, de 18 l. d'épaisseur sur
2° de large.....................   1   30

Idem, de 5° de large.........   2   50

Idem, de 2° d'épaisseur sur 2°
de large........................   1   50

Idem, de 5° de large.........   3   50

Idem, 3° carrés environ de grosseur......................... 2 f. o c.

Idem, 3° d'épaisseur sur 5°
6 l. à 6° de large............... 3   80

Poteaux ou autres, bruts et assemblés à tenons, de 3° sur 3° environ, la toise linéaire......... 2   60
Idem, de 3° d'épaisseur sur 5°
6 l. à 6°....................... 4   20
Idem, de remplissage avec nervures, corroyés et assemblés à tenons, de 3° d'épaisseur sur aussi 3°. 3   40
Idem, de 3° d'épaisseur et 5°
6 l. à 6° de large............... 5   70

Barres à queues d'aronde, chanfreinées, embrevées, de 12 l. d'épaisseur sur 2°, la toise linéaire. 1   75
Idem, de 4° de large......... 2   70
Idem, de 15 l. d'épaisseur sur
2° de large.................... 2   10
Idem, de 4° de large......... 3   20
Idem, de 18 l. d'épaisseur sur
2° de large.................... 2   40
Idem, de 4° de large......... 3   80
Idem, de 2° d'épaisseur sur 2°
de large....................... 2   90
Idem, de 4° de large......... 4   80
Huisseries, refeuillées et carderonnées, avec nervures de 3° d'épaisseur en œuvre sur 3° de large, la toise linéaire 3   70

Idem, de 3 ° d'épaisseur sur aussi 5°6 l. à 6 ° de large........ 6 f. 20 c.

Entretoises, barres, tringles et autres, corroyées, assemblées à entailles, de 8 à 9 l. d'épaisseur sur 2°, la toise linéaire........... 1 30
   Idem, de 3 °............... 1 85
   Idem, de 12 l. d'épaisseur sur 2° de large................... 1 50
   Idem, de 4 °............... 2 40

Coulisses à rainures simples, de 15 l. d'épaisseur sur 2 ° de large, la toise linéaire............... 1 40
   Idem, de 3 ° de large........ 1 90
   Idem, de 18 l. d'épaisseur sur 2° de large.................... 1 65
   Idem, de 3............... 2 30
   Idem, de 2 ° d'épaisseur sur 2 °. 2 10
   Idem, de 2° d'épaisseur sur 3 °. 2 90

Tringles de tenture non assemblées, mais dressées, de 6 à 7 l. d'épaisseur sur 2° de large, la toise linéaire.................... 1 10
   Idem, de 3° de large........ 1 70
   Idem, de 1° d'épaisseur sur 2 ° de large.................... 1 25
   Idem, de 4° de large........ 2 20

Bâtis de portes et autres semblables, assemblés à tenons avec ou sans feuillures, de 12 l. d'épais-

seur sur 2° de large, la toise linéaire............................... 1 f. 60 c.

Idem, 12 l. d'épaisseur sur 4°
de large............................. 2 40

Idem, de 12 l. d'épaisseur sur
6° de large.......................... 3 20

Idem, de 15 l. d'épaisseur sur
2° de large.......................... 1 90

Idem, de 15 l. d'épaisseur sur
4° de large.......................... 2 90

Idem, de 15 l. d'épaisseur sur
6° de large.......................... 3 80

Idem, de 18 l. d'épaisseur sur
2° de large.......................... 2 10

Idem, de 18 l. d'épaisseur sur
4° de large 3 20

Idem, de 18 l. d'épaisseur sur
6° de large.......................... 4 20

Idem, de 2° d'épaisseur sur 2°
de large............................. 2 60

Idem, de 2° d'épaisseur sur 4°
de large............................. 3 80

Idem, de 2° d'épaisseur sur 6°
de large............................. 5 70

Embrasemens unis, de 5 à 6 l.
d'épaisseur sur 3° de large......... 1 50

Idem, de 5 à 6 l. d'épaisseur
sur 6° de large...................... 2 35

Idem, de 5 à 6 l. d'épaisseur
sur 9° de large...................... 3 20

Idem, de 7 à 8 l. d'épaisseur
sur 3° de large...................... 1 60

Idem, de 7 à 8 l. d'épaisseur sur 6° de large............... 2 f. 5o c.

Idem, de 7 à 8 l. d'épaisseur sur 9° de large............... 3 4o

Idem, de 12 l. d'épaisseur sur 3° de large............... 1 8o

Idem, de 12 l. d'épaisseur sur 6° de large............... 2 9o

Idem, de 12 l. d'épaisseur sur 9° de large............... 4 o

Plinthes et bandeaux de 5 à 6 l. d'épaisseur sur 2° de large, la toise linéaire............... 1 2o

Idem, de 4 à 6 l. d'épaisseur sur aussi 4° de large............ 1 85

Idem, de 5 à 6 l. d'épaisseur sur 6° de large............... 2 5o

Cadres, moulures et bordures, de 6 à 7 l. d'épaisseur sur 12 l. de profil, la toise linéaire......... o 9o

Idem, de 12 l. d'épaisseur sur 15 l. de profil............... 1 2o

Idem, de 12 l. d'épaisseur sur 3° de profil............... 2 5o

Idem, de 15 l. d'épaisseur sur 18 l. de profil............... 1 75

Idem, de 15 l. d'épaisseur sur 4° de profil............... 3 3o

Corniches d'une seule pièce pour des plafonds, pour parquets de glaces et autres semblables, avec ou sans rainures dessous, de

12 l. d'épaisseur sur 2° de profil,
la toise linéaire.............. 1 f. 50 c.

   Idem, de 12 l. d'épaisseur sur
4° de profil................ 2   50

   Idem, de 12 l. d'épaisseur sur
6° de profil................ 3   40

   Idem, de 15 l. d'épaisseur sur
2° de profil................ 1   80

   Idem, de 15 l. d'épaisseur sur
4° de profil................ 3   0

   Idem, de 15 l. d'épaisseur sur
6° de profil................ 4   20

   Idem, de 18 l. d'épaisseur sur
2° de profil................ 2   20

   Idem, de 18 l. d'épaisseur sur
4° de profil................ 3   70

   Idem, de 18 l. d'épaisseur sur
6° de profil................ 5   10

   Idem, de 2° d'épaisseur sur 2°
de profil................ 2   80

   Idem, de 2° d'épaisseur sur 4°
de profil................ 4   90

   Idem, de 2° d'épaisseur sur 6°
de profil................ 6   90

Chambranles à la capucine portant moulures, avec ou sans feuillures, assemblés d'onglets, de 12 l.
d'épaisseur sur 3°............ 2   20

   Idem, de 12 l. d'épaisseur sur 4°
de largeur................ 2   85

   Idem, de 15 l. d'épaisseur sur
3° de large................ 2   50

Idem, de 15 l. d'épaisseur sur 4° de large...................... 3 f. 25 c.

Idem, de 18 l. d'épaisseur sur 3° de large...................... 3 10

Idem, de 18 l. d'épaisseur sur 6° de large...................... 4 80

Idem, de 2° d'épaisseur sur 3° de large...................... 3 60

Idem, de 2° d'épaisseur sur 6° de large...................... 5 70

Chambranles ordinaires, avec socles ravalés en plein bois, ou la moulure rapportée, de 15 l. d'épaisseur sur 3° de profil, la toise linéaire. 2 80

Idem, de 15 l. d'épaisseur sur 4° de profil...................... 3 60

Idem, de 15 l. d'épaisseur sur 6° de profil...................... 4 40

Idem, de 18 l. d'épaisseur sur 3° de profil...................... 3 10

Idem, de 18 l. d'épaisseur sur 4° de profil...................... 4 10

Idem, de 18 l. d'épaisseur sur 6° de profil...................... 5 10

Idem, de 2° d'épaisseur sur 3° de profil...................... 3 80

Idem, de 2° d'épaisseur sur 4° de profil...................... 5 0

Idem, de 2° d'épaisseur sur 6° de profil...................... 6 20

Siéges d'anglaise, de 2 p. de long sur 21° de large et 16° de

haut, composés d'un bâtis dormant, et double bâtis mobile, en
bois de 21 l. d'épaisseur, la lunette et le bâtis de soubassement
en bois de 12 l. d'épaisseur; les panneaux de l'abattant et du soubassement de 6 à 7 l. d'épaisseur, avec
plinthes et cimaises, chaque siége.. 21 f. 0 c.

Idem, mais de 4 p. de long
avec trappe de chaque côté de l'a-
battant, chaque siége......... 33　　0

Echelles, dites de meunier, à
marches plates, d'environ 20°
d'emmanchement hors œuvre, les
limons de marches de 12 l. d'é-
paisseur sur 6° de large, la toise
courante de limon, contenant
neuf marches.................. 16　　70

Idem, mais en bois de 15 l. d'é-
paisseur..................... 19　　80

Goussets chantournés de 12 l.
d'épaisseur sur 6 et 8°, chaque
gousset...................... 0　　50

Idem, de 12 l. d'épaisseur sur
9 et 12°..................... 0　　75

Idem, de 15 l. d'épaisseur sur
12 et 15°.................... 1　　20

Potences ou goussets d'assemblage avec écharpes en bois, de 15 l.
carrés sur 9 et 12° de saillie..... 0　　90

Feuillures, languettes, rainu-
res et toutes sortes de moulures
formées d'un seul coup d'outil, en
chêne, la toise linéaire.......... o f. 12 c.

Dépose et réparations des vieilles menui-
series, comptées à la toise superficielle.

Lambris, planchers, portes,
embrasemens, croisées, tablettes,
cloisons et autres, déposés seulement............................ o 60
 Idem, avec transport........ o 80
 Idem, avec transport de plusieurs étages, et rangement..... 1 o
 Cloisons hourdées, ou à claire-
voie, faites en vieux bois....... 1 70

Bois uni de cloisons, tablettes,
planchers et autres, en chêne ou
sapin, 12 à 15 l. d'épaisseur, coupé
de longueur et posé............ 3 5o
 Idem, coupé de longueur, largeur et posé.................... 4 8o
 Idem, coupé de longueur et de
largeur, rejoint à neuf et posé... 5 9o
 Idem, coupé sur la longueur et
la largeur, rejoint et blanchi à neuf
des deux côtés.................. 8 20

Portes pleines, chêne ou sapin,
équarries au pourtour pour être
remises de mesure, et posées.... 3 5o

Idem, déboîtées, coupées de longueur, remis les emboîtures, ajustées et posées............... 4 f. 5o c.

Idem, déboîtées, coupées sur la longueur et la largeur, rainé partie des planches, remis les mêmes emboîtures et poser........... 7 10

Lambris ou portes à placard, chêne ou sapin, à un ou deux paremens, pour ajustement et pose seulement.................. 4 6o

Idem, mais en partie équarris sur les champs, et reposés...... 5 20

Idem, tous les champs équarris, refait les feuillures, quarderons, ou les rainures et languettes, et posés...................... 6 o

Idem, petits cadres, retaillés sur les assemblages, et panneaux chevillés, équarris et posés........ 8 5o

Idem, grands cadres, embrevés, retaillés de même sur les assemblages, équarris et posés 10 6o

Parquet en feuilles affleuré sur place au rabot, ragréé dans les joints, avec des flipots ou du mastic.................. 1 75

Parquets en feuilles ou planchers de frises ou à point de Hongrie, replanis au vif à deux rabots. 3 8o

Idem, en vieux, équarris au

pourtour des feuilles, refait les rainures et languettes, posés et affleurés au rabot............. 5 f. 50 c.

Idem, déchevillés pour remettre des battans ou des panneaux, refait une partie des assemblages, équarris et rainés à neuf, posés et affleurés. 9   0

Portes et croisées, jeu donné aux deux vantaux ; chaque croisée. 0   75

Idem, à un seul vantail...... 0   5o

Croisées et châssis vitrés, équarris sur les champs, mis de mesure et posés..................... 3   8o

Idem, à petits carreaux, déchevillés pour être mis à grands carreaux, en supprimant les petits bois, rassemblés, équarris et posés. 7   20

Idem, déchevillés, retaillés sur les assemblages des châssis et du dormant, équarris, ajustés et reposés. 8   5o

Ouvrages de dépose et réparations, comptés en mesures linéaires.

Bâtis, huisseries, chevrons, poteaux, chambranles, embrasemens, etc., pour déposer seulement..................... 0   12

Idem, avec transport d'un étage à un autre..................... 0   15

Idem, avec transport de plusieurs étages et rangement...... o f. 20 c.

Bâtis en chêne, 3 à 4° de large
sur 15 à 18 l. d'épaisseur, pour
ajustement et pose............. o 50

Idem, retaillé d'assemblage,
ajusté et posé................. o 90

SERRURERIE.

Gros fers.

Gros fers de bâtiment pour
chaînes, bandes de trémies, barreaux de croisées, en fer commun,
le cent pesant................. 45 o

Les mêmes ouvrages en fer doux
de roche, le cent............. 50 o

Étriers et autres ouvrages semblables, coudés, en petit fer
plat de roche doux, le cent..... 55 o

Barres d'appui avec scellemens
en fer carré de roche, de 9 à 12 l.,
sans plates-bandes, le cent..... 45 o

Idem, en fer de roche, avec
plate-bande estampée, rapportée
dessus....................... 58 o

Grilles, composées de barreaux à scellement ou non, une traverse au milieu en fer carré commun, de 11 à 12 l. de gros............ 60 f. 0 c.

Idem, mais avec un sommier haut et bas, une traverse au milieu, les barreaux aussi en fer commun et les tenons en fer doux................................ 70 0

Grilles en fer rond, avec tenons pour lances ou autres ornemens, trois traverses à trous renflés, fer de roche, de 10 à 16 l. de diamètre............................ 90 0

Grilles ouvrantes à deux vantaux, composées de trois ou quatre traverses avec montans portant pivots et bourdonnières, en fer carré de roche, de 12 à 18 l., le cent.............................. 110 0

Idem, en fer rond, ayant quatre traverses portant forts congés, et frises à hauteur d'appui, le cent pesant............................. 120 0

Armature de pompe, toutes les pièces soudées, avec balancier, tringles, etc., en fer carré et carillon, le cent pesant......... 130 0

CLOUS.

Clous à l'usage des Maçons.

Gros rapointis ordinaires , le
cent pesant .... 25 f. o c.
    Idem, fins , le cent............ 3o   o

Tiges, ou clous de charrette ,
le cent 38   o
    Clous de bateau, le cent...... 45   o
    Clous neufs , dits *à maçons*, le
cent 55   o

Clous à l'usage des Menuisiers.

Clous doux ordinaires , le cent
de livres.......................... 6o   o
    Clous à lattes ordinaires , le
cent............................... 75   o
    Clous à parquet, ou à plancher,
assortis du n° 6 au n° 12......... 6o   o
    Clous à sapin, le cent......... 65   o
    Clous doux de Liége , déliés, le
cent 75   o
    Clous doux à barre, et assortis,
le cent 85   o
    Broquettes de 12 l., le cent... 100   o
    Clous d'épingle, à tête plate ,
assortis, depuis 12 l. jusqu'à 2 °
et demi............................ 120   o

Idem, fins, assortis, de 6 à 12 l.,
le cent........................ 160 f. 0 c.

Idem, très fins, dits *à tête*
d'homme, le cent............. 180   0

Idem, plus fins, dits *à perru-*
quier, le cent................. 210   0

Idem, dits *semence*, fins, le
cent........................... 280   0

Clous à l'usage des Serruriers.

Clous à champignon, la livre. 0 70
Idem, plus fins, la livre..... 0 80
Idem, à pentures de 3°, tête
ronde, la livre................ 0 90
Idem, pointes à ferrer, ordin.. 0 80
Idem, très fines............. 1 10

Clous d'épingle, à tête ronde. 1 10
Idem, à briquet, tête ronde,
de 2° à 2° ½.................. 0 90
Idem, à mariage, tête ronde,
de 2° à 2° ½.................. 0 70

Clous rivés, de 2° ½......... 0 90

CHEVILLETTES.

Chevillettes, de 4° de lon-
gueur......................... 0 10
Idem, de 5°................. 0 15
Idem, de 6°................. 0 20
Idem, de 7°................. 0 25
Idem, de 8°................. 0 30

Idem, de 9°..................	o f.	35 c.
Idem, de 10°..................	o	45
Idem, de 11°..................	o	55
Idem, de 12°..................	o	6o
Le cent de livres pesant........	6o	o
Le pouce de longueur.........	o	o5

PATES.

Pates à pointes, de 3°, le cent.	3	5o
Idem, de 4°, le cent.........	4	75
Idem, de 5°, le cent.........	7	o
Idem, à scellement de 4°, le cent...........................	7	20
Idem, à chambranle, de 5° à 6°, le cent........................	27	o
Idem, à contre-cœur, le cent.	8	o
Idem, de croisée de 5°, le cent	16	o
Pates de façon, faites exprès, au cent de compte.............	22	o
Idem, de 8° de long.........	36	o
Idem, de croisée, le cent......	70	o
Idem, semblables, mais fraisées et limées.....................	8o	o

BROCHES.

Broches de 3°, le cent de compte........................	4	o
Idem, de 4°, le cent.........	5	25
Idem, de 5°, le cent.........	8	o
Idem, de 6°, le cent.........	12	o

CROCHETS.

Crochet plat commun, de 2°,
avec piton à vis............... o f. 40 c.
Idem, de 3°.................. o 50
Idem, de 4°.................. o 55
Idem, de 5°.................. o 65

Crochet plat à pans et poli, de
2°, avec piton................. o 60
Idem, de 3°.................. o 65
Idem, de 4°.................. o 70
Idem, de 5°.................. o 90

Crochet rond, de 2 ₀ 6 l., garni
d'un piton à vis ou à pointe..... o 40
Idem, de 3°, *id*............. o 50
Idem, de 4°, *id*............. o 60
Idem, de 5°, *id*............. o 75
Idem, de 6°, *id*............. o 90
Idem, de 7°, *id*............. 1 10
Idem, de 8°, *id*............. 1 40
Idem, de 9°, *id*............. 1 75
Idem, de 10°, *id*........... 1 90

TIRE-FONDS.

Tire-fond de 6 l. .... o 05
Idem, de 9 l................. o 06
Idem, de 12 l................ o 07
Idem, de 15 l................ o 08
Idem, de 18 l................ o 10
Idem, de 21 l. .... o 12

Idem, de 2°......................	o f.	15 c.
Idem, de 2ª 6 l...............	o	20
Idem, de 3°...............	o	30
Idem, de 4°..............	o	40
Idem, de 5°...............	o	60
Idem, de 6°...............	o	80

PITONS.

Pitons à vis tournées de 12 l. le cent de compte...............	8	50
Idem, de 15 l...............	13	50
Idem, de 18 l...............	24	0
Idem, de 2°...............	35	0
Idem, de 3°...............	50	0

PETITS BOULONS A ÉCROUS.

Boulons de 2° 6 l. sur 4 l. le cent de compte...............	27	0
Idem, de 3° 6 l. sur 3 l. le cent.	32	0
Idem, de 3° 6 l. sur 4 l. le cent.	37	0
Idem, de 4° sur 4 l. le cent..	42	0
Idem, de 5° sur 4 l. le cent..	48	0
Idem, de 6° sur 4 l. le cent.	54	0
Idem, de 5o sur 5 l. le cent.	55	0
Idem, de 6° sur 6 l. le cent.	70	0

Boulons en fer rond, à tête d'un bout, et à vis et écrou, ou clavettes de l'autre, en tringle de 6 l.; pour le 1er pied........	1	10
Pour chaque pied ensuite....	o	50

Le cent de livres pesant d'environ 2 p. de longueur........ 105 f. o c.

Boulons id., de 9 l.; pour le 1er pied de longeur............. 1 70

Pour chaque pied ensuite.... o 85

Le cent de livres d'environ 2 p. de longueur................. 80 o

Boulons id., de 12 l.; pour le 1er p. de longueur............ 2 65

Pour chaque pied de longueur ensuite.................... 1 5o

Le cent de livres pesant de 2 p. de longueur............ 70 o

Boulons id., de 15 l. pour le 1er p. de longueur.............. 3 70

Pour chaque pied de longueur ensuite.................... 2 20

Le cent..................... 65 o

Boulons à tête d'un bout et à clavette de l'autre, faits en petit carillon de 6 l. de gros; pour le 1er pied...................... 1 20

Pour chaque pied ensuite.... o 6o

Pour cent livres de ces boulons d'environ 2 p. de long........ 90 o

Boulons id., en carillon de 8 l. le 1er pied.................. 1 55

Pour chaque pied ensuite.... o 8o

Pour cent livres de ces boulons d'environ 2 p. de longueur.... 75 o

Boulons id., en fer carré de
10 l., premier pied............   2 f. o c.
　　Pour chaque pied ensuite....   o   95
　　Pour cent livres de ces bou-
lons d'environ 2 p. de longueur.   65   o

Boulons id., en fer carré de
12 l., le 1ᵉʳ pied.............   2   70
　　Pour chaque pied ensuite....   1   3o
　　Cent livres de ces boulons
d'environ 2 p. de longueur.....   57   5o

Boulons id., en fer carré de
14 l.. le 1ᵉʳ pied.............   3   4o
　　Pour chaque pied ensuite....   1   8o
　　Cent livres de ces boulons d'en-
viron 2 p. de longueur........   55   o
Boulons id., en fer carré de
16 l., le 1ᵉʳ pied   4   6o
　　Pour chaque pied ensuite....   2   5o
　　Le cent d'environ 2 p. de lon-
gueur............................   55   o

CHARNIÈRES.

Charnières carrées en fer poli
de 18 l. de haut...............   o   4o
　　Idem, de 2 °..............   o   5o
　　Idem, de 2° 3 l...........   o   55
　　Idem, de 2° 6 l...........   o   6o
　　Idem, de 3°..............   o   70
　　Idem, de 3 ° renforcée......   o   85
　　Idem, de 4°..............   1   1o

Idem, de 4° 6 l............... 1 f. 40 c.

Idem, de 5° et à 5 nœuds... 2 10

Charnières à pans de 21 l ... 0 50

Idem, de 2°................. 0 55

Idem, de 2° 3 l............. 0 60

Idem, de 2° 6 l............. 0 65

Idem, de 3°................. 0 75

Charnière blanchie, à deux

branches, de 6°.............. 0 90

Idem, de 8°................. 1 0

Idem, de 10°................ 1 10

Idem, de 12°................ 1 20

Idem, de 15°................ 1 30

Idem, de 18°................ 1 50

Idem, de 24°................ 1 80

Idem, de 30°................ 2 40

Idem, de 36°................ 3 10

Charnières en cuivre fondu

de 1°........................ 0 40

Idem, de 15 l............... 0 50

Idem, de 18 l............... 0 60

Idem, de 21 l............... 0 70

Idem, de 2°................. 0 80

Idem, de 2° 3 l............. 0 90

Idem, de 2° 6 l............. 1 0

Idem, de 3°................. 1 25

Charnière à goujon et à trois

nœuds pour tables, de 18 l..... 1 20

Idem, à 5 nœuds, de 27 l... 2 0

COUPLETS.

Couplet noirci de 4o de long.	o f. 5o c.
Idem, de 6°................	o	6o
Idem, de 8°................	o	7o
Couplet commun à trois nœuds et à queue d'aronde de 2o.....	o	5o
Idem, de 2° 6 l............	o	55
Idem, de 3°................	o	6o
Idem, de 4o................	o	7o
Idem, de 5°................	o	85
Idem, de 6°................	1	o
Idem, de 7°................	1	25
Couplet à broche et blanchi, de 3° de long................	o	7o
Idem, de 4°................	o	9o
Idem, de 5°................	1	o
Idem, de 6°................	1	20
Idem, de 8°................	1	5o
Couplet à cinq nœuds de 18 l.	o	9o
Idem, de 21 l............	1	o
Idem, de 2°............	1	10

POMMELLES.

Pommelle simple à queue d'a-ronde, de 3° avec gond.......	o	8o
Idem, de 4°................	1	o
Idem, simple en T ou en S, de 3° de longueur avec gond carré.	1	o

Idem, de 4°....................	1 f.	20 c.
Idem, de 5°....................	1	40
Idem, de 6°....................	1	60
Idem, de 7°....................	1	80
Idem, de 8°....................	2	10
Idem, de 9°....................	2	40
Idem, de 10°....................	2	70
Idem, de 11°....................	3	0
Idem, de 12°....................	3	40

Forte pommelle de persienne à gond carré de 6°............ 2 20
— de 8°.................... 2 60
— de 10°.................... 3 30
— de 12°.................... 4 10

*Pommelle double en **T** ou en S*, de 3° de longueur pour être entaillée dans les bois......... 1 20
— de 4°.................... 1 40
— de 5°.................... 1 60
— de 6°.................... 1 80
— de 7°.................... 2 0
— de 8°.................... 2 30
— de 9°.................... 2 60
— de 10°.................... 2 90
— de 11°.................... 3 20
— de 12°.................... 3 60

Pommelle double de 12° de branche, faite exprès, renforcée au congé, bien dressée pour être entaillée.................... 7 50

Pommelle id., avec branche portant équerre double en fer plat de 14 à 15 l. de large, soudée dans les angles et renforcée d'un congé de 4 à 6° de longueur, developpée et bien dressée. 14 f. 60 c.

Le gond à pate, de même longueur et de même force que la branche de la pommelle en équerre.................. 5 20

ÉQUERRES.

Equerre simple découpée dans de la tôle ou forgée, et soudée, non entaillée dans les bois, et posée à broquettes ou petits clous d'épingle, 5° de branche...... 0 40
— de 6°................. 0 50
— de 7°................. 0 60
— de 8°................. 0 70

Equerre simple de 6° à trous fraisés.................... 0 65
— de 8°................. 0 80

Equerre à T double de 8 à 9° chaque branche avec trous fraisés de 15°................. 1 70
— de 18°................ 1 90
— de 21°................ 2 10
— de 24°................ 2 30
— de 27°................ 2 50

Equerres de façon plus fortes
que les précédentes de 18°....   2 f. 70 c.

— de 24°................   2   90

PENTURES.

Penture marchande ordinaire,
blanchie, en fer coulé mince, sans
être élargie au collet, non entaillée, de 8° de longueur.....   1   10

— de 12° *id*.............   1   40

— de 16°................   1   80

— de 18°................   2   0

— de 20°................   2   30

Pentures en fer coulé, la livre.   0   80

— de cave, brutes..........   0   70

— mieux faites............   0   78

Fortes pentures de caves, en
fer de roche, et supposées de façon, garnies de leurs gonds, les
fers non entaillés, et petites pentures élargies au collet, dressées,
entaillées et posées avec vis ou
clous rivés, et garnies de leurs
gonds, le cent de livre pesant..   105   0

Equerres et pivots pour ferrures de portes cochères en fort fer
plat de roche, façon ordinaire.   100   0

*Pentures à charnière, de fa-
çon*, garnies de gonds, pour vo-

lets de boutiques ou fortes portes brisées, à deux nœuds sur la longueur de 2° et demi à 3° de hauteur, et fortes pentures à charnières pour des portes de remises, lesdites à nœuds coudés, renforcées au collet d'un fort congé, le trou percé à moufle, pour que la penture serve de crapaudine au gond dont le bout est acéré; les collets dressés à la lime, les branches chanfreinées à la lime et percées de trous de foret pour les boulons; les fers entaillés et arrêtés, le tout en fer doux de Berry............ 175 f. 0 c.

GONDS.

Petit gond à pointe, blanchi, de 15 à 18 l............	0	5
Idem, de 2°................	0	8
Idem, de 2° 6 l............	0	12
Idem, de 3°................	0	16
Idem, de 3° 6 l............	0	20
Petit gond à vis, poli, de 12 l.	0	7
Idem, de 15 l.............	0	10
Idem, de 2°..............	0	15
Idem, de 3° doré.........	0	30
Gond, de pommelle ordinaire, à pointe...................	0	45

Forts gonds, à pointe ou à scellement, de 4 à 6°, au poids, les cent livres.............. 60 f. 0 c.

Petits gonds à pointe, ou à scellement, pour des pommelles, les cent livres.............. 95   0

Gonds, id., mais plus forts, les cent livres.............. 60   0

Gonds, de 5 à 6°, pour pentures, la pièce.............. 0   55

Idem, de 8°, pesant 3 liv.... 2   0

TOURNIQUETS.

Tourniquet simple, à pate, de 3° avec sa vis.............. 0   40

Tourniquet double, de 4 à 5°, de tige à scellement.......... 1   10

FICHES.

Fiches à boutons ordinaires, de 3° de hauteur (non compris la tête de la broche)......... 0   60
Idem, de 3° 6 l............. 0   70
Idem, de 4°.............. 0   80
Idem, bien faite, dite au *T*, polie, de 3°.............. 0   65
Idem, de 3° 6 l............. 0   70
Idem, de 4°.............. 0   80

Idem, de 4° 6 l............ 1 f. 10 f.

Idem, de 5°................. 1 30

Idem, de 5°, plus forte...... 1 50

Idem, de 6°................ 2 25

Idem, de 6°, très forte...... 2 80

Idem, de 6° et de 8 l. de grosseur........................ 3 10

Fiche de brisure ordinaire, de
2° $\frac{1}{2}$ de haut............... 0 50

Idem, de 3°................ 0 60

Idem, de 3° $\frac{1}{2}$............. 0 65

Idem, bien faite, dite au *T*,
polie, de 2° $\frac{1}{2}$................ 0 60

Idem, de 3°................ 0 70

Idem, de 3° $\frac{1}{2}$............. 0 75

Fiches à vases ordinaires, de
4°, mesurée entre vases....... 0 60

Idem, de 5°............... 0 70

Idem, de 6°............... 0 80

Idem, de 7°............... 1 0

Idem, de 8°............... 1 25

Idem, de 9°............... 1 50

Idem, de 10°.............. 1 75

Idem, bien faite, dite au *T*,
polie, à double vase, de 6° de
hauteur, mesurée entre vases.. 1 0

Idem, de 7°............... 1 10

Idem, de 8°............... 1 50

Idem, de 9°............... 1 80

Idem, de 10°.............. 2 0

Idem, de 11°.............. 2 40

Idem, de 12°............. 2 f. 90 c.

Fiche à chapelet, pour gui-
chets de porte cochère, de 9° de
hauteur 8 0
Idem, de 12°............. 12 0
Idem, de 15°............. 15 0
Idem, de 18°............. 18 0

PIVOTS.

Pivot, pour portes d'armoires,
de 7 l. de saillie sur 7 de large,
5 l. $\frac{1}{2}$ de hauteur de moufle et 4°
de longueur de branche....... 2 30
Idem, de 8 l. de saillie, 7 l.
de largeur, 6 l. de hauteur de
moufle et 4° de longueur..... 2 70
Idem, de 10 l. de saillie, 8 l.
de largeur, 6 l. $\frac{1}{2}$ de hauteur de
moufle et 4° de longueur 3 10
Idem, plus fort, pour portes
d'armoires, de 10 l. de saillie,
sur 9 l. de largeur, 7 l. de
hauteur de moufle et 4° $\frac{1}{2}$ de
longueur...................... 3 75

Pivot ordinaire, pour portes
d'appartemens, de 16 l. de saillie
sur 11 l. de largeur, 7 l. de
hauteur de moufle et 6° de longueur de branche.............. 4 50
Idem, de même dimension,
mais de 7° de branche........ 5 30

Idem, de 14 l. de saillie, sur 12 l. de largeur, 8 l. de hauteur de moufle et 7° *id*.............   6 f. 0 c.

Idem, de 19 l. de saillie, 12 l. de largeur, 8 l. de hauteur de moufle et 8° de longueur......   6   40

Idem, de force extraordinaire, de 16 l. de saillie, 12 l. de largeur, 10 l. de hauteur de moufle et 8° de longueur............   7   50

Pivot à équerre, pour porte battante, à congé, d'un p. de branche, en fer de 15 l. de large, pour être entaillé, bien fait et poli..................   12   0

Fort pivot pour guichet de porte cochère, de 20° de branche, en fer ou en cuivre......   35   0

VERROUX.

Verrou à ressort, sur platine non évidée, de 5°.........   0   80

Idem, de 6°..............   1   0

Idem, de 7°..............   1   20

Idem, de 8°..............   1   30

Idem, de 9°..............   1   40

Idem, de 12°.............   1   70

Idem, de 15°.............   1   90

Idem, de 18°.............   2   10

Idem, de 24°.............   3   10

Idem, de 30°.............	3 f.	90 c.
Idem, de 36°.............	4	90
Idem, de 48°.............	5	80

Verrou à demi-placard, blanchi, à platine évidée, de 6° de longueur..............

	1	60
Idem, de 9°.............	2	40
Idem, de 12°.............	3	75
Idem, de 15°.............	4	25
Idem, de 18°.............	5	0
Idem, de 24°.............	5	80
Idem, de 30°.............	6	75
Idem, de 36°.............	8	0
Idem, de 48°.............	9	60

Verrou, id., poli, de 9° de longueur..............

	2	90
Idem, de 12°.............	4	30
Idem, de 15	4	90
Idem, de 18°.............	5	60
Idem, de 24°.............	6	50
Idem, de 30°.............	7	70
Idem, de 36°.............	8	90
Idem, de 48°.............	10	60

Verrou à placard, blanchi, de 9° de largeur..............

	3	0
Idem, de 12°.............	4	35
Idem, de 15°.............	5	0
Idem, de 18°.............	5	75
Idem, de 24°.............	6	60
Idem, de 30°.............	7	60

Idem, de 36°...............	8 f.	90 c.
Idem, de 48°...............	11	60

Verrou à placard poli, id., bouton en fer tourné, platine à cul de chapeau et picolet arrondi,

de 9°........................	4	0
Idem, de 12°....	4	50
Idem, de 15°............	5	20
Idem, de 18°............	6	0
Idem, de 24°............	7	50
Idem, de 30°............	8	40
Idem, de 36°............	9	90
Idem, de 48°............	12	60

Verrou à capucine, avec platine en cuivre, de 18 l. de longueur.

gueur.....................	1	25
Idem, de 21 l..............	1	50
Idem, de 2°............	1	80
Idem, de 2° 3 l..........	2	10
Idem, de 2° 6 l..........	2	75
Idem, de 3°............	3	30

Verrou de porte cochère, de

21° forte platine............	9	60
Idem, de 24°............	11	50

SERRURES.

Serrure à tour et demi, blanchie, de 6°.

chie, de 6°................	4	25
Idem, de 7°............	5	0

Serrure, idem, bon poussé, de 4°......................... 5 f. 30 c.

Idem, de 5°............... 6 o

Idem, de 6°............... 7 25

Serrure, idem, blanchie, bon poussé, de 5°, clef en chiffre... 5 50

Idem, de 6°............... 7 50

Idem, de 7°............... 9 o

Idem, renforcée, de 7°..... 10 o

Serrure, idem, de 5° avec clef forée, panneton ordinaire..... 5 o

Idem, de 6°............... 7 25

Idem, de 7°............... 8 o

Serrure, idem, de 5°, à deux entrées, avec clef forée....... 7 60

Idem, de 6°............... 8 25

Serrure, idem, de $2° \frac{1}{2}$ de large sur 4°, à l'anglaise et polie. 8 50

Idem, de 6°, à demi-cloison, *dite* anglaise, et polie, de bonne qualité...................... 9 50

Idem, de sûreté, de 6° à deux pênes, deux clefs forées d'une hauteur ; très commune....... 9 80

Idem, de 7°............... 10 75

Serrure, idem, de 5°, mais d'une qualité au-dessus, la broche affleurant le canon........ 10 25

Idem, de 6°............... 11 75

Idem, de 7°............. 13 f. 50 c.

Idem, de 5°, à deux pênes, bon poussé, les deux clefs forées à jour........................ 14 0

Idem, de 6°.................. 15 50

Idem, de 7°.................. 17 50

Serrure, idem, de 5°, la broche tournée, affleurant le canon. 15 25

Idem, de sûreté, de 6°, *id.*, en tout...................... 17 0

Idem, de 7°.................. 20 0

Serrure de porte, à pêne dormant, noircie, ordinaire, de 4°, commune...................... 3 50

Idem, de 5°.............. 4 60

Idem, de 6°.............. 5 50

Idem, de 7°.............. 6 75

Serrure, idem, noircie, ordinaire, de 6°.................. 5 80

Idem, de 7°.................. 7 0

Serrure, idem, noircie, ordinaire, mais renforcée, de 6°... 8 20

Idem, de 7°.............. 9 80

Idem, double force, de 6°.. 10 0

Serrure de sûreté ordinaire, de 6°, sans demi-tour, à deux entrées et deux clefs 8 75

Idem, de 7°.............. 10 0

Serrure, idem, de 6°, mais renforcée et poussée......... 9 0

Idem, de 7°.............. 10f 60 c.

Serrure, *idem*, ord. de 6°, avec demi-tour et pêne dormant, garnie de ses deux clefs forées.. 10 75

Idem, de 6°, clef en chiffre, avec broche tournée, bonne qualité. 12 90

Idem, de 6°, noircie, *idem*, avec faux-fond tourné, première qualité.............. 12 0

Serrure, *idem*, de 6°, à trois pênes, mais de qualité au-dessus. 21 0

Idem, de 7°.............. 22 25

Serrure, *idem*, de 6°, mais d'une qualité supérieure, garniture tournée.............. 30 0

Idem, de 7°.............. 33 0

Forte serrure, *idem*, de 6°, renforcée, bon poussé, pêne dormant, demi-tour, garniture compliquée en planche tournée, avec deux clefs forées à jour et à balustre.............. 36 0

Idem, de 6°, dite à l'anglaise, cloison basse, dite demi-cloison, et deux clefs forées à jour...... 18 0

Idem, de 6°, *idem*, mais avec garniture en planche, ou brasée et passée sur le tour au crochet, polie, bonne qualité......... 22 0

Idem, de 6° *idem*, bien faite,

garniture tournée en planche, à
verrou de nuit.............. 28 f. 50 c.

Serrure idem, de 6° de lon-
gueur, et 4° de haut sur 2 °$\frac{1}{2}$ de
large , avec gâche encloisonnée à
deux boutons en fer.......... 11   0

Idem, de sûreté, mais avec
bouton en cuivre............. 12   60

Idem, de 6°, à demi-cloison,
polie et bien faite........... 12   90

Idem, de 6° *idem*, à l'anglaise, à pêne fourchu, demi-
tour, bouton double, fait suivant
la place...................... 36   0

Idem, avec verrou de nuit.. 39   0

Idem, de sûreté, de 6°, à trois
pênes et à bouton double, avec
gâche encloisonnée ordinaire ,
garniture brasée , et deux clefs
forées à jour................. 18   0

Idem, de 6°, à trois pênes,
idem 20   0

Serrure tour et demi , de 5°,
dite à folliot , polie , bouton
double, étoquiaux à pates, garnie
de sa gâche encloisonnée...... 10   0

Idem, de 6°............. 11   50

Idem, de 7°............. 12   50

Serrure, *idem*, de 5°, sans
gâche ni bouton.............. 8   60

Idem, de 6°.............. 9 f. 75 c.

Idem, de 7°............. 10 50

Serrure, *idem*, de 5°, mais renforcée.............. 9 25

Idem, de 6°, aussi renforcée. 9 90

Idem, de 7°, renforcée..... 11 20

Serrure de coffre, à ombronière.................. 2 30

Serrure ordinaire d'armoire, bon poussé, de 2° ½ de longueur. 2 60

— de 3°................. 3 20

—de 4°................. 3 80

Serrure d'armoire, de 18 l., polie................. 2 50

— de 2°................. 2 80

— de 2° 6 l.............. 3 20

— de 3°................. 4 00

— de 4°................. 4 60

Serrure d'armoire à équerre, de 3°, garni de son bec de canne, de 2° 6 l., avec tirage en fil de fer. 6 70

— de 3°, avec deux clefs en trèfle et gorge en cuivre...... 10 60

— polie, garniture brasée et commune, à trois pênes, demi-tour, 3 étoquiaux à pates, de 3° de longueur................. 7 50

— de bonne qualité........ 8 75

— sans étoquiaux, la garniture tournée, et de première qualité, de 3° de longueur.... 11 f. 0 c.

— de 4°.................... 15 0

— garniture brasée, de 3° de longueur............·............ 7 0

— de 4°.................... 9 0

— de tiroir, de 3°, pour être entaillée..................... 2 30

— à espagnolette, à pêne four-chu, demi-tour, bien faite, de 4°. 21 0

— de 4°, la garniture tournée. 25 0

Forte serrure à pêne dormant de 8° pour porte cochère, à deux entrées et deux clefs forées à jour........................ 24 0

Forte serrure de sûreté, de 7°, pour porte cochère, garniture passée au tour ; pour porte co-chère...................... 28 50

— de 7° à deux canons, la gar-niture passée au tour, pêne dor-mant, demi-tour à queue, s'ou-vrant avec passe-partout, et forte clef à jour renforcée.......... 35 0

— en tout, de 8°.......... 38 0

Serrure de 6° garniture tour-née en plein................ 25 50

— de 7°................... 28 50

— avec verrou de nuit..... 31 50

Serrure à pêne dormant, faite

en *T*, pour être entaillée dans une porte-croisée............ 19 f. 0 c.

— ovale, de 6°, clef en chiffre................... 6 0

GACHES.

Petite gâche, pour espagno-lette, en tôle mince.......... 0 20

Grande gâche, *id.* en tout.. 0 40

Gâche en forte tôle laminée, de Suède................... 0 70

— pour verrou à ressort, en fer forgé, posée dans le carreau ou parquet, avec vis à tête fraisée................... 0 60

— simple et à soupape pour verrou, avec contre-poids...... 3 0

— double, pour deux verroux. 5 0

Gâche en tôle, dite d'équerre, à pointe ou à scellement, pour bec de canne, tour et demi, ou serrure d'armoire............ 0 60

— de 2° 6 l................ 0 80

— le 3°................... 0 90

Gâche en tôle pour serrure de sûreté, à un pêne, de 4°..... 1 30

— à pates, pour bec de canne, de 2° de hauteur............ 0 80

—de 2° 6 l................. 1 0

— de 3° à deux trous........   1 f. 20 c.

— de 4° pour forte serrure de
sûreté, à quatre trous.........   1   80

Gâche encloisonnée, d'une
hauteur; pour bec de canne...   0   90

— pour serrure à tour et demi.   1   0

— pour serrure de sûreté à
deux pênes...............   1   25

— pour serrure de sûreté à
trois pênes................   1   80

— pour serrure de sûreté à
quatre pênes...............   2   40

Gâche encloisonnée, de deux
hauteurs; pour bec de canne...   1   10

— pour serrure à tour et demi.   1   25

— pour serrure de sûreté à
deux pênes................   1   50

— pour serrure de sûreté à
trois pênes...............   2   10

— pour serrure de sûreté à
quatre pênes..............   2   80

CLEFS.

Petite clef forée pour serrure
d'armoire................   1   20

— polie................   1   50

Clef brute bénarde, pour ser-
rure de 4°...............   1   50

— mais polie............   1   80

Clef bénarde ordinaire, brute, pour serrure de 5 à 6°.... 1 f. 60 c.

— polie......................... 2 20

— bénarde à panneton plein. 2 30

— brute, forée, de deux hauteurs......................... 2 75

— forée et polie, de deux hauteurs......................... 3 50

— brute, de sûreté, commune, forée......................... 3 30

— polie, de sûreté, commune, forée à jour.................. 3 90

— de sûreté, forée de deux hauteurs....................... 4 50

— à grosse broche, forée de deux hauteurs................. 5 30

— forée à jour, panneton plein. 6 0

— panneton à l'anglaise....... 6 50

— pour grosse serrure, à jour, et panneton plein........... 6 10

Clef d'armoire, toute préparée....................... 1 30

— de sûreté ordinaire, fendue et finie....................... 3 50

BECS DE CANNE.

Bec de canne de 3°......... 3 25

— de 4°.................. 4 0

— de 5°.................. 5 50

— de 6°.................. 6 75

Bec de canne, en longueur de 2° de large sur 3° ½ de haut, avec ses boutons..................   6 f. 5o c.

Bec de canne à T pour petits bois de porte-croisée, avec ses boutons doubles en cuivre.....   10   5o

— à tirage, pour le haut des armoires, de 6°..................   6   7o

— de 3°......................   8   5o

— de 4°......................   11   5o

BOUTONS.

Boutons à boîte d'horloge en fer........................   o   6o

— en cuivre................   o   85

Bouton rond en fer..........   o   3o

— rond poli, avec rosette...   o   75

— tourné en cul-de-lampe de 21 l. de diamètre............   1   10

— à cul-de-lampe avec écrou rond........................   1   75

— double en fer pour serrure.   1   20

— mais en olive, plein.....   3   20

— double en cuivre pour des serrures ou bec de canne du n° 1.   2   5o

— n° 2......................   2   75

— n° 3......................   3   o

— n° 4 pour serrure de sûreté.   3   6o

BOUCLES.

Boucle à bascule en cuivre n° 1.	1 f.	0 c.
— n° 2	1	20
— n° 3	1	40

Boucle double à charnière en cuivre pour serrure ou bec de canne n° 1	2	0
— n° 2	2	75
— n° 3	3	0

BÉQUILLES.

Béquille en cuivre pour bec de canne	3	60
— à col de cygne	7	80

CHAÎNETTES.

Chaînettes en cuivre ou en fer, pour le demi-tour des serrures	6	0

TARGETTES.

Targettes de 4° de long sur 12 l. de large, évidée en croissant et blanchie	0	60
— de 15 l. de longueur	0	70
— de 18 l	0	90
— de 21 l	1	0
— de 2°	1	10

— de 2° 3 l.............	1 f.	20 c.
— de 2° 6 l.............	1	30
Targette à panache de 15 l..	0	90
— de 18 l.............	1	10
— de 21 l.............	1	25
— de 2°.............	1	50
— de 2° 3 l.............	1	70
Targette à double croissant et à valet, de 2°.............	2	32
— de 2° 6 l.............	2	75
— de 3°.............	3	0
Targette noircie , platine de 5° sur 4°, découpée, fort picolet, pour portes cochères...........	4	60
— avec platine en cuivre, non découpée et en cul de chapeau, de 18 l.............	2	40
— de 21 l.............	3	0
— de 2°.............	3	50
— de 2° 3 l.............	3	80
— de 3°.............	5	0
Targette à platine en cuivre, en écaille de poisson...........	4	80

CRAMPONS.

Crampon pour verrou ord...	0	18
— plus fort.............	0	25
— très fort.............	0	30
— à pate, pour loquet......	0	45

LOQUETS.

Loquet blanchi, ordinaire, garni de toutes pièces, à bouton en olive, battant, de 12 à 14° de longueur. . . . . 2 f. 25 c.

— mais plus fort, de 15° de longueur. 2 80

— de 16° de longueur. 3 0

— de 18° de longueur. 3 40

Fort loquet de 20°, le bouton en olive et plein, garni de toutes pièces. 8 50

— plus fort de 20°, *id.* en tout, mais fait exprès, le mentonnet à pate, coudé d'équerre et entaillé. 13 50

Fort loquet à boucle, de 20°, garni de toutes pièces. 8 0

Fort loquet à boucle, de 22° à 24°, garni de toutes pièces. 9 60

Loquet à vielle, avec sa clef. 4 70

LOQUETEAUX.

Loqueteau à croissant, blanchi, de 18 l. de largeur de platine. 0 80

— de 2°. 1 0

—à panache, poli, de 18 l. de
largeur......................   1 f. 5o c.
—de 2°....................   2   o
— coudé, pour persienne et
contrevent, de 2° de platine ..   1   6o
— de 2° 3 l.................   1   8o
— de 2° 6 l.................   2   o
— de 2° 6 l., bien fait......   2   20

MENTONNETS.

Mentonnet de loqueteau, à
pointe......................   o   7o
— de loquet, à pointe......   o   9o
— à pate, d'équerre, entaillé,
bien fait, pour fort battant....   2   10

ESPAGNOLETTES.

Espagnolette de 6 l., portant trois embases, garnie de sa
poignée pleine, son support, ses
deux gâches et leurs goujons;
le pied de longueur..........   1   5o
— de 7 l. de diamètre, le
pied........................   1   8o
— de 8 l. de diamètre, le
pied........................   2   6o
Poignée d'espagnolette, de
6°, pleine, ordinaire.........   1   5o
— de 7°, tournée..........   2   25

— de 6°, évidée, modèle or-
dinaire, en feuille de persil.... 2 f. 25 c.

— de 6°, évidée en queue de
cochon............................ 2 75

— de 6°, évidée à la grecque. 3 60

— en tout, de 7°.......... 4 25

SUPPORTS D'ESPAGNOLETTES.

Support d'espagnolette, non
évidé, à pate.................... 0 45

— à pate, évidé en croissant.. 0 70

— à pate, évidé à double
croissant......................... 1 0

— à charnière et plein...... 0 85

— évidé en croissant....... 1 10

— à double croissant........ 1 20

— à console, ordinaire...... 1 30

— à console, grand modèle.. 1 75

AGRAFES.

Agrafes ordinaires, la paire. 0 80

— *évidées, moyen modèle*, la
paire............................. 1 0

— *grand modèle*, la paire.. 1 20

— et polies, la paire 1 35

— à double croissant........ 1 80

— *grand modèle*, et à enroulement........................... 2 40

— à la grecque................. 2 70

ANNEAUX.

Anneau de mangeoire à lacet
à vis, la pièce............... o f. 55 c.
— à lacet et à scellement.... o   45

POIGNÉES.

Poignée à pate, de 3 °..... o   5o
— de 3 ° $\frac{1}{2}$................ o   6o
— de 4 °, moyenne force... o   7o
— de 4 °, plus forte........ o   8o
— de 5°................... o   9o
— à pate, en cuivre........ o   9o
— en cuivre, à olive....... 1   1o
— beaucoup plus forte...... 1   5o
— à tourillon, de 4 °, sans talon, avec lacet, à écrou, très
commune................... o   7o
— avec talon pour cassette... o   8o
—commune, sur platine, avec
lacet rivé................. 1   2o
— avec lacet et olive....... 1   5o
— bien faite............... 1   8o
— de 8 à 9°, très forte et très
bien faite, à olive, de 7 à 8 l.. 2   3o

CADENAS.

Garnis de pitons et tire-fonds.

Cadenas de Picardie, de 2°.. 1   6o
— de 2 ° $\frac{1}{2}$............... 1   75

—de 3°...................... 2 f. 10 c.

Cadenas d'Allemagne, commun, de 2°................... 2 0
— de 2° 6 l.................. 2 40
— de 3°..................... 2 75

Cadenas d'Allemagne à charnière, de 18 l................. 1 80
— de 2°..................... 2 40
— de 2° 6 l................. 2 80
— de 3°..................... 3 0
— de 3° 6 l................. 3 75

Cadenas, clé en chiffre, de 18 l....................... 2 10
— de 2°..................... 2 40
— de 2° 6 l................. 3 0
— de 3°..................... 3 50
— de 3° 6 l................. 4 0

MORAILLONS.

Moraillon à charnière, de 6° de longueur................ 0 90
— de 8°..................... 1 10
— de 10°.................... 1 30

CROISSANS POUR CHEMINÉES.

Croissans ordinaires en fer, la paire.................... 0 70
— avec vase en cuivre, brut, la paire.................... 1 80

— mais mis en couleur, la
paire.......................... 2 f. 40 c.

— à courte tige, mais à double
branche en fer............... 3   o

— avec double vase en cuivre. 4   o

— mais mis en couleur..... 4   60

— à longue tige et à une seule
branche et vase en cuivre, mis en
couleur....................... 3   75

SONNETTES ET LEURS ACCESSOIRES.

Sonnettes.

Sonnette de 2° de diamètre.. 2   40
— de 2° 61.............. 2   80
— de 3°................ 3   40
— de 3° 6 l............. 4   10

Mouvemens.

*Mouvement ordinaire en cui-
vre*, de tirage ou de renvoi, petit
modèle .... o   70
— à fourchette *id*.......... o   90
— les mouvemens polis va-
lent en plus.................. o   05

Ressorts.

Ressort de rappel en acier... o   70
— *élastique*, à pompe...... 1   o

Tuyaux.

Tuyau en fer-blanc de 4 l. de diamètre, le pied............ 0 f. 35 c.
— de 5 l................. 0 50
— de 6 l................. 0 70
— de 7 l................. 0 90

Coulisseaux.

Coulisseaux en cuivre, mis en couleur, à tige ronde......... 1 50
— mais à baguette, conduits tournés...................... 2 10
— à pomme par le bout..... 2 40

Fil de fer pour sonnettes, la livre....................... 0 80
— n° 94 .... 0 85
— de laiton.............. 2 75
Conduit à deux pointes...... 0 05

TRINGLES.

Tringles de rideaux non blanchies et à œil par les bouts; pour 1 pied, sur 6 l. de diamètre.... 0 60
— de 8 l................. 1 0
— mais polie ou tirée de long, de 6 l. de diamètre.......... 0 80
— de 8 l................. 1 10

VASES DE RAMPE EN CUIVRE.

Vase, modèle de 2° 6 l. n° 2. 3 f. 25 c.
— de 3°, n° 3............ 4 0
— de 3° 6 l. n° 4......... 5 0
— de 4°, n° 5............ 5 80
— de 5°, n° 6............ 6 90
— de 6°, n° 7............ 8 0

FONTES DE CHAMPAGNE.

Pour plaques et foyers de cheminée, le cent de livres...... 18 0
— pour tours creuses........ 21 0
— pour tuyaux de descente. 23 0
— pour poêles ou bornes.... 24 0
— pour réchauds, poissonniè-
res......................... 27 0

FONTE LÉGÈRE DE NORMANDIE.

Pour plaques et foyers de cheminées, le cent de livres 19 0
— pour tours creuses........ 22 0
— pour tuyaux de descente.. 24 0
— pour réchauds et poisson-
nières...................... 29 0

Laiton en branche, la livre.. 2 50

Fil de fer normand......... 0 90

PLOMBERIE-FONTAINERIE.

Plomb en table, laminé ou couché sur sable ou sur pierre, de 1 à 2 l. d'épais., la livre pesant.   o f. 45 c.

— mais de $\frac{3}{4}$ de ligne; la livre pesant..........................   o   5o

Tuyaux moulés, au-dessus de 2° de diamètre, la livre pesant.   o   53

— au dessous de 2° de diamètre.   o   55

Tuyaux physiqués de 1 à 2° de diamètre, la livre pesant...   o   6o

Soudure ordinaire, la livre...   1   10

— fine, la livre.............   2   5o

Vieux plomb, repris en compte par les entrepreneurs; le cent pesant, déduction faite des quatre au cent..................   35   o

Journées d'un compagnon plombier........................   4   25

— d'un garçon.............   2   75

Poids d'un pied superficiel du plomb laminé.

Plomb laminé de $\frac{1}{2}$ l. d'épaisseur; le pied superficiel.......   2 l. 12 o.

— de $\frac{3}{4}$ de ligne...........   4   2

— de 1 l. d'épaisseur........   5 l. 8 o.

— le $\frac{5}{4}$ de l................   6   14

— de 1 l. $\frac{1}{2}$..   8   0

— de 2 l.................   11   0

POMPES EN PLOMB.

Colonnes montantes en tuyaux moulés, pose et soudure comptés à part, la livre pesant.........   o f. 50 c.

Les mêmes colonnes, mais en tuyaux physiqués, valent, y compris la soudure, mais la pose comptée à part, la livre pesant.   o   57

POMPES EN CUIVRE.

Colonnes montantes en cuivre-potin, tournées, avec porte-soupape, valent, la livre pesant, la pose comptée à part..........   2   75

Celles en cuivre de chaudronnier, planées et soudées, la livre pesant, aussi non compris la pose.......................   3   25

Clapet à soupape, en étain...   8   0

Piston en bois avec sa soupape, ses frettes et son cuir....   15   0

Vis à chapeau, chacune.....   1   ·0

POMPES EN BOIS.

Pompe en bois d'orme, avec ses manchon, clapet, tringle, piston et armature, vaut, savoir, chaque pied de longueur de corps de pompe............... 4 f. 5o c.

Le piston sur sa tringle, et mis en place.................... 11   o

Le clapet avec sa boîte, aussi ajusté et posé............... 7   5o

Le manchon en cuivre...... 15   o

La tringle en bois d'aune, chaque pied.................... o   3o

Les cercles en fer pour maintenir le corps de pompe, chaque cercle..................... 2   5o

Voir, pour les armatures, balancier, collier et autres accessoires, le prix porté à la *serrurerie*, page 69.

ROBINETS.

Robinet à tête, de 6 l., en cuivre-potin.................. 7   5o

— mais de 9 l............... 11   o

— de 12 l................. 14   o

Les robinets au-dessus d'un
pouce, se vendent la livre pesant.　　2 f. 80 c.

Robinets à col de cygne, unis,
pour baignoire, modèle ordinaire, la paire................　　30　　0
— grand modèle...........　　38　　0

Robinet de garde-robe à l'anglaise, garnie de sa bride, de sa
poignée, de sa langue et de vis,
petit modèle.................　　22　　0
— grand modèle...........　　28　　0

POTS DE GARDE-ROBES.

Cuvettes en faïence pour demi-
anglaises, de 9° de diamètre,
anneau et son crochet.........　　24　　0

Celles de 12° de diamètre
valent.....................　　30　　0

Cuvette pour siége d'anglaises,
de 18° de longueur, garni de sa
bonde, son piston à tige coudée,
traverse, poignée et rosette....　　60　　0
La même cuvette, mais de 24°
de largeur, avec les mêmes garnitures ....　　65　　0

Mastic de fontainier, la livre.　　0　　40
Nota. Les journées du fontainier sont les mêmes que celles
des plombiers. *Voir* page 109.

VITRERIE.

VERRE D'ALSACE.

Les feuilles de verre dit d'Alsace se vendent séparément dans les fabriques, ou par assortiment ; les architectes et les vérificateurs de bâtimens divisent ces feuilles en trois classes relativement à leur surface, savoir : les verres de petites mesures, jusques et y compris 30° à l'équerre, c'est-à-dire mesurés en hauteur et en largeur, les deux dimensions réunies donnant 30°. — La moyenne mesure depuis 31° jusqu'à 42° à l'équerre, et enfin la grande mesure, qui comprend tous les verres qui dépassent 42° à l'équerre. (*Voy.* le *Memento des architectes*, pag. 81, 3e. partie du 1er volume.)

Les carreaux compris dans la petite mesure, c'est-à-dire jusques et y compris 30° à l'équerre, se paient en réglement, y compris pose et fourniture de pointes et de mastic, le pied superficiel...   0 f. 70 c.

Ceux de la moyenne mesure, c'est-à-dire depuis 31° jusques et y compris 42° à l'équerre, se paient le pied superficiel.......   0 f. 90 c.

Ceux de la grande mesure, qui dépassent 42° à l'équerre, se paient, y compris *id*..........   1   10

Le tableau suivant donne les prix de chaque carreau d'après ceux indiqués ci-dessus; ceux qui auraient à l'équerre une mesure intermédiaire seraient payés comme l'équerre semblable : ainsi, par exemple, si on a un carreau de 18, 25, produisant 43°, il sera payé 3 f. 48 c. ainsi que celui 20 — 23 produisant aussi 43°, et ainsi pour tous les autres.

TABLEAU *du prix de chaque carreau, tout posé, d'après ses dimensions à l'équerre.*

CLASSE.	DIMENSIONS DES FEUILLES.		PRIX.	
Petite mesure....	6° sur	9°	0 f.	26 c.
	6	10	0	29
	7	10	0	32
	7	11	0	37
	8	11	0	43
	8	12	0	47
	9	12	0	52
	9	13	0	57
	10	13	0	63
	10	14	0	68
	11	14	0	75
	11	15	0	80
	12	15	0	87
	12	16	0	93
	13	16	1	01
	13	17	1	07
Moyenne mesure..	14	17	1	49
	14	18	1	57
	15	18	1	68
	15	19	1	78
	16	19	1	90
	16	20	2	00
	17	20	2	12
	17	21	2	23
	18	21	2	36
	18	22	2	47
	19	22	2	61
	19	23	2	73

CLASSE.	DIMENSIONS DES FEUILLES.		PRIX.
	20° sur 23°		3 f. 48 c.
	20	24	3 67
	21	24	3 85
	21	25	4 00
	21	26	4 17
	22	26	4 36
Grande mesure.....	22	27	4 54
	23	27	4 73
	23	28	4 92
	23	29	5 10
	24	29	5 31
	24	30	5 50
	25	30	5 72
	25	31	5 92

TABLEAU

*Des prix des verres blancs , dits de Bohême,
tout posés.*

DIMENSIONS.	NOMBRE DE FEUILLES AU PAQUET.	PRIX.
10° sur 14°	16 feuilles au paquet.	1 f. 62 c.
11 14	15 *Idem.*	1 73
11 15	14 *Idem.*	1 85
12 15	13 *Idem.*	2 00
12 16	12 *Idem.*	2 17
13 16	11 *Idem.*	2 36
13 17	10 *Idem.*	2 60
14 17	19 feuilles pour 2 paq.	2 74
14 18	9 feuilles au paquet.	2 89
15 18	17 feuilles pour 2 paq.	2 06
15 19 } 16 19 }	8 feuilles au paquet.	3 25
16 20 } 17 20 }	15 feuilles pour 2 paq.	3 46
17 21	7 feuilles au paquet.	3 71
18 21	13 feuilles pour 2 paq.	4 00
18 22	6 feuilles au paquet.	4 33
19 22	11 feuilles pour 2 paq.	4 72
19 23	5 feuilles au paquet.	5 20
20 23 } 20 24 }	9 feuilles pour 2 paq.	5 78
21 24	4 feuilles au paquet.	6 50
21 25	23 feuilles pour 6 paq.	6 78
21 26	7 feuilles pour 2 paq.	7 42
22 26	13 feuilles pour 4 paq.	8 00

DIMENSIONS.	NOMBRE DE FEUILLES AU PAQUET.	PRIX.
22 ° sur 27 °	3 feuilles au paquet.	8 f. 66 c.
23 27	27 feuilles pour 10 paq.	9 3o
23 28	5 feuilles pour 2 paq.	10 4o
23 29	9 feuilles pour 4 paq.	11 56
24 29	2 feuilles au paquet.	13 oo
24 3o	11 feuilles pour 6 paq.	14 17
25 3o	13 feuilles pour 8 paq.	16 oo
25 31	13 feuilles pour 9 paq.	18 oo
26 31	31 feuilles pour 24 paq.	20 16
26 32	8 feuilles pour 7 paq.	22 75
27 32	1 feuille au paquet.	26 oo
27 33	6 feuilles pour 7 paq.	3o 31
27 34	3 feuilles pour 4 paq.	34 64
28 34	2 feuilles pour 3 paq.	39 oo
28 35	3 feuilles pour 5 paq.	43 3o
29 35	6 feuilles pour 11 paq.	47 63
29 36	1 feuille pour 2 paq.	52 oo
3o 36	4 feuilles pour 9 paq.	58 5o
31 36	2 feuilles pour 5 paq.	65 oo
32 36	1 feuille pour 3 paq.	78 oo

Les verres blancs dépolis sont comptés moitié en sus des verres ordinaires.

Vieux verres. Pour pose seulement, y compris fourniture de pointes et de mastic, en petits carreaux jusqu'à 3o°, à l'équerre, chaque carreau posé..........   o   10

— mais de 31 à 50°, à l'é-
querre, chaque carreau........ o f. 17 c.

— mais de 51 à 60°. .... o 23

—de 61 à 68°............. o 30

Vieux verres Idem, pour
démastiquage, ensuite retaillés
et reposés.

Jusqu'à 30°, à l'équerre, chaque carreau vaut............. o 20

— mais de 30 à 50°, à l'é-
querre, chaque carreau....... o 35

— mais de 50 à 60°, *id*...... o 45

— mais de 61 à 68°, *id*..... o 60

Petits carreaux nettoyés sur
place...................... o o3

— gâtés de peinture........ o o5

Grandes pièces nettoyées sur
place..................... o o6

— gâtées de peinture....... o 10

Journées de compagnon vitrier. 3 50

La livre de mastic......... o 30

MARBRERIE.

PRIX COURANT DES MARBRES EN BLOC.

Marbres Sainte-Anne, Cerfontaine, Barbançon, Franchimont,

Bourbonnais, rouge de Caen, le
pied cube brut, vaut communément, rendu à l'atelier de l'entrepreneur...................... 24 f. o c.

Le petit granit, dit marbre
feluil, vaut, aussi compris, *id.*
le pied cube brut.............. 26   o

Les marbres Languedoc et
royal, le Malplaquet, le Lumachelle, rouge de Laval et Roquebrune, le pied cube compris, *id.* 32   o

Marbre noir de Namur ou de
Dinan, le pied cube, compris *id.* 35   o

Le Campan isabelle, la griotte
de Flandre, la brèche grise, le
rance, le pied cube........... 40   o

Le marbre blanc veiné et le
Seracolin, le pied cube, *id.*..... 45   o

Le marbre blanc statuaire, le
pied cube, *id.*................. 52   o

Les marbres Campan rouge,
Tarantaise, vert Campan, et la
brèche d'Alep, le pied cube compris, *id.*...................... 55   o

Le bleu turquin et la griotte,
dite d'Italie.................... 60   o

Le portor et le granit des Pyré-
nées . . . .   75 f. o c.

La brocatelle d'Espagne , le
bleu fleuri ou panaché , le pied ,
idem.   80   o

La brèche violette, le vert de
Gênes, le jaune antique, le pied
cube   90   o

Le vert d'Égypte, brèche afri-
caine et vert antique.   120   o

Le jaune de Sienne, la brèche
de Venise, le bleu antique.   130   o

Marbres ordinaires en tranches.

Marbre feluil, dit petit granit, en tranches
employées en tablettes de cheminées, de
poêles ou de meubles, ou dessus de tables.

Lesdites de 9 à 10 l. d'épais-
seur, tout poli, le pied superficiel.   3   75
— de 1°, le pied *id.*   4   o
— de 15 l., le pied.   4   50
— de 18 l. d'épaisseur.   5   25

Marbre royal, Franchimont,
Cerfontaine, aussi en tranches,
employé aux mêmes usages, de
9 à 10 l. d'épaisseur, vaut le pied
superficiel.   4   o
— mais de 1° d'épaisseur, le
pied.   4   25

— de 15 l., le pied, *id*......   4 f. 75 c.

— de 18 l. d'épaisseur......   5   50

Marbre Sainte-Anne de Belgique, aussi en tranches comme les précédens, de 9 à 10 l. d'épaisseur, le pied superficiel........   3   80

— mais de 1° d'épaisseur, le pied   4   10

— mais de 15 l., le pied, *id*..   4   70

— de 18 l. d'épaisseur, vaut, *idem*....................   5   40

CHAMBRANLES.

Chambranle de cheminée en pierre de liais de 4 p. de long hors-œuvre, dit à capucine, les jambages ayant un petit chapiteau et un socle, sans foyer; vaut, y compris pose, plâtre, agraffes et goujons.................   14   0

Chambranle de cheminée en marbre de Flandre, de 4 p. de large sur 3 p. de hauteur, à la capucine, établi en tranches de marbres de 1° d'épaisseur, sans foyer, et la tablette sans moulures, vaut tout posé.   36   0

Chambranle de cheminée en mêmes marbres et de même dimension, mais à consoles galbées, prises dans du marbre d'environ 3° d'épaisseur avec arrière-corps orné d'impostes, revêtemens à l'extérieur, la tablette portant moulures ; un foyer de même marbre au devant, vaut tout posé..................... 120 f. 0 c.

Chambranle de cheminées de même dimension et de mêmes matières, mais à colonnes avec socles et chapiteaux, pilastres en arrière-corps, des colonnes, en marbre plein, tablettes ornées de moulures, foyer au-devant; lesdits chambranles valent tout posés............... 160   0

Observation. Les chambranles dont il vient d'être parlé, nous arrivent de Flandre, tout finis et prêts à poser; mais il se fait à Paris, dans les ateliers des maîtres marbriers, des chambranles plus riches, et souvent d'après les dessins des architectes; on les paie à prix débattu, ou MM. les vérificateurs de bâtimens les estiment d'après la qualité et la quantité de la matière employée, la main-d'œuvre extraordinaire pour les sciages, tailles et polissage, et enfin les déchets occasionnés par les formes adoptées.

Voici les prix courans de ces diverses façons, en raison de la qualité et de la densité des marbres.

SCIAGES.

Sciage d'un pied superficiel de
blanc statuaire et blanc veiné..   1 f. 10 c.

   — de bleu turquin, bleu an-
tique et bleu fleuri...........   1   20

   — du Cerfontaine, Franchimont, rance, Malplaquet, rouge
de Laval, rouge de Caen, Lumachelle, Bourbonnais.......   1   30

   — de brèche grise, Barbançon, Languedoc, griotte de Flan-
dre et marbre royal...........   1   40

   — de Sainte-Anne, de brèche
d'Alep et granit feluil.........   1   50

   — de Roquebrune, Seracolin,
griotte du Languedoc, dite d'Italie, vert Campan, Campan rouge,
campan isabelle, brocatelle d'Espagne, valent...............   1   60

   — de brèche violette, le jaune
de Sienne, la brèche de Venise,
jaune antique, le portor, le vert
de Gênes...................   1   70

   — du noir de Dinan, et du
noir de Namur..............   1   80

   — de vert d'Égypte, de la brè-
che africaine et de la Tarantaise.   1   90

   — du vert antique.........   2   10

   — du granit des Pyrénées..   2   60

ÉVIDEMENS.

Évidement d'un pied cube de marbre blanc veiné ou blanc statuaire pour ébaucher, et épanelage, vaut...... 10 f. 0 c.

— des mêmes marbres, mais faits entre plusieurs côtés conservés, comme cuvettes, etc...... 15 0

Évidement id. d'un pied cube de marbre bleu antique, bleu turquin et bleu fleuri, pour ébaucher et épaneler...... 10 75

— mais entre plusieurs côtés conservés, le pied cube *id.*.... 16 0

Évidement id. d'un pied cube de marbre de Malplaquet, Franchimont, Bourbonnais, Lumachelle, rance, rouge de Laval, et Cerfontaine...... 11 50

— mais entre plusieurs côtés conservés, le pied cube...... 17 25

Évidement en marbre Languedoc, royal, brèche grise, marbre royal, griotte de Flandre, le pied cube...... 12 20

— mais entre quatre côtés conservés pour cuvettes, baignoires et autres semblables, le pied cube *id.*...... 18 30

Évidement de marbres Sainte-Anne, granit dit feluil, et brèche d'Alep, le pied cube........... 13 f. o c.

— mais entre quatre côtés conservés comme dessus, le pied cube *id*...................... 19 50

Évidement de marbres Campan isabelle, griotte dite d'Italie, brocatelle d'Espagne, Roquebrune, Campan rouge, Seracolin, et vert Campan pour ébaucher et épaneler comme dessus, le pied cube........... 13 75

— mais entre quatre côtés conservés pour cuvettes et autres, le pied cube *id*.,........ 20 60

Évidement de marbre jaune antique, brèche violette, portor, vert de Gênes, brèche de Venise et jaune de Sienne pour ébaucher et épaneler, le pied cube...................... 14 5o

— mais entre quatre côtés conservés pour cuvettes, etc., comme dessus, le pied cube.... 21 75

Évidement d'un pied cube de marbres noirs de Dinan et de Namur, pour ébaucher et épaneler.................... 16 o

— mais entre quatre côtés conservés, pour baignoires, cuvettes, etc.................... 24 f. o c.

Évidement d'un pied cube de marbres Tarantaise, vert d'Égypte et brèche africaine, pour ébaucher et épaneler.......... 17 5o

— mais entre quatre côtés conservés, comme dessus......... 26 25

Évidement d'un pied cube de marbre vert antique, pour ébaucher et épaneler............. 20 o

— mais pour cuvettes et fait entre plusieurs côtés, conservés. 3o o

Évidement d'un pied de granit rose des Pyrénées, le pied cube...................... 68 o

— entre quatre côtés conservés, pour cuvettes et autres.... 1oo o

TAILLES.

Taille d'un pied de marbre blanc statuaire et blanc veiné... 1 5o

— de marbre bleu fleuri, bleu antique et bleu turquin... 1 75

— de marbres Bourbonnais, Lumachelle, rance, rouge de Caen, rouge de Laval, Malplaquet, Cerfontaine et Franchimont........................ 1 8o

— de marbres royal, Barbançon, Languedoc, brèche grise, griotte de Flandre. . . . .   1 f.85 c.

— de marbres Sainte-Anne, brèche d'Alep et granit feluil . .   1   90

— de marbre brocatelle d'Espagne, Campan rouge, griotie de Languedoc ou dite d'Italie, vert Campan, Seracolin, Roquebrune, Campan isabelle.   1   95

— de marbres jaune de Sienne, brèche de Venise, portor, vert de Gênes, jaune antique et brèche violette.   2   0

— de marbres noirs de Namur et de Dinan.   2   10

— de marbres vert d'Égypte, brèche africaine, et Tarantaise..   2   20

— du vert antique.   2   40

— du granit des Pyrénées. .   5   0

POLISSAGES.

Polissage d'un pied superficiel de marbre blanc statuaire et blanc veiné, vaut.   0   60

— d'un pied superficiel de marbre bleu antique, bleu fleuri ou panaché, ou de bleu turquin, vaut.   0   70

— de marbre rance, Lumachelle, Bourbonnais, Malplaquet, rouge de Caen ou de Laval, Cerfontaine et Franchimont, vaut le pied superficiel............ o f. 75 c.

— de marbre griotte de Flandre, brèche grise, Languedoc et royal, et Barbançon, vaut le pied superficiel................ o 80

— d'un pied superficiel de marbre petit granit dit feluil, brèche d'Alep et Sainte-Anne.. o 85

— d'un pied superficiel de marbre griotte, dite d'Italie, Campan isabelle, Roquebrune, Seracolin, vert Campan, Campan rouge et brocatelle d'Espagne... o 90

— de marbre brèche violette vert de Gênes, portor, brèche de Venise, jaune antique et jaune de Sienne, le pied superficiel comme dessus................ o 95

— de marbre noir de Namur ou de Dinan, le pied superficiel. 1 o

—;de marbre Tarantaise, brèche africaine et vert d'Égypte, le pied superficiel............ 1 10

— de marbre vert antique, le pied superficiel.............. 1 25

— de granit rose des Pyrénées ou autres semblables...... 4 50

DALLES.

Dalles de pierre de liais de 11 à 12 l. d'épaisseur prises dans des bandes à carreaux et employées à des pilastres, revêtemens, traverses et foyers de chambranles de cheminées, la toise superficielle vaut............ 33 f. o c.

Les mêmes dalles, mais de 15 l. d'épaisseur, valent la toise superficielle comme dessus........ 39 o

Les mêmes dalles, mais de 18 l. d'épaisseur, valent la toise superficielle.................. 46 o

Dallage de terrasse en dalles de pierre de liais de 15 à 16 l. d'épaisseur, vaut, y compris pose et fourniture de plâtre pour les sceller, la toise superficielle.... 40 o

Même dallage, mais de 18 l. d'épaisseur, vaut la toise superficielle................... 45 o

Même dallage, mais en dalles de 2° d'épaisseur, vaut la toise superficielle................. 54 o

CARRELAGE.

Carreaux octogones en pierre de liais de 12°, le remplissage en petits carreaux de marbre noir, vaut la toise superficielle, y compris pose, fourniture de plâtre, ragrément et frottage au grès après la pose.................... 36 f. o c.

Carreaux octogones id., mais de 11°, valent, y compris *id.*, la toise superficielle............... 38   o

Carreaux id. de 10° compris *id.*, vaut la toise superficielle.. 40   o

Carreaux id., mais de 9° compris *id.*, vaut la toise...... 43   o

Carreaux id., mais de 8°, compris *id.*, vaut la toise superficielle. 45   o

Carreaux id., de 7°, compris *id.*, vaut la toise superficielle... 48   o

Carreaux id., de 6°, compris *id.*, vaut la toise superficielle... 52   o
Journées d'un compagnon marbrier, laquelle est de 10 heures de travail...................... 4   o
Journées d'un polisseur..... 3   5o
Journées d'un scieur........ 4   5o
Journées d'un carreleur ayant

un garçon pour servir deux ou
trois compagnons, et y compris
ce garçon..................   6 f. o c.

~~~~~~~~~~~~~~~~~~~~~~~~~~~~~~~~~~~~~~

PEINTURE D'IMPRESSION.

OUVRAGES PRÉPARATOIRES.

Lessivage simple sur des
peintures vernies, pour conserver et raviver les couleurs, la
toise superficielle............   o   3o

Lessivage sur d'anciennes couleurs à l'huile, en conservant les
fonds pour repeindre dessus,
vaut, la toise superficielle.....   o   5o

Lessivage à l'eau seconde plus
forte, pour enlever toutes les anciennes peintures, sur plâtre...   o   6o
   Sur boiseries, avec moulures.   1   20

Grattage sur murs et plafonds,
la toise superficielle...........   o   4o
   — sur boiseries.............   o   9o
   — sur boiseries à moulures
peintes à l'huile et vernis......   ι   5o

Grattage à vif sur boiseries,

idem, mais mises entièrement
à cru...................... 4 f. o c.

Échaudage à une couche, la
toise superficielle............ o 20
— à deux couches.......... o 35

Rebouchage en mastic à la
colle, la toise superficielle..... o 40
— en mastic à l'huile....... o 6o

Nettoyage à la sciure de bois
des carreaux et parquets, la toise
superficielle................. o 3o

Carreaux de liais, lavés et
passés au grès, la toise superficielle....................... o 70

PEINTURE EN DÉTREMPE.

Blanc de plafond, une couche,
la toise superficielle........... o 40
— deux couches........... o 70
— un encollage et deux couches de teintes.............. 1 1o

Couleur de pierre sur murs,
une couche................. o 6o
— deux couches, dont une
d'encollage................. 1 2o
— trois couches, dont deux de
teinte..................... 1 5o

PEINTURE EN DÉTREMPE VERNIE.

Gris, détrempe vernie, à quatre couches, dont une d'encollage, une de blanc égrené, et deux couches de teintes, la toise superficielle.................. 5 f. 5o c.

Détrempe vernie, *idem*, mais rechampie à deux tons, les fonds poncés 6   5o

Nota. Les tons lilas, jonquille, bleu azuré, rose, etc., se paient en plus, en raison des couleurs fines employées, la toise superficielle, de 1 f. à............. 3   0

PEINTURES A L'HUILE.

Gris à l'huile, une couche, la toise superficielle............. 1   75
— deux couches 3   0
— trois couches............ 4   75

Couleur de bois, tons ardoise, chocolat, olive, terre cuite et autres semblables, une couche, la toise superficielle.......... 1   4o
— deux couches........... 2   6o
— trois couches............ 4   3o

Gris de perle, ou gris de lin en

blanc de céruse, deux couches,
la toise superficielle............ 3 f. 6o c.

— trois couches............ 5 5o

— trois couches, rechampies
de deux tons................. 6 o

— mais vernis............. 8 o

Nota. Les couleurs fines, telles
que lilas, rose, vert, jonquille
et jaune paille, etc., se paient
en plus, la toise superficielle, de
1 f. 5o c. à................ 4 o

PEINTURES EN DÉCORS.

Granit jeté, sur fond brun en
détrempe, la toise superficielle.. 6 5o

— sur fond à l'huile, et
vernis, ... 9 5o

Granit, idem, mais chiqueté,
sur fond en détrempe......... 9 o

— le fond à l'huile et vernis. 12 o

Marbres veinés à l'huile sur
fond à quatre couches, dont une
de gris et les autres de teinte,
poncées et adoucies, la toise superficielle, vernis............ 15 o

— mieux faits............ 18 o

— mais de marbres précieux,
albâtres, etc., très bien faits.... 21 o

Bois feints de noyer, de
frêne, de sapin, de hêtre, d'aca-

jou ou autres, veinés, sur fonds
idem, aux marbres ci-dessus, et
vernis, la toise superficielle.... 13 f. 0 c.

— mieux faits............. 16 0

— en bois ronceux, très bien
faits....................... 20 0

Bronze antique avec frottis,
mêmes apprêts que ci-dessus,
faits en grandes parties, et
vernis, la toise superficielle.... 10 0

— mieux fait............. 12 0

— terminé par des artistes,
et en petites parties........... 16 0

Coupe de pierre à trois filets,
avec frottis, sur trois couches de
fond, en détrempe, la toise superficielle.................. 6 0

— mais sur fond à l'huile.... 9 0

— et vernis............. 11 0

DIVERSES PEINTURES A LA TOISE COURANTE.

Plinthes, fond de marbre à
l'huile, deux couches, la toise
linéaire................... 0 30

— mais vernis............. 0 70

— mais en marbres veinés, à
l'huile et vernis............ 1 50

Filet de table saillante, en détrempe, la toise linéaire de filet
simple..................... 0 25

— mais à filet double ou à deux teintes............................... o f. 45 c.

Moulures de cadres, cimaises ou autres, feintes, ombrées et éclairées, en détrempe, la toise linéaire, vaut......................... o 60

— mais à l'huile............. o 80

— vernis...................... I o

Moulures de cadres de glace et autres en bronze peint, la toise linéaire, en détrempe.......... o 50

— à l'huile.................. o 70

— mais vernis.............. o 85

Barreaux, espagnolettes et autres, en noir au vernis, la toise linéaire...................... o 50

— en bronze............... o 75

OBJETS COMPTÉS A LA PIÈCE.

Chambranles de cheminées, de mesures ordinaires, en fond de marbre brun ou noir, à l'huile, 3 couches, chaque chambranle. I 75

— mais vernis.............. 2 5o

Les mêmes chambranles, mais en marbre ordinaire, à l'huile et vernis...................... 6 o

— mais bien faits........... 8 o

Contre-cœur de cheminée, en grisaille détrempe, chaque..... o 5o

Le même, mais à la mine de
plomb........................   3 f. 50 c.

Chaque pièce de ferrure, en
noir au vernis................   o   10

— mais en bronze.........   o   13

Parquets en carreaux, mis
en couleur jaune ou rouge, deux
couches de détrempe, une couche
d'encaustique, ciré et frotté...   1   50

— mais en rouge fin........   1   80

— mais en couleur à l'huile.   2   75

Parquets en couleur, une seule
couche de terra-mérita et safranum, ciré et frotté...........   1   o

— mais à deux couches.....   1   50

POÊLERIE.

POÊLES PORTATIFS.

Poêles carrés, dits *de numéro.*

Poêle n° 1, de 16° de longueur, sur 13° de largeur et 18°
de hauteur, sans four........   14   o

Le même poêle, avec four,
vaut........................   15   50

La pose dudit, avec les tuyaux.   3   o

Poêle n° 2, de 18° de longueur,

sur 14° de largeur et 19° de hauteur, sans four, vaut......... 18 f. oc.

Le même poêle, avec four, vaut........................ 21   0

La pose dudit poêle, avec ses tuyaux..................... 4   0

Poêle n° 3, de 20 ° de longueur, sur 16° de largeur et 21 ° de hauteur, sans four, vaut... 21   0

Le même poêle, avec four, vaut........................ 24   0

La pose du même poêle, avec tuyaux...................... 4   0

Poêle n° 4, de 22 ° de longueur, sur 17° de largeur et 22° de hauteur, sans four, vaut... 25   0

Le même poêle, avec four, vaut........................ 28   0

La pose du même poêle, avec ses tuyaux................... 4   50

Poêle n° 5, de 2 p. 1 ° de longueur, sur 19 ° de largeur et 25 ° de hauteur, sans four, vaut... 32   0

Le même poêle, avec four, vaut........................ 36   0

La pose dudit, avec ses tuyaux, vaut........................ 5   0

Poêle n° 6, de 26 ° de longueur, 20° de largeur et 26° de hauteur, vaut................. 38   0

Le même poêle, mais avec four, vaut.......................... 42 f. 0 c.

La pose dudit, avec ses tuyaux, vaut.......................... 6   0

Poéle n° 7, de 30 ° de longueur, sur 24° de largeur et 27° de hauteur, sans four, vaut... 54   0

Le même poêle, avec four, vaut.......................... 60   0

La pose dudit, avec ses tuyaux, vaut.......................... 7   0

Poéle n° 8, de 3 p. de longueur, sur 26° de largeur et 30° de hauteur, sans four, vaut......... 66   0

Le même, avec four, vaut.. 72   0

La pose dudit, avec ses tuyaux, 8   0

POÊLES RONDS, MONTÉS SUR FERRURE.

Poéle rond, de 13 ° de diamètre, non compris la saillie de la corniche, et 20 ° de hauteur, vaut, compris bénéfice de l'entrepreneur..................... 60   0

Poéle rond, de 18 ° de diamètre, sur 22 ° de hauteur, vaut, compris *id*.................... 75   0

Poéle rond, de 21° de diamètre, sur 24 ° de hauteur, vaut, compris *id*.................... 95   0

Poéle rond, de 24° de diamètre et 26° de hauteur, compris
id., vaut.......................... 110 f. 0 c.

Poéle rond, de 27° de diamètre, sur 28° de hauteur, vaut,
compris *id.*.................... 135   0

Nota. Les tablettes en marbre doivent être
comptées en sus de ces prix. Voir, à cet
égard, la *marbrerie*.

TUYAUX EN BISCUIT ET EN FAÏENCE.

Tuyaux unis, en biscuit, ou
terre cuite non émaillée, de 16°
de hauteur et de 5° de diamètre,
valent chacun, les bases et les
chapiteaux, comptés chacun pour
un bout............................ 2   50

Les mêmes tuyaux, mais en
faïence blanche, valent....... 3   30

— mais avec bandeaux, de 12°
de hauteur, en biscuit, valent. 2   75

— mais en faïence, valent... 3   60

Les mêmes, avec bandeau et
cannelures, en biscuit, de 12° de
hauteur........................... 3   0

— mais en faïence.......... 3   90

Tuyaux unis, en biscuit, de
16° de hauteur et de 6° de diamètre, valent chacun, les bases
et les chapiteaux comptés pour
un bout............................ 2   90

Les mêmes tuyaux, mais en faïence blanche, valent....... 3 f. 80 c.

Les mêmes tuyaux, de 12 ° de hauteur, mais avec bandeau en biscuit, valent.............. 3 10

— mais en faïence blanche, valent..................... 4 10

—mais avec bandeau et cannelures, de 12 ° de hauteur, valent, en biscuit.............. 3 50

—en faïence blanche, valent. 4 60

Tuyaux en biscuit, de 16 ° de hauteur et de 7 ° de diamètre, unis, valent................ 3 40

— en faïence blanche...... 4 50

Les mêmes tuyaux, mais avec bandeau, de 12 ° de hauteur, en biscuit, valent.............. 3 60

— en faïence blanche....... 4 80

Les mêmes tuyaux, de 12 ° de hauteur, mais avec bandeau et cannelures, valent........... 3 75

— en faïence blanche...... 5 0

Tuyaux en biscuit, de 16 ° de hauteur et de 8 ° de diamètre, unis, valent............ 3 80

— mais en faïence blanche, valent..................... 5 0

Les même tuyaux, mais avec bandeau en biscuit, de 12 ° de hauteur, valent............. 4 0

— mais en faïence, valent.. 5 40

— mais avec bandeau et cannelures, aussi de 12 ° de hauteur, en biscuit, valent........ 4 f. 20 c.

— mais en faïence, valent.. 5 6o

Tuyaux en biscuit, de 12 ° de hauteur et de 9 ° de diamètre, unis, avec bandeau, valent... 4 6o

— mais en faïence blanche, valent........................ 6 20

— mais avec bandeau et cannelures, valent, en biscuit.... 5 o

— mais en faïence.......... 6 6o

Tuyaux en biscuit, de 12 ° de hauteur et de 12 ° de diamètre, unis, avec bandeau, valent... 6 40

— mais en faïence blanche, valent........................ 8 5o

— mais avec bandeau et cannelures, valent, en biscuit.... 6 75

— en faïence blanche....... 9 o

COURONNEMENS DE COLONNES DE POÊLES.

Flamme, sans socle, en biscuit. 3 o

— en faïence blanche....... 4 25

— mais avec un socle, en biscuit............................. 4 o

— avec socle, mais en faïence.. 5 5o

Corbeille, sans socle, en biscuit............................. 6 5o

— mais en faïence.......... 8 5o

Corbeille, avec socle, en bis-
cuit................................ 7 f. 5o c.
— mais en faïence.......... 10　　o

PIÈCES DE POÊLES.

Cercle en tôle, de 12 l. de largeur, le pied courant.......... o　16
— mais poli.................... o　5o
— de 15 l. de largeur, en tôle
forte, le pied.................. o　25
— mais poli.................... o　8o
— de 18 l. de largeur...... o　40
— mais poli................ 1　10

Portes de poêle, en tôle ordinaire, montées sur châssis, garnies de pentures, et porte à coulisses et loquet de 8° sur 10°.... 10　　o
— mais sur châssis double, et
en forte tôle.................. 12　5o
mais de 10° carrés........ 11　o
— mais le châssis double, et
en forte tôle.................. 13　o
— mais de 10° sur 12°...... 12　o
— mais sur châssis double, et
en forte tôle................ 15　o

Bouchon à charnière, modèle
ordinaire, de 3o l. de diamètre　3　o
— mais de 3°............ 3　6o

Bouchon sans charnière, évidé
à jour, de 3o l. de diamètre... 3　5o
— de 3°.................. 4　o

CARREAUX

Servant à la construction des poéles.

Carreaux unis de 8 ° carrés, en biscuit, chaque........... 1 f. 10 c.

— mais en faïence blanche.. 1 30

Mémes carreaux, en biscuit à mosaïque unie, valent......... 1 20

— mais en faïence.......... 1 40

— mais à mosaïque à rosaces, en biscuit, valent............ 1 60

— mais en faïence.......... 2 20

— à octogone, unis, en bis-cuit........................ 1 30

— mais en faïence.......... 1 50

— à octogone, mais à rosaces, en biscuit.................. 1 80

— mais en faïence.......... 2 40

COLONNES DE POÊLE, D'UN SEUL MORCEAU.

Lesdites colonnes avec base et chapiteau, de 8 à 9 ° de diamètre et de 4 p. de hauteur, valent, chacune, en biscuit........... 24 0

— mais en faïence blanche... 30 0

— de 5 p. de hauteur et du même diamètre que dessus, en biscuit...................... 32 0

— mais en faïence blanche... 40 0

— de 6 p. de hauteur et de
même diamètre, en biscuit.... 40 f. 0 c.
— de faïence................ 50 0
— de 7 p. de hauteur et de
même diamètre, en biscuit.... 48 0
— en faïence.............. 60 0

TUYAUX ET CENDRIERS EN TÔLE.

Tuyau de 30 l. de diamètre
pour l'intérieur des poêles et de
12 ° de longueur ; chaque bout
vaut......................... 0 75
— de même longueur et de
3 ° de diamètre.............. 0 90
— de même longueur et de
3 ° ½ de diamètre........... 1 0
— de même longueur et de
4 ° de diamètre.............. 1 10
— de même longueur et de 5 °
de diamètre................. 1 25
— de même longueur et de 6 °
de diamètre................. 1 60
de 14 ° de longueur et 8 ° de
diamètre.................... 2 20
— de 12 ° de longueur et de
9 ° de diamètre.............. 2 60
— de 11 ° de longueur et de 10 °
de diamètre................. 2 80
— de 11 ° de longueur et de
11 ° de diamètre............ 3 0

— de 12 ° de longueur et de
12 ° de diamètre............. 3 f. 5o c.

Cendriers en tôle pour les
poêles, n° 1, de 10° de longueur
sur 7 °.................... 1   5o
— pour les poêles, n° 2, de 11°
de longueur sur 8° de largeur.. 1   75
— pour les poêles, n° 3, de 12°
sur 9°.................... 2   o
— pour les poêles, n° 4, de 14°
sur 10°.................... 2   3o
— pour les poêles, n° 5, de 16°
sur 11 °.................... 2   6o
— pour les poêles, n° 6, de 18°
sur 12 °.................... 3   o

FONTES.

Fonte de Champagne pour
plaques et foyers de cheminées,
et plaques de garnitures de poêles,
le cent pesant.............. 18   o
— légère, de Normandie, en
plaque et foyer, le cent de livres. 19   o

Plaques légères, percées, et
petits tuyaux pour l'intérieur des
poêles.................... 27   o

MATÉRIAUX

Employés pour les poéles de construction.

`Briques de pays`, le cent....	4 f.	80 c.
Briques carrées, le cent.....	5	20
Tuiles de Bourgogne, le cent.	8	5o
Terre franche, le tombereau contenant 27 à 3o p. cube......	8	o
C'est le sac................	o	20
Journée d'un ouvrier construc-teur de poêles...............	6	o
Journée d'un compagnon fu-miste...................	4	5o
Journée d'aide...............	2	25

TERRASSE.

1°. *Fouille* de terre commune et végétale très facile, la toise cube, jetée sur berge.........	2	5o
2°. *Fouille* de terre sablon-neuse, la toise cube..........	3	o
3°. *Fouille* de terre douce ordi-naire, terres rapportées, la toise cube....................	4	o

4°. *Fouille* de même terre, mêlée de pierrailles, la toise cube...................... 5f.25c.

5°. *Fouille* de terre glaise ordinaire........................ 5 5o

6°. *Fouille* de terre forte..... 6 o

7°. *Fouille* de terre forte *idem*, mêlée de pierres, la toise...... 6 5o

8°. *Fouille* de tuf ordinaire.. 8 5o

9°. *Fouille* de tuf très dur.... 10 o

10°. *Fouille* de roc ordinaire. 12 o

Pour une banquette de 6 p. de haut, ajouter à chaque toise cube pour les n°s 1 et 5........... 1 o
Et pour les n°s 6 à 10....... 1 5o

Transport à la brouette, pour chaque relai de 10 toises de distance, ajouter en plus à la fouille d'une toise cube des n°s 1 à 5... o 90
Et pour les n°s 6 à 10°....... 1 20

Transport au camion, à cent toises de distance, de mêmes terres, de 1 à 5, pour une toise cube...................... 4 5o
— des terres des n°s 6 à 10... 5 5o

Transport au tombereau à cheval des mêmes terres, n°s 1 à 5,

..

aussi à cent toises de distance, la
toise cube....................   6 f. o c.

— des terres nᵒˢ 6 à 10....   8   50

Terres régalées ou rem-
blayées, sans être tassées ni pi-
lonnés, la toise cube..........   o   90

Lesdites pilonnées au fur et à
mesure   2   o

Dressement et nivellement de
terrain après les fouilles , la toise
superficielle.................   o   20

Journée de fort terrassier....   2   50
— de terrassier ordinaire...   2   o

PAVAGE.

Gros pavé de roche de Fon-
tainebleau ou de Marly , dit pavé
de ville , de 8° sur tous sens, posé sur forme de sable de plaine,
de 6 à 7° d'épaisseur , avec une
couche de même sable sur le pavé,
la toise superficielle vaut........   28   o

Le même pavé, mais sur forme
de mortier de chaux et sable de
rivière   32   o

Pavé de deux, c'est-à-dire de 8° carré sur 4° d'épaisseur, sur forme de sable, avec aussi une couche de sable par-dessus, la toise superficielle............ 19 f. 0 c.

Le même, mais scellé en mortier de chaux de sable de rivière..................... 22 0

Le même, sur forme de mortier de chaux et ciment de tuileaux et carreaux.................. 24 0

Pavé de trois, sur forme de mortier de chaux et sable...... 16 0

— sur forme de mortier de chaux, et ciment de tuileaux et carreaux, la toise superficielle.. 18 50

Gros pavé en remanié, la forme refaite en sable, la toise superficielle................. 3 50

— mais scellé au mortier de chaux et sable................ 6 50

Pavé de deux et de trois en remanié, la forme refaite en mortier de chaux et sable..... 3 75

— mais en mortier de chaux et ciment ordinaire, comme dessus, la toise superficielle...... 8 0

Journée du compagnon pa-
veur...................... 3 f. 50 c.

Journée d'un garçon....... 2 25

FIN DES PRIX.

TARIF

Des prix de Journées d'ouvriers depuis 90 c.
jusqu'à 6 fr. inclusivement.

Ce tarif sera très utile aux chefs d'ateliers
qui sont ordinairement chargés de faire la
paie des ouvriers, et qui, ayant beaucoup de
calculs à faire, et quelquefois précipitam-
ment, peuvent commettre des erreurs.

Cette table, qui leur épargnera du temps
en leur donnant, sans aucune opération, le
résultat qu'ils chercheront, est calculée de
25 cent. en 25 cent, les ouvriers étant toujours payés ainsi. On a commencé par 90 c.,
parce que c'est le prix ordinaire d'un ap-
prenti, ou d'un jeune garçon qui n'a point
encore la force physique nécessaire pour ga-
gner une journée entière; et la dernière
journée est de 6 fr., prix le plus élevé que
l'on accorde aux ouvriers les plus instruits,
ou qui sont chargés d'ouvrages précieux et
délicats; encore ce prix est-il très rare.

Comme les entrepreneurs ont l'habitude
de faire leur paie tous les mois, nous avons
dû nous arrêter au nombre 30, parce qu'en
supposant même que, dans des travaux pres-
sés, on ait travaillé les dimanches, les ateliers et les chantiers sont toujours fermés le
lendemain de la paie.

Journées à 90 c.   Journées à 1 fr.

JOURNÉES.	SOMMES.		JOURNÉES.	SOMMES.	
	0 f.	11 c.		0 f.	13 c.
	0	15		0	17
	0	23		0	25
	0	30		0	33
	0	45		0	50
	0	60		0	67
	0	68		0	75
1	0	90	1	1	00
2	1	80	2	2	00
3	2	70	3	3	00
4	3	60	4	4	00
5	4	50	5	5	00
6	5	40	6	6	00
7	6	30	7	7	00
8	7	20	8	8	00
9	8	10	9	9	00
10	9	00	10	10	00
11	9	90	11	11	00
12	10	80	12	12	00
13	11	70	13	13	00
14	12	60	14	14	00
15	13	50	15	15	00
16	14	40	16	16	00
17	15	30	17	17	00
18	16	20	18	18	00
19	17	10	19	19	00
20	18	00	20	20	00
21	18	90	21	21	00
22	19	80	22	22	00
23	20	70	23	23	00
24	21	60	24	24	00
25	22	50	25	25	00
26	23	40	26	26	00
27	24	30	27	27	00
28	25	20	28	28	00
29	26	10	29	29	00
30	27	00	30	30	00

Journées à 1 fr. 25 c.   Journées à 1 fr. 50 c.

JOURNÉES.	SOMMES.	JOURNÉES.	SOMMES.
1/8	0 f. 16 c.	1/8	0 f. 19 c.
1/6	0 21	1/6	0 25
1/4	0 31	1/4	0 38
1/3	0 42	1/3	0 50
1/2	0 63	1/2	0 75
2/3	0 83	2/3	1 00
3/4	0 94	3/4	1 13
1	1 25	1	1 50
2	2 50	2	3 00
3	3 75	3	4 50
4	5 00	4	6 00
5	6 25	5	7 50
6	7 50	6	9 00
7	8 75	7	10 50
8	10 00	8	12 00
9	11 25	9	13 50
10	12 50	10	15 00
11	13 75	11	16 50
12	15 00	12	18 00
13	16 25	13	19 50
14	17 50	14	21 00
15	18 75	15	22 50
16	20 00	16	24 00
17	21 25	17	25 50
18	22 50	18	27 00
19	23 75	19	28 50
20	25 00	20	30 00
21	26 25	21	31 50
22	27 50	22	33 00
23	28 75	23	34 50
24	30 00	24	36 00
25	31 25	25	37 50
26	32 50	26	39 00
27	33 75	27	40 50
28	35 00	28	42 00
29	36 25	29	43 50
30	37 50	30	45 00

Journées à 1 fr. 75 c. Journées à 2 fr. 0 c.

JOURNÉES.	SOMMES.		JOURNÉES.	SOMMES.	
1/8	0 f.	22 c.	1/8	0 f.	25 c.
1/6	0	29	1/6	0	34
1/4	0	44	1/4	0	50
1/3	0	58	1/3	0	67
1/2	0	88	1/2	1	00
2/3	1	17	2/3	1	33
3/4	1	31	3/4	1	50
1	1	75	1	2	00
2	3	50	2	4	00
3	5	25	3	6	00
4	7	00	4	8	00
5	8	75	5	10	00
6	10	50	6	12	00
7	12	25	7	14	00
8	14	00	8	16	00
9	15	75	9	18	00
10	17	50	10	20	00
11	19	25	11	22	00
12	21	00	12	24	00
13	22	75	13	26	00
14	24	50	14	28	00
15	26	25	15	30	00
16	28	00	16	32	00
17	29	75	17	34	00
18	31	50	18	36	00
19	33	25	19	38	00
20	35	00	20	40	00
21	36	75	21	42	00
22	38	50	22	44	00
23	40	25	23	46	00
24	42	00	24	48	00
25	43	75	25	50	00
26	45	50	26	52	00
27	47	25	27	54	00
28	49	00	28	56	00
29	50	75	29	58	00
30	52	50	30	60	00

Journées à 2 fr. 25 c.   Journées à 2 fr. 50 c.

JOURNÉES.	SOMMES.	JOURNÉES.	SOMMES.
1/8	o f. 28 c.	1/8	o f. 32
1/6	0 38	1/6	0 42
1/4	0 56	1/4	0 63
1/3	0 75	1/3	0 83
1/2	1 13	1/2	1 25
2/3	1 50	2/3	1 67
3/4	1 69	3/4	1 88
1	2 25	1	2 50
2	4 50	2	5 00
3	6 75	3	7 50
4	9 00	4	10 00
5	11 25	5	12 50
6	13 50	6	15 00
7	15 75	7	17 50
8	18 00	8	20 00
9	20 25	9	22 50
10	22 50	10	25 00
11	24 75	11	27 50
12	27 00	12	30 00
13	29 25	13	32 50
14	31 50	14	35 00
15	33 75	15	37 50
16	36 00	16	40 00
17	38 25	17	42 50
18	40 50	18	45 00
19	42 75	19	47 50
20	45 00	20	50 00
21	47 25	21	52 50
22	49 50	22	55 00
23	51 75	23	57 50
24	54 00	24	60 00
25	56 25	25	62 50
26	58 50	26	65 00
27	60 75	27	67 50
28	63 00	28	70 00
29	65 25	29	72 50
30	67 50	30	75 00

Journées à 2 fr. 75 c.   *Journées à 3 fr. 0 c.*

JOURNÉES.	SOMMES.	JOURNÉES.	SOMMES.
1/8	0 f. 35 c.	1/8	0 f. 38 c.
1/6	0 46	1/6	0 50
1/4	0 69	1/4	0 75
1/3	0 92	1/3	1 00
1/2	1 38	1/2	1 50
2/3	1 83	2/3	2 00
3/4	2 06	3/4	2 25
1	2 75	1	3 00
2	5 50	2	6 00
3	8 25	3	9 00
4	11 00	4	12 00
5	13 75	5	15 00
6	16 50	6	18 00
7	19 25	7	21 00
8	22 00	8	24 00
9	24 75	9	27 00
10	27 50	10	30 00
11	30 25	11	33 00
12	33 00	12	36 00
13	35 75	13	39 00
14	38 50	14	42 00
15	41 25	15	45 00
16	44 00	16	48 00
17	46 75	17	51 00
18	49 50	18	54 00
19	52 25	19	57 00
20	55 00	20	60 00
21	57 75	21	63 00
22	60 50	22	66 00
23	63 25	23	69 00
24	66 00	24	72 00
25	68 75	25	75 00
26	71 50	26	78 00
27	74 25	27	81 00
28	77 00	28	84 00
29	79 75	29	87 00
30	82 50	30	90 00

Journées à 3 fr. 25 c. — Journées à 3 fr. 50 c.

JOURNÉES.	SOMMES.	JOURNÉES.	SOMMES.
1/8	0 f. 41 c.	1/8	0 f. 44 c.
1/6	0 54	1/6	0 59
1/4	0 81	1/4	0 88
1/3	1 08	1/3	1 17
1/2	1 63	1/2	1 75
2/3	2 17	2/3	2 33
3/4	2 44	3/4	2 63
1	3 25	1	3 50
2	6 50	2	7 00
3	9 75	3	10 50
4	13 00	4	14 00
5	16 25	5	17 50
6	19 50	6	21 00
7	22 75	7	24 50
8	26 00	8	28 00
9	29 25	9	31 50
10	32 50	10	35 00
11	35 75	11	38 50
12	39 00	12	42 00
13	42 25	13	45 50
14	45 50	14	49 00
15	48 75	15	52 50
16	52 00	16	56 00
17	55 25	17	59 50
18	58 50	18	63 00
19	61 75	19	66 50
20	65 00	20	70 00
21	68 25	21	73 50
22	71 50	22	77 00
23	74 75	23	80 50
24	78 00	24	84 00
25	81 25	25	87 50
26	84 50	26	91 00
27	87 75	27	94 50
28	91 00	28	98 00
29	94 25	29	101 50
30	97 50	30	105 00

Journées à 3 fr. 75 c.   Journées à 4 fr. o c.

JOURNÉES.	SOMMES.	JOURNÉES.	SOMMES.
$\frac{1}{8}$	o f. 47 c.	$\frac{1}{8}$	o f. 5o c.
$\frac{1}{6}$	o 62	$\frac{1}{6}$	o 67
$\frac{1}{4}$	o 94	$\frac{1}{4}$	1 oo
$\frac{1}{3}$	1 25	$\frac{1}{3}$	1 33
$\frac{1}{2}$	1 87	$\frac{1}{2}$	2 oo
$\frac{2}{3}$	2 5o	$\frac{2}{3}$	2 66
$\frac{3}{4}$	2 8o	$\frac{3}{4}$	3 oo
1	3 75	1	4 oo
2	7 5o	2	8 oo
3	11 25	3	12 oo
4	15 oo	4	16 oo
5	18 75	5	20 oo
6	22 5o	6	24 oo
7	26 25	7	28 oo
8	3o oo	8	32 oo
9	33 75	9	36 oo
1o	37 5o	1o	4o oo
11	41 25	11	44 oo
12	45 oo	12	48 oo
13	48 75	13	52 oo
14	52 5o	14	56 oo
15	56 25	15	6o oo
16	6o oo	16	64 oo
17	63 75	17	68 oo
18	67 5o	18	72 oo
19	71 25	19	76 oo
20	75 oo	20	8o oo
21	78 75	21	84 oo
22	82 5o	22	88 oo
23	86 25	23	92 oo
24	9o oo	24	96 oo
25	93 75	25	1oo oo
26	97 5o	26	1o4 oo
27	1o1 25	27	1o8 oo
28	1o5 oo	28	112 oo
29	1o8 75	29	116 oo
3o	112 5o	3o	12o oo

Journées à 4 fr. 25 c.   Journées à 4 fr. 50 c.

JOURNÉES.	SOMMES.	JOURNÉES.	SOMMES.
1/8	0 f. 53 c.	1/8	0 f. 57 c.
1/6	0 71	1/6	0 75
1/4	1 06	1/4	1 13
1/3	1 42	1/3	1 50
1/2	2 12	1/2	2 25
2/3	2 84	2/3	3 00
3/4	3 18	3/4	3 38
1	4 25	1	4 50
2	8 50	2	9 00
3	12 75	3	13 50
4	17 00	4	18 00
5	21 25	5	22 50
6	25 50	6	27 00
7	29 75	7	31 50
8	34 00	8	36 00
9	38 25	9	40 50
10	42 50	10	45 00
11	46 75	11	49 50
12	51 00	12	54 00
13	55 25	13	58 50
14	59 50	14	63 00
15	63 75	15	67 50
16	68 00	16	72 00
17	72 25	17	76 50
18	76 50	18	81 00
19	80 75	19	85 50
20	85 00	20	90 00
21	89 25	21	94 50
22	93 50	22	99 00
23	97 75	23	103 50
24	102 00	24	108 00
25	106 25	25	112 50
26	110 50	26	117 00
27	114 75	27	121 50
28	119 00	28	126 00
29	123 25	29	130 50
30	127 50	30	135 00

Journées à 4 fr. 75 c. Journées à 5 fr. o c.

JOURNÉES.	SOMMES.		JOURNÉES.	SOMMES.	
1/8	0 f.	60 c.	1/8	0 f.	63 c.
1/6	0	79	1/6	0	84
1/4	1	19	1/4	1	25
1/3	1	58	1/3	1	67
1/2	2	38	1/2	2	50
2/3	3	17	2/3	3	33
3/4	3	56	3/4	3	75
1	4	75	1	5	00
2	9	50	2	10	00
3	14	25	3	15	00
4	19	00	4	20	00
5	23	75	5	25	00
6	28	50	6	30	00
7	33	25	7	35	00
8	38	00	8	40	00
9	42	75	9	45	00
10	47	50	10	50	00
11	52	25	11	55	00
12	57	00	12	60	00
13	61	75	13	65	00
14	66	50	14	70	00
15	71	25	15	75	00
16	76	00	16	80	00
17	80	75	17	85	00
18	85	50	18	90	00
19	90	25	19	95	00
20	95	00	20	100	00
21	99	75	21	105	00
22	104	50	22	110	00
23	109	25	23	115	00
24	114	00	24	120	00
25	118	75	25	125	00
26	123	50	26	130	00
27	128	25	27	135	00
28	133	00	28	140	00
29	137	75	29	145	00
30	142	50	30	150	00

Journées à 5 fr. 25 c.   Journées à 5 fr. 50 c.

JOURNÉES.	SOMMES.	JOURNÉES.	SOMMES.
1/8	f. 66 c.	1/8	f. 69 c.
1/6	87	1/6	92
1/4	1 31	1/4	1 37
1/3	1 75	1/3	1 83
1/2	2 62	1/2	2 75
2/3	3 50	2/3	3 66
3/4	3 93	3/4	4 12
1	5 25	1	5 50
2	10 50	2	11 00
3	15 75	3	16 50
4	21 00	4	22 00
5	26 25	5	27 50
6	31 50	6	33 00
7	36 75	7	38 50
8	42 00	8	44 00
9	47 25	9	49 50
10	52 50	10	55 00
11	57 75	11	60 50
12	63 00	12	66 00
13	68 25	13	71 50
14	73 50	14	77 00
15	78 75	15	82 50
16	84 00	16	88 00
17	89 25	17	93 50
18	94 50	18	99 00
19	99 75	19	104 50
20	105 00	20	110 00
21	110 25	21	115 50
22	115 50	22	121 00
23	120 75	23	126 50
24	126 00	24	132 00
25	131 25	25	137 50
26	136 50	26	143 00
27	141 75	27	148 50
28	147 00	28	154 00
29	152 25	29	159 50
30	157 50	30	165 00

Journées à 5 fr. 75 c.   Journées à 6 fr. 0 c.

JOURNÉES.	SOMMES.		JOURNÉES.	SOMMES.	
1/8	o f.	72 c.	1/8	o f.	75 c.
1/6	0	96	1/6	1	00
1/5	1	44	1/5	1	50
1/4	1	92	1/4	2	00
1/3	2	88	1/3	3	00
1/2	3	84	1/2	4	00
2/3	4	32	2/3	4	50
3/4	5	75	3/4	6	00
1			1		
2	11	50	2	12	00
3	17	25	3	18	00
4	23	00	4	24	00
5	28	75	5	30	00
6	34	50	6	36	00
7	40	25	7	42	00
8	46	00	8	48	00
9	51	75	9	54	00
10	57	50	10	60	00
11	63	25	11	66	00
12	69	00	12	72	00
13	74	75	13	78	00
14	80	50	14	84	00
15	86	25	15	90	00
16	92	00	16	96	00
17	97	75	17	102	00
18	103	50	18	108	00
19	109	25	16	114	00
20	115	00	20	120	00
21	120	75	21	126	00
22	126	50	22	132	00
23	132	25	23	138	00
24	138	00	24	144	00
25	143	75	25	150	00
26	149	50	26	156	00
27	155	25	27	162	00
28	161	00	28	168	00
29	166	75	29	174	00
30	172	50	30	180	00

TARIF

Des fractions de toises linéaires, superfi-
cielles et cubiques, depuis 1 fr. jusqu'à
5o fr. la toise.

Les tables qui suivent éviteront aux personnes qui posséderont le *Manuel d'Archi-*
tecture, des calculs fractionnaires, souvent
embarrassans pour les ouvriers, tâcherons,
chefs d'ateliers et autres, qui ne sont pas fa-
miliers avec les parties aliquotes des nombres.

Nous n'avons pas poussé ces tables au-delà
de cinquante francs, quoique le prix d'une
grande quantité de nature d'ouvrages excède
cette somme ; mais il sera facile de suppléer
à ce qui manque au tarif qui suit par une
simple opération.

EXEMPLE.

On demande combien valent 2 toises 10 p.
superficiels de *portes cochères de grande*
dimension, avec guichet, telles qu'elles sont
désignées à la page 57. Cet ouvrage se payant
144 fr. la toise, je dis :

2 t. à 144 f. font . . . . 288 f. oo c.
10 p. à 5o f. font (page 215).   13   9o
Idem à 5o f. (page 215). . . .   13   9o
Idem à 44 f. (page 109). . . .   12   20

TOTAL. . . . . 328 f. oo c.

A 1 *fr. la Toise.*

C'est pour 1 p. linéaire ou cubique, la somme de 0 f. 17 c.		Pour p. sup. f. c.		
Pour 2 p.	0 34	15	0	41
3	0 50	16	0	44
4	0 67	17	0	47
5	0 84	18	0	50
		19	0	53
		20	0	56
Pour 1 p. sup.	0 03	21	0	59
2	0 06	22	0	62
3	0 08	23	0	65
4	0 11	24	0	68
5	0 14	25	0	70
6	0 17	26	0	72
7	0 19	27	0	75
8	0 22	28	0	77
9	0 25	29	0	79
10	0 28	30	0	82
11	0 31	31	0	85
12	0 34	32	0	88
13	0 36	33	0	91
14	0 38	34	0	94
		35	0	97

A 2 fr. la Toise.

C'est pour 1 p. linéaire ou cubique, la somme de	f.	c.	Pour p. sup.	f.	c.
	0 f. 33 c.		15	o	83
Pour 2 p.	o	67	16	o	88
3	1	oo	17	o	94
4	1	34	18	1	oo
5	1	67	19	1	o6
			20	1	12
			21	1	18
Pour 1 p. sup.	o	o6	22	1	24
2	o	11	23	1	30
3	o	17	24	1	36
4	o	22	25	1	41
5	o	28	26	1	46
6	o	34	27	1	50
7	o	39	28	1	56
8	o	44	29	1	61
9	o	50	30	1	66
10	o	56	31	1	71
11	o	62	32	1	76
12	o	68	33	1	82
13	o	73	34	1	88
14	o	78	35	1	94

A 3 fr. la Toise.

	f.	c.	Pour p. sup.	f.	c.
C'est pour 1 p. linéaire ou cubique, la somme de	0 f.	50 c.	15	1	25
			16	1	32
Pour 2 p.	1	00	17	1	41
3	1	50	18	1	50
4	2	00	19	1	59
5	2	50	20	1	68
			21	1	75
Pour 1 p. sup.	0	08	22	1	84
2	0	17	23	1	92
3	0	25	24	2	00
4	0	33	25	2	08
5	0	42	26	2	16
6	0	50	27	2	25
7	0	58	28	2	32
8	0	66	29	2	41
9	0	75	30	2	50
10	0	84	31	2	57
11	0	92	32	2	64
12	1	00	33	2	75
13	1	08	34	2	82
14	1	16	35	2	91

A 4 fr. la Toise.

			Pour p. sup.	f.	c.
C'est pour 1 p. linéaire ou cubique, la somme de	o f.	67 c.	15	1	65
			16	1	76
Pour 2 p.	1	33	17	1	88
3	2	00	18	2	00
4	2	66	19	2	10
5	3	33	20	2	20
			21	2	31
Pour 1 p. sup.	o	11	22	2	42
2	o	22	23	2	53
3	o	33	24	2	64
4	o	44	25	2	75
5	o	55	26	2	86
6	o	66	27	3	00
7	o	77	28	3	08
8	o	88	29	3	19
9	1	00	30	3	30
10	1	10	31	3	41
11	1	21	32	3	52
12	1	32	33	3	64
13	1	43	34	3	76
14	1	54	35	3	88

A 5 fr. la Toise.

C'est pour 1 p. linéaire ou cubique, la somme de			Pour p. sup.	f.	c.
	0 f.	83 c.	15	2	10
Pour 2 p.	1	67	16	2	24
3	2	5o	17	2	38
4	3	34	18	2	5o
5	4	17	19	2	64
			20	2	8o
			21	2	94
Pour 1 p. sup.	0	14	22	3	o8
2	0	28	23	3	22
3	0	42	24	3	36
4	0	56	25	3	5o
5	0	70	26	3	64
6	0	84	27	3	75
7	0	98	28	3	92
8	1	12	29	4	o6
9	1	25	3o	4	20
10	1	4o	31	4	34
11	1	54	32	4	48
12	1	68	33	4	62
13	1	82	34	4	76
14	1	96	35	4	88

A 6 fr. la Toise.

C'est pour 1 p. linéaire ou cubique, la somme de			Pour p. sup.	f.	c.
	1 f.	00 c.	15	2	50
			16	2	68
Pour 2 p.	2	00	17	2	84
3	3	00	18	3	00
4	4	00	19	3	16
5	5	00	20	3	32
			21	3	50
Pour 1 p. sup.	0	17	22	3	66
2	0	33	23	3	83
3	0	50	24	4	00
4	0	67	25	4	17
5	0	83	26	4	34
6	1	00	27	4	50
7	1	17	28	4	68
8	1	34	29	4	84
9	1	50	30	5	00
10	1	66	31	5	18
11	1	83	32	5	36
12	2	00	33	5	50
13	2	17	34	5	68
14	2	34	35	5	84

A 7 fr. la Toise.

C'est pour 1 p. linéaire ou cubique, la somme de		1 f. 17 c.	Pour	p. sup.	f.	c.
			15		2	91
			16		3	12
Pour 2 p.	2	34	17		3	31
3	3	5o	18		3	5o
4	4	67	19		3	71
5	5	84	20		3	92
			21		4	11
Pour 1 p. sup.	o	20	22		4	3o
2	o	39	23		4	49
3	o	58	24		4	68
4	o	78	25		4	87
5	o	98	26		5	o6
6	1	17	27		5	25
7	1	36	28		5	44
8	1	56	29		5	63
9	1	75	3o		5	82
10	1	96	31		6	o3
11	2	15	32		6	24
12	2	34	33		6	43
13	2	53	34		6	62
14	2	72	35		6	81

A 8 fr. la Toise.

C'est pour 1 p. linéaire ou cubique, la somme de			Pour p. sup.	f.	c.
	1 f.	33 c.	15	3	30
Pour 2 p.	2	66	16	3	52
3	4	00	17	3	74
4	5	33	18	4	00
5	6	66	19	4	20
			20	4	41
			21	4	63
Pour 1 p. sup.	0	22	22	4	86
2	0	44	23	5	09
3	0	66	24	5	32
4	0	88	25	5	53
5	1	10	26	5	74
6	1	33	27	6	00
7	1	54	28	6	16
8	1	76	29	6	38
9	2	00	30	6	60
10	2	20	31	6	82
11	2	43	32	7	04
12	2	66	33	7	26
13	2	87	34	7	48
14	3	08	35	7	70

A 9 fr. la Toise.

C'est pour 1 p. linéaire ou cubique, la somme de			Pour p. sup.	f.	c.
	1 f.	50 c.	15	3	75
Pour 2 p.	3	00	16	4	00
3	4	50	17	4	25
4	6	00	18	4	50
5	7	50	19	4	75
			20	5	00
			21	5	25
Pour 1 p. sup.	0	25	22	5	50
2	0	50	23	5	75
3	0	75	24	6	00
4	1	00	25	6	25
5	1	25	26	6	50
6	1	50	27	6	75
7	1	75	28	7	00
8	2	00	29	7	25
9	2	25	30	7	50
10	2	50	31	7	75
11	2	75	32	8	00
12	3	00	33	8	25
13	3	25	34	8	50
14	3	50	35	8	75

A 10 *fr. la Toise.*

C'est pour 1 p. linéaire ou cubique, la somme de			Pour	p. sup.	f.	c.
	1 f.	66 c.	15		4	20
Pour 2 p.	3	34	16		4	48
3	5	00	17		4	76
4	6	68	18		5	00
5	8	34	19		5	32
			20		5	60
			21		5	88
Pour 1 p. sup.	0	28	22		6	16
2	0	56	23		6	44
3	0	84	24		6	72
4	1	12	25		7	00
5	1	40	26		7	28
6	1	68	27		7	50
7	1	96	28		7	84
8	2	25	29		8	12
9	2	50	30		8	40
10	2	80	31		8	68
11	3	08	32		8	96
12	3	36	33		9	24
13	3	64	34		9	52
14	3	92	35		9	76

A 11 *fr. la Toise.*

C'est pour 1 p. linéaire ou cubique, la somme de			Pour p. sup.	f.	c.
	1 f.	83 c.	15	4	58
Pour 2 p.	3	66	16	4	88
3	5	5o	17	5	19
4	7	33	18	5	5o
5	9	16	19	5	81
			20	6	12
			21	6	42
Pour 1 p. sup.	o	3o	22	6	72
2	o	61	23	7	o3
3	o	92	24	7	33
4	1	22	25	7	63
5	1	53	26	7	94
6	1	83	27	8	25
7	2	14	28	8	56
8	2	44	29	8	86
9	2	75	30	9	16
10	3	o6	31	9	47
11	3	36	32	9	77
12	3	66	33	10	o7
13	3	97	34	10	38
14	4	28	35	10	69

A 12 *fr.* la *Toise.*

C'est pour 1 p. linéaire ou cubique, la somme de	f.	c.	Pour p. sup.	f.	c.
	2 f.	00 c.	15	5	02
Pour 2 p.	4	00	16	5	36
3	6	00	17	5	68
4	8	00	18	6	00
5	10	00	19	6	34
			20	6	68
			21	7	01
Pour 1 p. sup.	0	33	22	7	34
2	0	67	23	7	67
3	1	00	24	8	00
4	1	34	25	8	34
5	1	67	26	8	68
6	2	00	27	9	00
7	2	34	28	9	35
8	2	68	29	9	70
9	3	00	30	10	02
10	3	34	31	10	38
11	3	67	32	10	72
12	4	00	33	11	04
13	4	34	34	11	36
14	4	68	35	11	68

A 13 fr. la Toise.

C'est pour 1 p. linéaire ou cubique, la somme de			Pour p. sup.	f.	c.
	2 f.	17 c.	15	5	40
Pour 2 p.	4	33	16	5	76
3	6	50	17	6	12
4	8	66	18	6	50
5	10	83	19	6	84
			20	7	20
			21	7	56
Pour 1 p. sup.	0	36	22	7	92
2	0	72	23	8	28
3	1	08	24	8	64
4	1	44	25	9	00
5	1	80	26	9	36
6	2	16	27	9	75
7	2	52	28	10	08
8	2	88	29	10	44
9	3	25	30	10	80
10	3	60	31	11	16
11	3	96	32	11	52
12	4	32	33	11	88
13	4	68	34	12	24
14	5	04	35	12	60

A 14 *fr. la Toise.*

C'est pour 1 p. linéaire ou cubique, la somme de			Pour p. sup.	f.	c.
	2 f.	33 c.	15	5	85
Pour 2 p.	4	66	16	6	24
3	7	00	17	6	63
4	9	32	18	7	00
5	11	66	19	7	41
			20	7	80
			21	8	19
Pour 1 p. sup.	0	39	22	8	58
2	0	78	23	8	97
3	1	17	24	9	36
4	1	56	25	9	75
5	1	95	26	10	14
6	2	34	27	10	50
7	2	73	28	10	92
8	3	12	29	11	31
9	3	50	30	11	70
10	3	90	31	12	09
11	4	29	32	12	48
12	4	68	33	12	87
13	5	07	34	13	26
14	5	46	35	13	63

A 15 *fr. la Toise.*

				Pour p. sup.	f.	c.
C'est pour 1 p. linéaire ou cubique, la somme de		2 f.	50 c.	15	6	23
				16	6	64
Pour 2 p.		5	00	17	7	07
3		7	50	18	7	50
4		10	00	19	7	91
5		12	50	20	8	32
				21	8	74
Pour 1 p. sup.		0	41	22	9	16
2		0	83	23	9	50
3		1	25	24	10	00
4		1	66	25	10	41
5		2	08	26	10	82
6		2	50	27	11	25
7		2	91	28	11	64
8		3	32	29	12	05
9		3	75	30	12	46
10		4	16	31	12	87
11		4	68	32	13	28
12		5	00	33	13	70
13		5	41	34	14	12
14		5	82	35	14	54

A 16 fr. la Toise.

C'est pour 1 p. linéaire ou cubique, la somme de	2 f.	66 c.	Pour p. sup.	f.	c.
			15	6	67
Pour 2 p.	5	33	16	7	12
3	8	00	17	7	55
4	10	66	18	8	00
5	13	33	19	8	43
			20	8	88
			21	9	32
Pour 1 p. sup.	0	44	22	9	76
2	0	89	23	10	20
3	1	33	24	10	64
4	1	78	25	11	09
5	2	22	26	11	54
6	2	66	27	12	00
7	3	11	28	12	44
8	3	56	29	12	89
9	4	00	30	13	34
10	4	44	31	13	79
11	4	88	32	14	24
12	5	32	33	14	67
13	5	77	34	15	10
14	6	22	35	15	55

A 17 fr. la Toise.

C'est pour 1 p. linéaire ou cubique, la somme de			Pour p. sup.	f.	c.
	2 f.	83 c.	15	7	07
Pour 2	5	66	16	7	54
3	8	50	17	8	02
4	11	33	18	8	50
5	14	16	19	8	97
			20	9	44
			21	9	91
Pour 1 p. sup.	0	47	22	10	38
2	0	94	23	10	86
3	1	41	24	11	34
4	1	88	25	11	81
5	2	35	26	12	28
6	2	83	27	12	75
7	3	30	28	13	22
8	3	77	29	13	68
9	4	25	30	14	14
10	4	72	31	14	61
11	5	19	32	15	08
12	5	67	33	15	56
13	6	14	34	16	04
14	6	61	35	16	52

A 18 *fr. la Toise.*

C'est pour 1 p. linéaire ou cubique, la somme de	3 f. 00 c.	Pour	p. sup.	f.	c.
		15		7	50
		16		8	00
Pour 2 p.	6 00	17		8	50
3	9 00	18		9	00
4	12 00	19		9	50
5	15 00	- 20		10	00
		21		10	50
Pour 1 p. sup.	0 50	22		11	00
2	1 00	23		11	50
3	1 50	24		12	00
4	2 00	25		12	50
5	2 50	26		13	00
6	3 00	27		13	50
7	3 50	28		14	00
8	4 00	29		14	50
9	4 50	30		15	oc
10	5 00	31		15	50
11	5 50	32		16	00
12	6 00	33		16	50
13	6 50	34		17	00
14	7 00	35		17	50

A 19 *fr. la Toise.*

C'est pour 1 p. linéaire ou cubique, la somme de			Pour p. sup.	f.	c.
		3 f. 16 c.	15	7	95
Pour 2 p.	6	33	16	8	48
3	9	5o	17	8	99
4	12	67	18	9	5o
5	15	8o	19	10	o5
			20	10	6o
			21	11	13
Pour 1 p. sup.	o	53	22	11	63
2	1	o6	23	12	16
3	1	59	24	12	66
4	2	12	25	13	22
5	2	65	26	13	78
6	3	18	27	14	25
7	3	71	28	14	84
8	4	24	29	15	37
9	4	75	3o	15	90
10	5	3o	31	16	43
11	5	83	32	16	96
12	6	33	33	17	47
13	6	89	34	17	98
14	7	42	35	18	49

A 20 fr. la Toise.

C'est pour 1 p. linéaire ou cubique, la somme de		3 f. 33 c.	Pour p. sup.	f.	c.
			15	8	14
			16	8	64
Pour 2 p.	6	67	17	9	32
3	10	00	18	10	00
4	13	36	19	10	48
5	16	68	20	10	96
			21	11	54
Pour 1 p. sup.	0	54	22	12	12
2	1	08	23	12	70
3	1	66	24	13	28
4	2	16	25	13	78
5	2	74	26	14	28
6	3	32	27	15	00
7	3	82	28	15	54
8	4	32	29	16	08
9	5	00	30	16	62
10	5	48	31	17	16
11	6	06	32	17	70
12	6	64	33	18	24
13	7	14	34	18	78
14	7	62	35	19	34

66

A 21 *fr. la Toise.*

C'est pour 1 p. linéaire ou cubique, la somme de	3 f.	5o c.	Pour p. sup.	f.	c.
			15	8	72
			16	9	32
Pour 2 p.	7	00	17	9	86
3	10	5o	18	10	5o
4	14	00	19	11	o4
5	17	5o	20	11	64
			21	12	21
Pour 1 p. sup.	o	58	22	12	78
2	1	16	23	13	39
3	1	75	24	14	00
4	2	32	25	14	57
5	2	91	26	15	14
6	3	5o	27	15	75
7	4	o7	28	16	28
8	4	64	29	16	86
9	5	25	3o	17	44
10	5	82	31	18	o4
11	6	39	32	18	64
12	7	00	33	19	18
13	7	57	34	19	72
14	8	14	35	20	36

A 22 fr. la Toise.

C'est pour 1 p. linéaire ou cubique, la somme de	f.	c.	Pour p. sup.	f.	c.
			15	9	15
			16	9	76
Pour 2 p.	7	33	17	10	38
3	11	00	18	11	00
4	14	67	19	11	61
5	18	33	20	12	20
			21	12	81
Pour 1 p. sup.	0	61	22	13	42
2	1	22	23	14	03
3	1	83	24	14	64
4	2	44	25	15	25
5	3	05	26	15	87
6	3	66	27	16	50
7	4	27	28	17	10
8	4	88	29	17	71
9	5	50	30	18	32
10	6	10	31	18	93
11	6	71	32	19	54
12	7	32	33	20	15
13	7	93	34	20	77
14	8	54	35	21	38

A 23 fr. la Toise.

			Pour p. sup.	f.	c.
C'est pour 1 p. linéaire ou cubique, la somme de		3 f. 83 c.	15	9	60
			16	10	24
Pour 2 p.	7	66	17	10	87
3	11	50	18	11	50
4	15	32	19	12	15
5	19	16	20	12	80
			21	13	44
Pour 1 p. sup.	0	64	22	14	08
2	1	28	23	14	72
3	1	92	24	15	36
4	2	56	25	16	00
5	3	20	26	16	64
6	3	84	27	17	25
7	4	48	28	17	92
8	5	12	29	18	56
9	5	75	30	19	20
10	6	40	31	19	84
11	7	04	32	20	48
12	7	68	33	21	11
13	8	32	34	21	74
14	8	96	35	22	37

A 24 fr. la Toise.

C'est pour 1 p. linéaire ou cubique, la somme			Pour p. sup.	f.	c.
de	4 f.	00 c.	15	10	00
Pour 2 p.	8	00	16	10	70
3	12	00	17	11	36
4	16	00	18	12	00
5	20	00	19	12	68
			20	13	36
			21	14	00
Pour 1 p. sup.	0	67	22	14	68
2	1	34	23	15	34
3	2	00	24	16	00
4	2	68	25	16	68
5	3	34	26	17	36
6	4	00	27	18	00
7	4	68	28	18	70
8	5	36	29	19	36
9	6	00	30	20	00
10	6	68	31	20	70
11	7	34	32	21	40
12	8	00	33	22	00
13	8	68	34	22	70
14	9	36	35	23	36

A 25 fr. la Toise.

C'est pour 1 p. linéaire ou cubique, la somme de			Pour . p. sup.	f.	c.
	4 f.	17 c.	15	10	42
			16	11	12
Pour 2 p.	8	34	17	11	81
3	12	50	18	12	50
4	16	68	19	13	21
5	20	84	20	13	92
			21	14	60
Pour 1 p. sup.	0	70	22	15	28
2	1	40	23	15	96
3	2	08	24	16	64
4	2	78	25	17	34
5	3	48	26	18	04
6	4	16	27	18	75
7	4	86	28	19	44
8	5	56	29	20	14
9	6	25	30	20	84
10	6	96	31	21	54
11	7	64	32	22	24
12	8	32	33	22	93
13	9	02	34	23	62
14	9	72	35	24	31

A 26 fr. la Toise.

C'est pour 1 p. linéaire ou cubique, la somme de			Pour p. sup.	f.	c.
	4 f.	33 c.	15	10	80
Pour 2 p.	8	66	16	11	52
3	13	00	17	12	26
4	17	33	18	13	00
5	21	66	19	13	70
			20	14	40
			21	15	13
Pour 1 p. sup.	0	72	22	15	86
2	1	44	23	16	59
3	2	16	24	17	32
4	2	88	25	18	03
5	3	60	26	18	74
6	4	33	27	19	50
7	5	04	28	20	16
8	5	76	29	20	88
9	6	50	30	21	60
10	7	20	31	22	32
11	7	93	32	23	04
12	8	66	33	23	78
13	9	37	34	24	52
14	10	08	35	25	26

A 27 fr. la Toise.

C'est pour 1 p. linéaire ou cubique, la somme de		4 f. 50 c.	Pour p. sup.	f.	c.
			15	11	25
			16	12	00
Pour 2 p.	9	00	17	12	75
3	13	50	18	13	50
4	18	00	19	14	25
5	22	50	20	15	00
			21	15	75
Pour 1 p. sup.	0	75	22	16	50
2	1	50	23	17	25
3	2	25	24	18	00
4	3	00	25	18	75
5	3	75	26	19	50
6	4	50	27	20	25
7	5	25	28	21	00
8	6	00	29	21	75
9	6	75	30	22	50
10	7	50	31	23	25
11	8	25	32	24	00
12	9	00	33	24	75
13	9	75	34	25	50
14	10	50	35	26	25

A 28 fr. la Toise.

C'est pour 1 p. linéaire ou cubique, la somme de			Pour p. sup.	f.	c.
	4 f.	67 c.	15	11	69
Pour 2 p.	9	34	16	12	48
3	14	00	17	13	24
4	18	68	18	14	00
5	23	34	19	14	78
			20	15	56
			21	16	33
Pour 1 p. sup.	0	78	22	17	10
2	1	56	23	17	87
3	2	33	24	18	64
4	3	12	25	19	43
5	3	89	26	20	22
6	4	66	27	21	00
7	5	45	28	21	80
8	6	24	29	22	59
9	7	00	30	23	38
10	7	78	31	24	17
11	8	55	32	24	96
12	9	32	33	25	72
13	10	11	34	26	48
14	10	90	35	27	24

A 29 *fr. la Toise.*

C'est pour 1 p. linéaire ou cubique, la somme de		4 f. 83 c.	Pour p. sup.	f.	c.
			15	12	o8
			16	12	88
Pour 2 p.	9	66	17	13	69
3	14	5o	18	14	5o
4	19	32	19	15	31
5	24	16	20	16	12
			21	16	93
Pour 1 p. sup.	o	41	22	17	74
2	1	61	23	18	55
3	2	42	24	19	36
4	3	22	25	20	16
5	4	o3	26	20	96
6	4	84	27	21	75
7	5	64	28	22	56
8	6	44	29	23	36
9	7	25	3o	24	16
10	8	o6	31	24	96
11	8	87	32	25	76
12	9	68	33	26	57
13	10	48	34	27	38
14	11	28	35	28	19

A 30 fr. la Toise.

C'est pour 1 p. linéaire ou cubique, la somme de			Pour p. sup.	f.	c.
		5 f. 00 c.	15	12	46
			16	13	28
Pour 2 p.	10	00	17	14	16
3	15	00	18	15	00
4	20	00	19	15	82
5	25	00	20	16	64
			21	17	48
Pour 1 p. sup.	0	83	22	18	32
2	1	66	23	19	16
3	2	50	24	20	00
4	3	32	25	20	85
5	4	16	26	21	70
6	5	00	27	22	50
7	5	82	28	23	28
8	6	64	29	24	10
9	7	50	30	24	92
10	8	32	31	25	74
11	9	16	32	26	56
12	10	00	33	27	44
13	10	85	34	28	32
14	11	64	35	25	16

A 31 fr. la Toise.

C'est pour 1 p. linéaire ou cubique, la somme de		5 f. 17 c.	Pour p. sup.	f.	c.
			15	12	90
			16	13	76
Pour 2 p.	10	34	17	14	63
3	15	5o	18	15	5o
4	20	68	19	16	35
5	25	84	20	17	20
			21	18	o6
Pour 1 p. sup.	o	86	22	18	92
2	1	72	23	19	78
3	2	58	24	20	64
4	3	44	25	21	5o
5	4	3o	26	22	36
6	5	16	27	23	25
7	6	o2	28	24	o8
8	6	88	29	24	94
9	7	75	3o	25	8o
10	8	6o	31	26	66
11	9	46	32	27	52
12	10	32	33	28	39
13	11	18	34	29	26
14	12	o4	35	3o	13

A 32 fr. la Toise.

C'est pour 1 p. linéaire ou cubique, la somme de		5 f. 33 c.	Pour p. sup.	f.	c.
			15	13	35
			16	14	24
Pour 2 p.	10	66	17	15	12
3	16	00	18	16	00
4	21	32	19	16	90
5	26	66	20	17	80
			21	18	69
Pour 1 p. sup	0	89	22	19	58
2	1	78	23	20	47
3	2	67	24	21	36
4	3	56	25	22	25
5	4	45	26	23	14
6	5	34	27	24	00
7	6	23	28	24	92
8	7	12	29	25	81
9	8	00	30	26	70
10	8	90	31	27	59
11	9	79	32	28	48
12	10	68	33	29	36
13	11	57	34	30	24
14	12	46	35	31	12

A 33 fr. la Toise.

C'est pour 1 p. linéaire ou cubique, la somme de		5 f. 50 c.	Pour	p. sup.	f.	c.
			15	13	76	
			16	14	68	
Pour 2 p.	11	00	17	15	59	
3	16	50	18	16	50	
4	22	00	19	17	43	
5	27	50	20	18	36	
			21	19	17	
Pour 1 p. sup.	0	92	22	20	18	
2	1	84	23	21	09	
3	2	75	24	22	00	
4	3	67	25	22	92	
5	4	59	26	23	84	
6	5	50	27	24	75	
7	6	42	28	25	68	
8	7	34	29	26	60	
9	8	25	30	27	52	
10	9	18	31	28	44	
11	10	09	32	29	36	
12	11	00	33	30	27	
13	11	92	34	31	18	
14	12	84	35	32	09	

A 34 fr. la Toise.

C'est pour 1 p. linéaire ou cubique, la somme de			Pour p. sup.	f.	c.
	5 f.	67 c.	15	14	18
Pour 2 p.	11	34	16	15	12
3	17	00	17	16	06
4	22	68	18	17	00
5	28	36	19	17	96
			20	18	92
			21	19	87
Pour 1 p. sup.	0	95	22	20	82
2	1	89	23	21	77
3	2	84	24	22	72
4	3	78	25	23	66
5	4	73	26	24	60
6	5	68	27	25	50
7	6	62	28	26	48
8	7	56	29	27	42
9	8	50	30	28	36
10	9	46	31	29	30
11	10	41	32	30	24
12	11	36	33	31	18
13	12	30	34	32	12
14	13	24	35	33	06

A 35 fr. la Toise.

C'est pour 1 p. linéaire ou cubique, la somme de		5 f. 83 c.	Pour p. sup.	f.	c.
			15	14	56
			16	15	52
Pour 2 p.	11	66	17	16	51
3	17	50	18	17	50
4	23	32	19	18	47
5	29	16	20	19	44
			21	20	42
Pour 1 p. sup.	0	97	22	21	40
2	1	94	23	22	38
3	2	92	24	23	36
4	3	88	25	24	32
5	4	86	26	25	28
6	5	84	27	26	25
7	6	80	28	27	20
8	7	76	29	28	16
9	8	75	30	29	12
10	9	72	31	30	09
11	10	70	32	31	06
12	11	68	33	32	04
13	12	64	34	33	02
14	13	60	35	34	01

A 36 fr. la Toise.

C'est pour 1 p. linéaire ou cubique, la somme de			Pour p. sup.	f.	c.
	6 f.	00 c.	15	15	00
Pour 2 p.	12	00	16	16	00
3	18	00	17	17	00
4	24	00	18	18	00
5	30	00	19	19	00
			20	20	00
			21	21	00
Pour 1 p. sup.	1	00	22	22	00
2	2	00	23	23	00
3	3	00	24	24	00
4	4	00	25	25	00
5	5	00	26	26	00
6	6	00	27	27	00
7	7	00	28	28	00
8	8	00	29	29	00
9	9	00	30	30	00
10	10	00	31	31	00
11	11	00	32	32	00
12	12	00	33	33	00
13	13	00	34	34	00
14	14	00	35	35	00

A 37 fr. la Toise.

C'est pour 1 p. linéaire ou cubique, la somme de			Pour	p. sup.	f.	c.
		6 f. 17 c.	15	15	44	
Pour 2 p.	12	34	16	16	48	
3	18	50	17	17	49	
4	24	68	18	18	50	
5	30	84	19	19	53	
			20	20	56	
			21	21	58	
Pour 1 p. sup.	1	03	22	22	60	
2	2	06	23	23	62	
3	3	08	24	24	64	
4	4	12	25	25	68	
5	5	14	26	26	72	
6	6	16	27	27	75	
7	7	20	28	28	79	
8	8	24	29	29	83	
9	9	25	30	30	87	
10	10	28	31	31	91	
11	11	30	32	32	95	
12	12	32	33	33	97	
13	13	36	34	34	98	
14	14	40	35	35	99	

A 38 fr. la Toise.

C'est pour 1 p. linéaire ou cubique, la somme de		6 f. 33 c.	Pour	p. sup. f.	c.
			15	15	83
			16	16	88
Pour 2 p.	12	66	17	17	94
3	19	00	18	19	00
4	25	32	19	20	06
5	31	66	20	21	12
			21	22	18
Pour 1 p. sup.	1	06	22	23	24
2	2	11	23	24	30
3	3	17	24	25	36
4	4	22	25	26	41
5	5	28	26	27	46
6	6	34	27	28	50
7	7	39	28	29	56
8	8	44	29	30	61
9	9	50	30	31	66
10	10	56	31	32	71
11	11	62	32	33	76
12	12	68	33	34	82
13	13	73	34	35	98
14	14	78	35	36	94

A 39 *fr. la Toise.*

C'est pour 1 p. linéaire			Pour	p. sup.	f.	c.
ou cubique, la somme			15		16	21
de		6 f. 50 c.	16		17	28
Pour 2	13	00	17		18	39
3	19	50	18		19	50
4	26	00	19		20	57
5	32	50	20		21	64
			21		22	73
Pour 1 p. sup. 1		08	22		23	82
2	2	16	23		24	91
3	3	25	24		26	00
4	4	32	25		27	07
5	5	41	26		28	14
6	6	50	27		29	25
7	7	57	28		30	28
8	8	64	29		31	35
9	9	75	30		32	42
10	10	82	31		33	49
11	11	91	32		34	56
12	13	00	33		35	67
13	14	07	34		36	78
14	15	14	35		37	89

A 40 fr. la Toise.

C'est pour 1 p. linéaire ou cubique, la somme de	6 f. 67 c.		Pour p. sup.	f.	c.
			15	16	65
			16	17	76
Pour 2 p.	13	34	17	18	88
3	20	00	18	20	00
4	26	68	19	21	10
5	33	34	20	22	20
			21	23	31
Pour 1 p. sup.	1	11	22	24	42
2	2	22	23	25	53
3	3	33	24	26	64
4	4	44	25	27	75
5	5	55	26	28	86
6	6	66	27	30	00
7	7	77	28	31	08
8	8	88	29	32	19
9	10	00	30	33	30
10	11	10	31	34	41
11	12	21	32	35	52
12	13	32	33	36	64
13	14	43	34	37	76
14	15	54	35	38	87

A 41 fr. la Toise.

C'est pour 1 p. linéaire ou cubique, la somme de	6 f.	83 c.	Pour	p. sup.	f.	c.
			15		17	10
			16		18	24
Pour 2 p.	13	66	17		19	37
3	20	50	18		20	50
4	27	32	19		21	65
5	34	16	20		22	80
			21		23	92
Pour 1 p. sup.	1	14	22		25	04
2	2	28	23		26	16
3	3	42	24		27	28
4	4	56	25		28	44
5	5	70	26		29	60
6	6	82	27		30	75
7	7	98	28		31	92
8	9	12	29		33	06
9	10	25	30		34	20
10	11	40	31		35	34
11	12	52	32		36	48
12	13	64	33		37	61
13	14	80	34		38	74
14	15	96	35		39	87

A 42 fr. la Toise.

C'est pour 1 p. linéaire ou cubique, la somme de			Pour p. sup.	f.	c.
	7 f.	00 c.	15	17	55
Pour 2 p.	14	00	16	18	72
3	21	00	17	19	86
4	28	00	18	21	00
5	35	00	19	22	17
			20	23	34
			21	24	54
Pour 1 p. sup.	1	17	22	25	74
2	2	34	23	26	91
3	3	51	24	28	08
4	4	68	25	29	25
5	5	85	26	30	42
6	7	02	27	31	50
7	8	19	28	32	76
8	9	36	29	33	93
9	10	50	30	35	10
10	11	67	31	36	27
11	12	87	32	37	44
12	14	04	33	38	58
13	15	21	34	39	72
14	16	38	35	40	86

A 43 fr. la Toise.

C'est pour 1 p. linéaire ou cubique, la somme de		7 f. 17 c.		Pour p. sup.	f.	c.
				15	17	86
				16	19	04
Pour 2 p.		14	34	17	20	23
3		21	50	18	21	50
4		28	68	19	22	69
5		35	84	20	23	88
				21	25	07
Pour 1 p. sup.	1		19	22	26	26
2	2		38	23	27	45
3	3		58	24	28	64
4	4		76	25	29	83
5	5		96	26	31	02
6	7		16	27	32	25
7	8		34	28	33	46
8	9		52	29	34	63
9	10		75	30	35	82
10	11		92	31	37	01
11	13		12	32	38	20
12	14		32	33	39	39
13	15		50	34	40	58
14	16		68	35	41	77

A 44 fr. la Toise.

C'est pour 1 p. linéaire ou cubique, la somme de	7 f. 33 c.		Pour p. sup.	f.	c.
			15	18	31
			16	19	52
Pour 2 p.	14	66	17	20	76
3	22	00	18	22	00
4	29	32	19	23	22
5	36	66	20	24	44
			21	25	67
Pour 1 p. sup. 1	1	22	22	26	90
2	2	44	23	28	13
3	3	67	24	29	36
4	4	88	25	30	57
5	6	11	26	31	78
6	7	34	27	33	00
7	8	55	28	34	20
8	9	76	29	35	41
9	11	00	30	36	62
10	12	22	31	37	83
11	13	45	32	39	04
12	14	68	33	40	28
13	15	89	34	41	52
14	17	10	35	42	76

A 45 fr. la Toise.

C'est pour 1 p. linéaire ou cubique, la somme de	7 f. 50 c.		Pour p. sup.	f.	c.
			15	18	75
			16	20	00
Pour 2 p.	15	00	17	21	25
3	22	50	18	22	50
4	30	00	19	23	75
5	37	50	20	25	00
			21	26	25
Pour 1 p. sup.	1	25	22	27	50
2	2	50	23	28	75
3	3	75	24	30	00
4	5	00	25	31	25
5	6	25	26	32	50
6	7	50	27	33	75
7	8	75	28	35	00
8	10	00	29	36	25
9	11	25	30	37	50
10	12	50	31	38	75
11	13	75	32	40	00
12	15	00	33	41	25
13	16	25	34	42	50
14	17	50	35	43	75

A 46 fr. la Toise.

C'est pour 1 p. linéaire ou cubique, la somme de 7 f. 67 c.			Pour p. sup.	f.	c.
			15	19	20
			16	20	48
Pour 2 p.	15	34	17	21	74
3	23	00	18	23	00
4	30	68	19	24	30
5	38	34	20	25	60
			21	26	88
Pour 1 p. sup.	1	28	22	28	16
2	2	56	23	29	44
3	3	84	24	30	72
4	5	12	25	32	00
5	6	40	26	33	28
6	7	68	27	34	50
7	8	96	28	35	84
8	10	24	29	37	12
9	11	50	30	38	40
10	12	80	31	39	68
11	14	08	32	40	96
12	15	36	33	42	22
13	16	64	34	43	48
14	17	92	35	44	74

A 47 fr. la Toise.

C'est pour 1 p. linéaire ou cubique, la somme de			Pour p. sup.	f.	c.
	7 f.	83 c.	15	19	58
Pour 2 p.	15	66	16	20	88
3	23	50	17	22	19
4	31	32	18	23	50
5	39	16	19	24	81
			20	26	12
			21	27	43
Pour 1 p. sup.	1	31	22	28	74
2	2	61	23	30	05
3	3	92	24	31	36
4	5	22	25	32	66
5	6	53	26	33	96
6	7	84	27	35	25
7	9	14	28	36	56
8	10	44	29	37	86
9	11	75	30	39	16
10	13	06	31	40	46
11	14	37	32	41	76
12	15	68	33	43	07
13	16	98	34	44	38
14	18	28	35	45	69

A 48 fr. la Toise.

C'est pour 1 p. linéaire ou cubique, la somme de			Pour p. sup.	f.	c.
	8 f.	00 c.	15	20	00
Pour 2	16	00	16	21	33
3	24	00	17	22	66
4	32	00	18	24	00
5	40	00	19	25	33
			20	26	66
			21	28	00
Pour 1 p. sup.	1	33	22	29	33
2	2	66	23	30	66
3	4	00	24	32	00
4	5	33	25	33	33
5	6	66	26	34	66
6	8	00	27	36	00
7	9	33	28	37	33
8	10	66	29	38	66
9	12	00	30	40	00
10	13	33	31	41	33
11	14	66	32	42	66
12	16	00	33	44	00
13	17	33	34	45	33
14	18	66	35	46	66

A 49 fr. la Toise.

C'est pour 1 p. linéaire ou cubique, la somme de			Pour p. sup.	f.	c.
	8 f.	17 c.	15	20	40
Pour 2 p.	16	34	16	21	76
3	24	50	17	23	13
4	32	68	18	24	50
5	40	84	19	25	85
			20	27	20
			21	28	56
Pour 1 p. sup.	1	36	22	29	92
2	2	72	23	31	28
3	4	08	24	32	64
4	5	44	25	34	00
5	6	80	26	35	36
6	8	16	27	36	75
7	9	52	28	38	08
8	10	88	29	39	44
9	12	25	30	40	80
10	13	60	31	42	16
11	14	96	32	43	52
12	16	32	33	44	89
13	17	68	34	46	26
14	19	04	35	47	63

A 5o fr. la Toise.

C'est pour 1 p. linéaire ou cubique, la somme de	8 f. 33 c.	Pour p. sup.	f.	c.
		15	20	85
		16	22	24
Pour 2 p.	16 66	17	23	62
3	25 00	18	25	00
4	33 32	19	26	40
5	41 66	20	27	80
		21	29	19
Pour 1 p. sup. 1	39	22	3o	58
2	2 78	23	31	97
3	4 17	24	33	36
4	5 56	25	34	75
5	6 95	26	36	14
6	8 34	27	37	5o
7	9 73	28	38	92
8	11 12	29	4o	31
9	12 5o	3o	41	70
10	13 90	31	42	09
11	15 29	32	44	48
12	16 68	33	45	86
13	18 07	34	47	24
14	19 46	35	48	62

VOCABULAIRE

DES PRINCIPAUX TERMES

EMPLOYÉS DANS LES DIVERSES PROFESSIONS

DU

BATIMENT.

A.

ABAT-JOUR.

Croisée dont le bas de l'embrasement est incliné en talus.

ABATTIS.

Fragmens de pavé provenant de leur taille sur les carrières; les gros se nomment *écales*, les petits, *ravelins.*

ABOUT.

On appelle ainsi la dépose des tuiles et ardoises d'une couverture, et la repose de ces mêmes matériaux sur un latis neuf; — en pavage, c'est la dépose du pavé et la repose sur une forme neuve. — C'est aussi l'extrémité d'une pièce de bois. — *Mettre en about.* C'est poser une pièce de bois à embrèvement et d'onglet.

ABREUVER.

C'est remplir de couleur à l'huile les bois ou les plâtres que l'on doit peindre.

ACÉRER.

C'est souder un morceau d'acier à l'extrémité d'un morceau de fer pour le rendre tranchant.

ACIER.

Fer bien affiné qui, étant le plus dur de tous les métaux, sert à les tailler et à les travailler.

ACROTÈRES.

Assises au-dessus de l'entablement d'une façade de bâtiment; les acrotères sont quelquefois composés de piédestaux avec balustrades et tablettes en pierre au-dessus.

ADOUCIR.

C'est, en peinture d'impression, unir avec une pierre ponce et un chiffon, une surface couchée de blanc à la colle ou à l'huile, avant de la couvrir de teinte ou de la dorer.— C'est aussi frotter le marbre avec une pierre ponce et de l'eau, avant le polissage.

ADOUCIR *ou* VIVIFIER LE PLOMB.

C'est le couvrir, pendant sa fusion, de cendre et de braise.

AFFAISSEMENT.

Effet d'un bâtiment dont les fondations sont trop faibles, ou lorsqu'il y a des porte-à-faux dans sa construction.

AFFLEURER.

C'est mettre plusieurs corps à la même surface, sans aucune saillie l'une sur l'autre.

AGRAFE.

Espèce de boucle carrée ayant une pate qui prend le panneton de l'espagnolette d'une croisée pour la fermer. — Il y a aussi des agrafes de toutes formes pour maintenir toutes les pièces d'un chambranle de cheminée pour des pierres de champ ou autres, etc.

AIDE.

On appelle ainsi l'ouvrier qui sert les maçons ; on le nomme aussi *manœuvre*. — On appelle de même le garçon plombier.

AIGUILLE.

Pointe d'un clocher en pyramide ; elle se compose de plusieurs enrayures, d'arbalêtriers et d'un poinçon.—C'est le poinçon d'un comble qui s'élève de quelques pouces au-dessus du faîtage, et que l'on revêt d'ardoises ou de plomb.

AILE D'UNE CHEMINÉE.

C'est le mur dossier qui excède les deux

côtés du tuyaux. — On dit aussi *aile de bâti-ment*, d'un corps de logis, en retour du corps de logis principal.

AILE D'UNE CHAUSSÉE.

C'est la moitié d'une chaussée qui est par-tagée en deux parties, par une *rangée* de pa-vés appellés *tas*.

AILE DE MOUCHE.

C'est une sorte de clou qui sert à attacher la latte.—Ce sont aussi des petits morceaux de fer que l'on place dans le pigeonnage des tuyaux de cheminée, pour les consolider.

AILERONS.

On nomme ainsi les bords minces des peti-tes rainures faites dans les plombs des vitres d'église ou autres semblables, qui servent à recevoir et à maintenir les petites pièces de verre dans les panneaux.

AIR FROID.

C'est, en fumisterie, l'air extérieur qui s'in-troduit dans les languettes des ventouses d'une cheminée, ou dans les tuyaux en fonte d'un poêle de construction, pour s'y échauffer et s'y répandre ensuite dans l'intérieur de l'ap-partement.

AIRE.

Enduit en plâtre ou en mortier sur les plan-chers, pour recevoir les carreaux.

AJUTAGE.

Pièce de cuivre de forme conique ou cylindrique, que l'on visse sur un écrou soudé à l'extrémité d'une souche de tuyaux pour former des jets d'eau.

ALÉSER.

C'est agrandir le trou d'une vis ou autre dans un morceau de fer, avec un alésoir.

ALÉSOIR.

Outil en acier qui sert à calibrer des trous ou à percer un cylindre en fer, en le faisant tourner dedans.

ALLÈGE.

C'est la partie de mur d'appui de l'embrasure d'une croisée, l'allège est moins épaisse que le mur.

AMBOUTIR.

C'est donner à la tôle diverses formes convexes, par le moyen d'étampes ou de petites enclumes, pour imiter quelques ornemens de sculpture. — C'est rendre convexe un morceau de plomb, et revêtir avec ce plomb préparé, une pièce de bois.

AMBOUTISSOIR.

Morceau d'acier carré, où sont réservées

des cavités propres à former des têtes de clous de différentes dimensions.

AMBRE JAUNE.

Substance dure, jaune et transparente, qui entre dans la composition de vernis gras. On l'appelle aussi *carabé*.

ARME.

Espèce de lambourde embrevée obliquement dans une poutre refendue en deux, pour accroître sa force.

AMORCER.

C'est enlever la superficie du bois à l'ébauchoir et percer quelques trous avec le lasseret avant de faire une mortaise dans une pièce de bois. — C'est amincir le bout d'une barre de fer pour le souder à un autre.

AMORTISSEMENT.

Vase, boule ou autre ornement formant saillie ou sur-élevation d'un bâtiment. — Dernière faîtière d'une lucarne joignant le comble.

ANCRE.

Barre de fer carrée que l'on passe dans l'œil d'un tiran ou de l'extrémité d'une cheminée, pour soutenir l'écartement des murs, arrêter la poussée d'une voûte, etc.

ANGLAISES.

Cuvette en faïence ovale pour être placée au-dessus des culottes des tuyaux de lieux d'aisances ; on appelle aussi *anglaises* le cabinet et le siége pour la recevoir. — Une *demi-anglaise* est une cuvette ronde et conique qui sert au même usage.

ANGLE.

C'est la partie rentrante d'un bâtiment ou de tout autre objet formé de la rencontre de deux lignes ; on dit *angle rentrant*, *angle saillant*, *angle arrondi*, etc., en raison de la forme de cet angle.

ANSE DE PANIER.

C'est une voûte surbaissée qui est moins haute que le *plein cintre* ; l'anse de panier se forme de trois cintres. *Voyez* la Géométrie.

APPAREIL.

C'est l'art de tracer la pierre et de la tailler ; c'est aussi la hauteur de la pierre : on dit qu'elle est d'en *haut* ou *bas* appareil, en raison de la hauteur de son banc. Un appareil réglé est celui dont toutes les assises sont de même hauteur.

APPAREILLER.

Faire le choix du bois ou de la pierre et en tracer les coupes et assemblages.

APPAREILLEUR.

C'est l'ouvrier qui conduit en chef les tailleurs de pierre d'un chantier et qui trace la pierre.

APPENTIS.

Bâtiment simple en profondeur, adossé contre un mur de clôture ou sur un autre bâtiment plus considérable; un appentis n'a qu'un égoût.

APPRÊT.

Ce sont, en peinture, les premières couches de blanc sur lesquelles on étend les couches de teinte, ou qui sont disposées à recevoir la dorure : on dit *un blanc, deux blancs d'apprêt.*

APPROCHE.

Ce sont des ardoises ou des tuiles taillées pour en diminuer la largeur, et les faire joindre celles qui forment les arêtiers.

APPUI.

Tablette en pierre, qui se pose sur l'allège d'une croisée. — Dans un pan de bois, c'est une traverse sous une baie de croisée, ou au bas d'une lucarne.

AQUÉDUC.

Conduit voûté construit sous terre pour faire passer les eaux d'un endroit à un autre. — C'est aussi un conduit élevé sur des arcades, et dont le dessus forme canal et est destiné à recevoir les eaux.

ARBALÉTRIER.

Pièce principale d'une ferme de comble, posée obliquement selon le rampant du comble. Un *arbalétrier de brisis* est celui qui est posé presque verticalement dans un comble à la mansarde et qui soutient l'entrait retroussé. — Un *arbalétrier à lierne* est celui dans lequel les pannes sont assemblées, au lieu de porter dessus comme dans les combles ordinaires.

ARBRE.

Grosse pièce de bois posée verticalement ou horizontalement selon le genre des machines et dont dépend leur principal mouvement.

ARC *ou* ARCADE.

Un arc prend le nom de la courbure qui le forme ; ainsi, on nomme *arc en plein cintre* celui formé de la moitié d'un cercle ; *arc surbaissé*, celui dont le diamètre est plus long que le double de la montée (*voy. Anse de panier*) ; *arc surhaussé*, celui dont le diamètre est plus court que le double de la montée ; *arc rampant*, celui dont la courbure est plus inclinée d'un côté que de l'autre.

ARCANSON.

Espèce de résine qui entre dans la composition du vernis.

ARC-BOUTANT.

Barreau droit ou chantourné, en console ou autrement, servant à buter une grille, un balcon, etc.

ARCHET.

Outil qui, chez les serruriers et dans beaucoup de professions mécaniques, sert à faire marcher le foret.

ARCHITRAVE.

C'est la partie de l'entablement qui porte sur les colonnes ou pilastres. Quelquefois on supprime l'architrave, c'est alors la frise qui pose sur les chapiteaux.

ARCHIVOLTE.

Moulures sur lesquelles pose l'imposte d'une arcade; l'archivolte est plus ou moins riche, en raison de l'ordre d'architecture employé.

ARDOISE.

Sorte de pierre noire qui se divise par feuillets minces pour couvrir les combles des édifices.

ARÊTES.

Ce sont les angles que forment deux surfaces courbées ou droites d'une pierre, d'un mur, des moulures.

ARÊTIER.

Pièce de bois principale qui forme l'angle saillant d'un comble et qui reçoit les empanons. — Enduit en plâtre ou en mortier que le couvreur fait sur cet angle saillant, pour sceller les tuiles qui s'y joignent. — On fait aussi des arêtiers en plomb pour les couvertures en ardoises.

ARGILE.

Terre à four, ou terre franche. C'est une terre jaune et grasse qui sert à sceller tous les ouvrages de poêlerie, à hourder les fourneaux des usines construits en briques, à faire des aires de carreaux, etc. Cette argile cuite fait, en raison de sa qualité, des briques, des tuiles, des carreaux, des tuyaux, etc. On hourde aussi les murs avec cette sorte de terre, en remplacement de mortier ou de plâtre. Mêlée avec de la paille hachée, on en fait des aires de plancher. — Terre blanche qui, après avoir subi différens lavages, donne le blanc de Bougival, dit communément *blanc d'Espagne*.

ARGOT.

Excrément du cuivre, qui, allié avec le plomb, forme le *potin* dont on se sert pour fondre des robinets, des pièces de pompes, etc.

ARMATURE.

Terme collectif que l'on donne à la réunion des pièces de fer qui composent un ensemble de machines ou autres, tels qu'une *armature de pompe*, qui sont le balancier, le châssis ou support, la tringle et le piston.

ARMATURE DE GARDE-ROBE.

Mécanisme en cuivre servant à fermer l'orifice d'une cuvette de garde-robe à l'anglaise.

ARMATURE DE POÊLES.

On donne ce nom à l'ensemble des foyers de fonte et des tuyaux de chaleur de même matière, qui font partie d'un poêle de construction.

ARMÉE.

On dit qu'une jouée de lucarne est *armée d'ardoises*, lorsqu'on la recouvre d'ardoises. Il en est ainsi d'une aile de mur.

ARRACHEMENT.

C'est une tranchée pour former liaison de murs ou languettes neuves, avec les constructions auxquelles ils sont joints.

ARRASE.

C'est la dernière assise de niveau d'un mur en pierre ou en moellon. — C'est aussi le rang de moellons que l'on place au-dessous d'une marche, d'un seuil ou d'un dallage.

ARRÊT.

Petit talon qui, dans une serrure, fait partie du pêne, ou qui est rivé sur le palastre pour l'empêcher de courir. — Dans un verrou à ressort, c'est un petit épaulement pratiqué pour en arrêter la course.

ARRIÈRE-CORPS.

(*Voyez* Avant-corps.)

ARRIÈRE-VOUSSURE.

C'est une sorte de voûte qui se place dans la baie d'une porte ou d'une croisée.

ARTICHAUX.

Pointes de fer disposées à volonté et contrariées dans tous les sens pour servir de défense.

ASPHALTE.

Substance noire et cassante qui sert à la composition des vernis. On l'appelle aussi *bitume de Judée.*

ASSEMBLAGE.

Jonction de deux pièces de bois. — *Assemblage à tenons et mortaises.* Celui dont une pièce porte un tenon et l'autre une mortaise; — *avec renfort;* le même, mais avec une partie coupée obliquement ; — *à paume grosse*, coupe oblique au bout d'une pièce qui pose sur une autre; — *à queue d'aronde*, par entailles élargies à l'extrémité, pour des plates-formes, etc. ; — *à barbe*, par entailles à l'about d'un arbalêtrier de brisis, ou d'un chevron de lucarne, etc. ; — *à trait de Jupiter*, entailles avec épaulement, et clef au milieu pour les serrer. Cet assemblage sert à rallonger une pièce. — *Assemblage double*, avec deux tenons et deux mortaises.

ASSEMBLER.

C'est joindre les pièces de bois après qu'elles sont préparées. — En charpente, on appelle cette opération *mettre dedans*.

ASSEOIR UN BATIMENT.

C'est poser le premier rang de pierres ou de moellons sous sa fondation; — c'est aussi poser le pavé sur une bonne forme et le consolider avec le marteau ou la demoiselle.

ASSIETTE.

Composition rougeâtre dans laquelle il entre de la sanguine, de la mine de plomb, du bol d'arsenic, etc., et que l'on étend sur les blancs d'apprêt de la dorure pour recevoir l'or.

ASSISES.

Rang horizontal de pierres ou de moellons

de même hauteur dans la construction d'un mur. Lorsque toutes ces assises sont d'une hauteur égale, on les appelle *assises d'appareil réglé.* — Une *assise de retraite* est celle posée immédiatement sur la fondation d'un mur.

ASTRAGALE.

Moulure placée sur le haut du fût d'une colonne et qui commence le chapiteau.

ATTACHES.

Petites lanières de plomb de deux à trois pouces de long, que l'on soude sur les plombs des panneaux des vitres, et que l'on tortille sur les tringles en fer, formant bâtis, pour les fixer à leur place.

ATRE.

Partie de plancher au droit d'une cheminée ; un *âtre relevé* est celui qui est fait en briques ou autrement, lorsqu'on n'a point préparé un âtre pour recevoir la cheminée. — L'*âtre* du four est la partie élevée sur laquelle on fait le pain ou la pâtisserie.

ATTÈLES.

Morceaux de bois creux servant dans plusieurs professions de bâtiment, et notamment au plombier, pour prendre la queue du fer à souder, lorsqu'il est chaud.

ATTIQUE.

Partie supérieure d'un mur au-dessus de l'entablement, et contenant un petit étage.

AUBERON.

Petit morceau de fer en forme de crampon, rivé sur l'auberonière, pour recevoir le pêne d'une serrure à bosse ou à coffre.

AUBERONIÈRE.

Petite bande de fer ajustée sur un bout de chaîne à l'extrémité d'un fléau de porte cochère, pour la fermer au moyen de l'auberon qui est rivé dessus.

AUBIER.

Partie blanche spongieuse qui se trouve entre l'écorce et le cœur du bois, et qu'il faut éviter d'employer dans les constructions.

ACCOTEMENT.

On appelle ainsi la partie des chaussées des rues qui se trouve depuis le ruisseau jusqu'aux maisons.—Dans les routes, c'est l'espace compris entre la bordure du pavé et les fossés.

ARCEAU.

Arc de petite dimension.

AUGE.

Espèce de petite caisse en bois, oblongue et évasée, pour contenir le plâtre ou le mortier. — On nomme ainsi le canal ou *biez* qui dirige l'eau d'une rivière sur la roue d'un moulin.

AUGET.

C'est le scellement en plâtre des solives d'un plancher, ou des lambourdes d'un parquet. — C'est aussi une espèce de coquille que les poseurs font sur le joint de deux pierres, pour retenir le coulis qu'ils versent pour remplir ce joint.

AVANT-BEC.

Assemblage de charpente, composé de pieux et de liernes ou entretoises, et qui est placé au-devant d'un pont, pour garantir les piles de l'effet des glaces et du choc des bateaux.

AVANT-CORPS.

C'est la partie d'un bâtiment qui est de quelques pouces ou de quelques pieds en avant des parties qui sont à côté, et que l'on appelle alors *arrière-corps*.

AVANT-PIEU.

Grosse cheville en fer servant à faire des trous en terre, pour y placer des pieux en bois.

AVIVER.

Dresser avec la besaiguë les faces d'une pièce de bois pour en rendre les arêtes vives. —C'est ausssi blanchir la surface du plomb avec de l'étain, après l'avoir gratté, pour que la nouvelle soudure, que l'on veut ajouter pour fermer le contour d'un tuyau ou un nœud de jonction, fasse bien corps avec le plomb. On appelle aussi cette préparation *écailler*.

AVIVER L'OR.

En faire ressortir la couleur et lui donner de l'éclat, au moyen d'une composition appelée *vermeil*. (*Voir* ce mot.)

AXE.

Ligne qui passe par le centre d'un corps quelconque, d'un cylindre, d'un cône ou d'une pyramide ; l'*axe d'une sphère* est son diamètre.—On appelle aussi *axe* ou *mandrin* en bois, placé au centre d'une colonne faite en plâtre ou en menuiserie.

AZUR.

Matière dont on se sert dans les fabriques de verre pour détruire la partie colorante du sable. — Substance métallique bleue qui s'emploie dans la peinture, pour peindre les fonds des plafonds des boutiques, sur des couches à l'huile qui la happent et lui servent de mordant.

B.

BADIGEON.

Le badigeon se fait avec des recoupes de pierres tendres délayées dans de l'eau; on en couvre avec une grosse brosse les enduits extérieurs des murs.

BAGUETTE.

Petite moulure ronde ou plutôt demi-ronde.

BAGUETTES.

Remplis que l'on fait sur les rives du plomb pour joindre les tables sans le secours de la soudure : on les nomme aussi *bourrelets*.

BALANCIER.

Tringle en fer faisant partie d'une armature de pompe, et à l'extrémité de laquelle est fixée la tringle du piston.

BAQUETER.

C'est ôter l'eau d'une tranchée avec une écope ou pelle creuse propre à cet usage.

BAHU.

Dernière assise un peu arrondie d'un mur de grille, de quai ou de parapet.

BAIE.

Nom générique de toutes les ouvertures que l'on pratique dans les murs et dans les cloisons et pans de bois, pour les portes et les croisées.

BAIN.

De plâtre ou de mortier. C'est hourder. (*Voyez* ce mot.)

BALCON.

Panneau de serrurerie, selon un dessin donné, que l'on place à hauteur d'appui, à l'extérieur des croisées.

BALÈVRE.

C'est l'excédant de l'épaisseur du parement d'une pierre sur celles qui l'entourent.

BALUSTRADE.

Appui composé d'une suite de balustres, recouvert d'une tablette.

BALUSTRE.

Espèce de petite colonne ayant une panse au milieu, et des moulures formant base et chapiteau.

BANC DE PIERRE.

C'est la hauteur que la pierre a dans les carrières.

BANC DE CIEL.

C'est celui qui se trouve le premier en fouillant.

BANC DE VOLÉE.

Est celui qui a tombé lorsque l'on a souchevé.

BANDE.

Encadrement en dalles de liais, ou en tranches étroites de marbre, des carreaux pour les antichambres, salle à manger, etc.

BANDE DE TRÉMIE.

Barre de fer plat coudée à double coude, qui se place au droit des trémies des planchers et s'attache sur les solives d'enchevêtrure pour soutenir les plâtres des foyers de cheminées.

BANDER.

C'est placer les sommiers et claveaux d'une arcade ou d'une voûte. C'est aussi construire une voûte en moellons.

BANDEAU.

Bande plate faisant saillie dans le sens horizontal sur un mur; on fait aussi quelquefois des bandeaux autour des portes et croisées. — Ceintures saillantes qui sont sur le corps d'une colonne de poêle.

BANQUETTE.

C'est un tertre de terre que les terrassiers laissent dans la fouille, à six pieds de profondeur, pour recevoir les terres du fond. On donne aussi ce nom aux trottoirs d'un pont ou d'un quai.

BAR.

Sorte de civière à claire-voie pour transporter à bras les morceaux de pierre taillés, de petites dimensions.

BARBACANE.

Ouverture étroite qu'on laisse de distance en distance dans les murs de terrasses, pour laisser aux terres la facilité de s'écouler.

BARBES.

Dents disposées au pêne d'une serrure pour être prises et accrochées par le panneton de la clef, et par ce moyen l'ouvrir et la fermer; il y a autant de barbes à un pêne que de tours pour fermer.

BARDAGE.

Transport de la pierre du chantier où elle est taillée, à pied-d'œuvre.

BARDEAU.

Petites planchettes minces provenant de chêne refendu ou de douves de tonneaux, qui se posent jointives sur les solives d'un plancher pour recevoir l'aire en plâtre ou en mortier.

BARDER.

(Voir *Bardage.*)

BARDEUR.

Manœuvre employée à traîner le chariot ou à porter le bar pour transporter la pierre taillée.

BARILLET.

Partie de tuyau en cuivre sur laquelle se meut le piston d'une pompe.

BARRE DE LANGUETTE.

Barre en fer plat ou carré, supportant la languette de face d'un tuyau de cheminée ; on les fait en fer de carillon lorsqu'elles doivent supporter seulement les planches de ventouses que le fumiste fait sous ce manteau.

BARRE D'ARC-BOUTANT.

Barre en fer carré ayant un crochet d'un bout et un œil de l'autre, avec un lacet et un piton à pate, pour fermer le premier vantail d'une porte.

BARRE DE CEINTURE.

Barre coudée et à scellement, qui sert à retenir la construction d'un fourneau.

BARRE DE LINTEAU.

Barre de fer carrée qui remplace ordinairement un linteau en bois sur les baies de portes et de croisées ; on en place aussi sous les fermetures bandées en pierre.

BARRE D'APPUI.

Celle qui se pose à hauteur d'appui dans les tableaux d'une croisée ; elle est ordinairement recouverte d'une plate-bande en fer estampé, ou d'une main courante en bois de noyer, de chêne ou d'acajou.

BARRES DE CONTRE-COEUR.

Ce sont celles qui se mettent debout et à scellement coudé devant les grandes plaques de fonte des cuisines.

BARRES DES FERMETURES.

Celles en fer plat ou carré qui ferment les guichets des croisées ou des devantures de boutiques ; elles sont garnies ordinairement de deux boutons tournés pour les tenir ; pour les croisées, elles sont maintenues quelquefois dans un piton.

BARREAUX.

Barres en fer carré ou en fer rond, verticales, qui composent une grille.

BARRIÈRE.

Suite de poteaux à hauteur d'appui, liés

par des traverses ou lisses, et que l'on place autour des cours, des entrées de parcs, etc., pour empêcher les voitures de passer au-delà.

BASCULE.

Une pièce de bois est une bascule quand elle est assemblée dans une autre pour la soutenir, comme dans un palier d'escalier. —Pièce en fer plat qui tourne sur une goupille pour faire ouvrir à la fois les deux verroux d'une porte; cette bascule s'adapte à une serrure d'appartement et à sa gâche.

BASCULE.

On nomme *égoût à bascule*, celui qui a le double de la saillie ordinaire.

BASE.

Partie inférieure d'un piédestal, d'une colonne ou d'un pilastre.

BASSIN.

Pièce d'eau construite en moellons ou en pierre, et glaisée à l'extérieur; on appelle le fond *le plafond*.

C'est aussi un espace provisoire entouré de moellons et de sable dans lequel on éteint la chaux.

BASSINÉE.

C'est la quantité de chaux que peut contenir le bassin destiné à l'éteindre.

BATARDEAU.

C'est un barrage fait avec des pieux, des traverses et des palplanches, que l'on garnit ensuite de terre glaise pour arrêter les eaux pendant un travail quelconque pour lequel elles feraient obstacle.

BATI.

Assemblage de plusieurs pièces de bois qui forment un tout pour recevoir un châssis ou autre.

BATITURES.

Écailles qui sortent du cuivre rouge.

BATTE.

Morceau de bois grossièrement arrondi par le bout avec une portion meplate qui sert à battre le plâtre ; les plombiers en ont de plus courtes pour frapper sur l'outil tranchant avec lequel ils coupent le plomb et pour dresser les nappes ; les jardiniers, pour plaquer les bordures de gazon, etc.

BATTELLEMENT.

C'est la partie basse d'un comble jetant les eaux dans une gouttière derrière une cheminée ou dans un chaîneau.

BATTEMENT.

Tringle en fer ou en bois formant feuillure, et rapportée après coup sur des boiseries de portes ou des dormans de grilles, etc.

BATTEUR DE CIMENT.

C'est l'ouvrier d'un paveur qui écrase les tuileaux pour en faire du ciment.

BATURE.

Mordant qui sert à faire les hachures dans les rehaussés d'or; il se compose de bitume de Judée, de cire et d'huile de lin.

BAUGE.

Mortier de terre franche ou argile mêlé avec de la paille hachée, servant dans les campagnes à faire l'aire des planchers et le hourdage des cloisons.

BAVETTE.

ande de plomb qui couvre les bords au-devant d'un chaîneau, d'une croisée, d'un châssis à tabatière, d'une lucarne, etc.

BAVURES *ou* HAISES.

C'est le bord des tables de plomb qui restent lorsqu'il est coulé, et que l'on coupe avant de l'employer.

BEC.

(Avant et arrière), c'est la construction angulaire des têtes de piles des ponts, servant à diviser l'eau et à casser et à détour-

ner les glaçons; on les arme quelquefois en
amont, de bandes de fer.

BEC DE CANNE.

Sorte de petite serrure à demi-tour, sans
clef, qui s'ouvre par le moyen d'un bouton
ou d'une boucle.

BEC DE CORBIN.

Outil étroit et crochu, qui sert aux ser-
rurriers à faire des mortaises pour placer les
lames de fiches dans les battans et les chambranles ou bâtis dormans des portes.

BÈCHE.

Les terrassiers s'en servent pour les fouilles
et pour faire la défonce d'une terre douce.

BEFFROI.

Tour dans laquelle on place les cloches ou
une horloge; c'est aussi l'assemblage des
pièces de bois qui portent les cloches.

BELIER.

C'est une machine destinée à enfoncer des
pieux ou pilots.

BENJOIN.

Sorte de résine peu colorée, propre aux
vernis.

BERCEAU.

· Voûte cylindrique ; les berceaux sont de différentes espèces. (*Voir* les voûtes.)

BERGE.

Nom que l'on donne aux deux bords d'une tranchée, d'un fossé, d'un canal, etc., sur lequel on jette la terre fouillée.—Petit chemin élevé le long d'une route et qui sert de trottoir aux piétons.

BESAIGUË.

Outil en fer d'environ quatre pieds de longueur, ayant à l'une des extrémités un taillant en bec d'âne et de l'autre un large ciseau, au milieu une douille pour le tenir. Il sert à dresser le bois de charpente et à faire les tenons et mortaises.

BÉTON.

Mortier fait avec de la chaux, du ciment et des cailloux mêlés ensemble, ou enfin avec des recoupes de pierre. Il est propre aux ouvrages qui s'exécutent dans l'eau.

BIGORNE.

Ce sont les talons qui se trouvent au bout d'une enclume.

BIGORNEAU.

Petite enclume à bigorne que l'on place sur un établi de serrurier.

BILLE.

On nomme ainsi les morceaux d'acier, tels qu'ils se livrent dans le commerce.

BILLER.

C'est faire tourner à droite et à gauche une pièce de bois dans un chantier.

BINARD.

Chariot à quatre roues traîné par des chevaux, et sur lequel on transporte les blocs de pierre de fortes dimensions.

BISCUIT.

Parties de la chaux qui n'ont pu se dissoudre dans le bassin lors de l'éteignage.

Nom de la matière avec laquelle sont fabriqués les carreaux de poêles, et toutes les autres pièces de poêlerie qui ne sont point émaillées.

BISEAU.

About d'une pièce de bois coupé obliquement, ou en sifflet.

BISTRE.

Suie détrempée qui tombe des tuyaux de poêle.

BLAIREAU.

Nom d'un pinceau fait du poil de cet animal, et servant à poser l'or en feuille.

BLANC MAT *ou* BLANC DE ROI.

Peinture en détrempe commune; on la fait à une, deux ou trois couches, sur une d'encollage.

BLANCHI.

On appelle ainsi toutes les pièces de serrurerie qui ont été limées à la lime ordinaire, ou passées sur la meule. Une *serrure blanchie* est celle qui est la plus commune.

BLANCHIR.

C'est nettoyer à la chaux les écuries, ou peindre à la colle les plafonds, les murs, etc.

BLEU DE PRUSSE.

Couleur bleue employée dans la peinture d'impression, et qui se compose de la combinaison du sulfate de fer avec le carbone et l'hydrogène.

BLOCAGE.

Remplissage à l'intérieur d'un mur, entre les pierres qui forment le parement. On dit aussi *garnissage*, parce qu'on nomme *garnis* les moellons dont on se sert pour ce travail. — Espèce de pavage fait avec de la meulière que l'on pose debout dans un encaissement, et que l'on joint avec du sable.

BLOCHET.

Pièce de bois de peu de longueur qui reçoit l'assemblage de l'arêtier.

BLOQUER.

C'est faire un massif dans une tranchée
sans aligner les moellons.

BOÎTE DE RACCORDEMENT.

Pièce de cuivre en deux parties se montant à vis, et servant à réunir des tuyaux de
pompes à incendie ou d'arrosement.

BOIS.

Bois en grume, qui n'est point équarri ;
d'*équarrissage*, bois carré, préparé pour la
charpente ; d'*échantillon*, ceux de grosseur et longueur ordinaire ; de *brin*, bois
provenant de petits arbres et qui n'a pas de
sciage ; *ordinaire*, bois jusqu'à 12 ° de
grosseur et 24 ° de longueur ; de *qualité*,
qui excède ces mesures ; de *sciage*, bois
débité et refendu à la scie ; *refait* ou *corroyé*,
bois dressé et équarri à vives arêtes à la besaiguë et le rabot ; *flacheux*, bois dont les arêtes
ne sont pas vives : *tranché*, bois qui a des fils
obliques qui coupent la pièce ; *bouge*, qui
bombe ; *vicié*, qui a des nœuds vicieux ou
malandres ; *mouliné*, piqué de vers ; *roulé*,
dont les crues ou couches de chaque année

sont séparées par des parties tendres, et n'a
point de corps; *givelé*, rempli de fentes et
gerçures.

BOIS FEINT.

Bois imité par la peinture.

BOISSEAUX.

Poteries sans fonds qui s'emboîtent les unes
dans les autres pour faire les chausses d'aisances. Il y en a en grès, en terre cuite et en
fonte.— C'est aussi la partie du milieu d'un robinet dans laquelle tourne la clef.

BATONNÉE.

On nomme ainsi la quantité d'eau qu'élève
une pompe à chaque coup de piston.

BOL D'ARMÉNIE.

Terre argileuse qui entre dans la composition de l'assiette pour la dorure.

BOMBEMENT.

Surface courbe que les paveurs observent
sur la largeur d'une route, pour que les eaux
s'égouttent de chaque côté.

BOMBER.

C'est remettre de la terre sur le milieu
d'une avenue, d'un chemin, d'une route, etc.,
pour l'élever et donner aux eaux les facilités
de s'écouler de chaque côté.

BONDE.

Pièce de cuivre fondu, dans laquelle entre le tampon d'une cuvette de garde-robe.

BONDE DE FOND.

C'est un bonde en cuivre qui sert à vider la totalité de l'eau d'un réservoir.

BONNET A LA CAUCHOISE.

C'est ainsi qu'on nomme une feuille de tôle cintrée, que l'on place à l'extrémité superieure d'un tuyau de poêle ou d'une cheminée, pour empêcher que le vent ni l'eau ne puissent s'y introduire.

BORAX.

Sel qui se vitrifie aisément, et qui a la propriété de faciliter la fusion des métaux. Les serruriers s'en servent, avec le cuivre, pour *braser* des pièces cassées.

BORDURE.

Cours de gros pavés ou de pierres qui forme l'encaissement d'un trottoir ou d'une route.

BORNOYER.

C'est placer des jalons de distance en distance, pour s'assurer que les ouvrages tracés suivent une ligne droite.

BOSSAGE.

Ce sont des saillies d'architecture qui représentent des pierres taillées, ou des masses réservées pour les sculptures des médaillons, des clefs, des consoles, etc.

BOSSAGE.

Masse de bois conservée dans une pièce élargie pour lui laisser plus de force au droit de l'assemblage.

BOUCHARDE.

Outil en fer acéré et taillé à pointes de diamant à l'extrémité, pour commencer à tailler les panneaux de la pierre et pour piquer le grès et le marbre.

BOUCHE.

C'est l'entrée d'une carrière, d'un puits, d'un tuyau, etc.

BOUCHE DE CHALEUR.

Ouvertures pratiquées dans les carreaux d'un poêle de construction pour en faire sortir la chaleur venant du réservoir intérieur.

BOUCHE DE FOUR.

C'est l'ouverture faite d'une porte en tôle par où l'on introduit le bois et les matières à cuire.

BOUCHE DE POÊLE.

C'est aussi l'ouverture par laquelle on y introduit le combustible.

BOUCHOIR.

Plaque de tôle garnie d'une poignée, fermant la bouche d'un four.

BOUCHON.

Pelotte de linge ou morceau de plomb préparé pour polir et lustrer le marbre. — Boîte de bouche de chaleur ; petite plaque circulaire, ouvrant à charnière, que l'on place à l'extrémité extérieure des tuyaux de chaleur pour contenir ou laisser échapper le calorique à volonté.

BOUTS DE TUYAUX.

Feuilles de tôle roulées en cylindres creux, pour les poêles. Il y en a aussi en biscuit, en faïence, en fonte, etc.

BOUCLE.

Anneau simple ou à ornement passé dans un lacet, ou à charnière, et qui s'adapte à des serrures ou à des becs de canne.

BOUCLER.

Un mur boucle, lorsque étant mal liaisonné, il se crevasse et fait le ventre.

BOUDIN.

Moulure ronde que l'on nomme *baguette* si elle est petite , et *tore* si elle est grande.

BOUDINE.

C'est une bosse formée par la goutte qui reste au milieu d'un plat de verre.

BOUE D'ÉMERI.

On appelle ainsi un résidu qui se forme sous les meules des lapidaires ; cette potée s'emploie pour polir les marbres.

BOULE.

Petite sphère percée et rivée sous les traverses des balcons, des grilles , etc., pour les soutenir.

BOULON.

Barre de fer ronde ou carrée, qui a une tête d'un bout et qui est taraudée de l'autre, ou qui est refendue pour recevoir une clavette.

BOULON OU MANDRIN.

Cylindre de fer ou de cuivre qui sert de noyau pour faire les tuyaux de plomb sans soudure.

BOURDONNIÈRE.

Pièce de fer qui se meut dans une autre; c'est aussi le haut du barreau de rive d'une grille, qui roule dans une bride ou dans la traverse, etc.

BOURRE.

C'est le poil des peaux tannées que l'on mêle avec de la chaux et de l'argile pour faire le *blanc en bourre*.

BOURRÉ.

Plomb qui s'arrête sur le sable lorsqu'on le coule en table.

BOURRELETS.

Ce sont des remplis que l'on fait sur les bords des nappes de plomb destinées à couvrir les terrasses, pour les joindre sans soudure ; un de ces remplis est en dessous, l'autre est arrondi avec la batte et recouvre le premier. On fait aussi de ces bourrelets sur les bords d'une cuvette, d'un chaîneau, etc.

BOURRIQUET.

Espèce de caisse que l'on charge de moellons pour les monter de la carrière ou au haut d'un bâtiment par le moyen d'une roue, d'une grue ou d'une autre machine. — Chevalet léger sur lequel les couvreurs déposent l'ardoise sur le comble avant de la clouer en place.

BOURSEAU.

Nappe de plomb qui couvre une de panne

brisis, ou le gros tore rond au faîtage d'un bâtiment, et au-dessous duquel est une autre bande que l'on nomme *bavette* ; c'est aussi le morceau de bois qui sert à battre et arrondir le plomb.

BOUSIN.

C'est, dans la pierre, les parties des couches de carrière non encore consolidées, et qui, par conséquent, n'ont pas encore acquis la dureté nécessaire pour être employées ; ces couches tendres ont quelquefois 3 à 4 pouces d'épaisseur.

BOUTEROLLE.

Espèce de rouet qui se pose sur le palastre d'une serrure, et sur lequel tourne la clef.

BOUTISSE.

On appelle *pierre en boutisse* celle dont la plus longue dimension est placée dans le sens de l'épaisseur du mur.

BOUTON.

Pièce en fer ou en cuivre, en forme d'olive ou autre, pour tirer une porte à soi ; il y en a de simples et de doubles, montés sur tige ou à écrou, à coulisse, à boîte d'horloge, etc.

BOUTONNIÈRE.

Petite pièce de cuivre fondu portant une

pate à chaque bout, qui se rive sur le bout d'une lame de persienne et qui sert à la faire mouvoir au moyen d'un goujon monté sur une crémaillère.

BRASER.

C'est réunir deux morceaux de fer avec du cuivre. On appelle *brasure* l'endroit où cette jonction est faite.

BRANCHER.

C'est une réunion de tuyaux joints ensemble par le moyen des soudures.

BRANDIR.

C'est percer un trou au travers de deux pièces qui se croisent, et les arrêter ensemble au moyen d'une cheville.

BRANDIR LES CHEVRONS.

C'est les affermir et les fixer sur place avec des chevillettes.

BRAYER UNE PIERRE.

C'est la suspendre au câble de la grue ou de la chèvre. C'est aussi le nom du cordage dont le *brayeur* se sert pour cet usage.

BRÈCHES.

Espèce de marbres composés de cailloux de diverses couleurs, fortement unis ensemble ; il y en a de plusieurs sortes, *brèches d'Alep*, *brèche violette*, *brèche grise*, etc.

BRÉTER *ou* BRETELER.

C'est dresser les paremens d'une pierre avec le marteau dentelé.

BRETELURES.

Moulures en couleur d'or ou rehaussées que l'on fait dans les peintures de décors.

BRIDE *ou* GACHE.

Crochets de fer à pointe ou à scellement, ayant la forme d'un croissant, pour maintenir les tuyaux de descente le long des murs.

BRIDE.

Lien en fer qui sert à embrasser une ou deux pièces de bois, les têtes d'une serrure, ou tuyaux de descente, etc.

BRIDES.

Plaques de fer évidées en rond au milieu et portant un trou à chaque angle, servant à joindre deux longueurs de tuyaux ; on les serre avec des écrous ; on nomme *bride* tout ce qui sert aux mêmes usages dans différentes professions.

BRIQUE.

Pierre artificielle faite avec une terre préparée, séchée à l'air et ensuite cuite dans un four à briques.

BRIQUET.

Petit couplet qui ne peut se plier que d'un côté pour la ferrure des abattans de comptoir.

BRIQUETER.

C'est imiter la brique avec un enduit fait avec du plâtre dans lequel on mêle de l'ocre rouge ; on trace ensuite des joints au crochet que l'on remplit en plâtre blanc.

BRISE-GLACE.

Pièce de bois à angle aigu, assemblée sur l'avant-bec d'un pont.

BRISIS.

C'est la jonction que forme le comble avec la mansarde dans une couverture.

BROCHE.

Clou arrondi sans tête, qui sert à arrêter les lambris, et à d'autres usages semblables ; c'est aussi la petite tige ronde rivée sur le palastre d'une serrure au centre du canon, pour entrer dans la forure ; — c'est la tige qui passe au travers des nœuds d'une fiche ou dans les œils d'un couplet à charnière.

BROCHER.

C'est mettre de la tuile en pile sur des lattes entre les chevrons, en attendant que le couvreur les pose en place.

BROCHETTES.

Rognures de peaux passées à la chaux, et propres à faire la colle des peintres.

BROSSE.

Gros pinceau fait en poil de porc ou de sanglier, dont se servent les peintres pour étendre les couleurs; il y en a de diverses sortes: *brosse à quartier, brosse à tuyau, brosse d'impression.*

BRONZE.

Alliage composé d'étain fin et de cuivre de Suède appelé *rosette.*

BRONZE JAUNE.

C'est l'oripeau ou or d'Allemagne, réduit en poudre, qui sert aux peintres pour imiter le bronze antique.

BRONZER.

C'est employer le bronze sur un mordant, ou par frottis, pour imiter le bronze antique.

BROUETTE.

Petite caisse montée sur une seule roue, servant à transporter divers matériaux, des moellons, des terres, etc.; l'ouvrier la pousse devant lui; elle contient environ un pied cube.

BROYEUR.

Ouvrier qui, chez les peintres, infuse et triture les couleurs sur la pierre, avec une molette.

BRUNIR.

C'est polir un ouvrage de serrurerie avec un brunissoir d'acier trempé, que l'on nomme aussi *rifflard.* — C'est aussi donner le poli à des parties de dorure au moyen d'un caillou taillé et emmanché, appelé *brunissoir.*

BUSE.

Bout de tuyau de poêle ou de cheminée, en tôle, découpé et en forme d'empatement pour être fixé sur une partie unie, ou à un bout de tuyau évasé, pour s'emboîter dans un autre tuyau d'un plus grand diamètre.

BURIN.

Espèce de ciseau à deux biseaux qui sert à couper le fer à froid pour faire des entailles ou autres; il y en a de plusieurs sortes, à gouge, à grain d'orge, en bec d'âne, etc.

BUTTER

Un mur, une voûte, c'est construire des éperons, des contreforts ou des piliers, pour résister à la poussée.

C.

CABESTAN.

Cylindre vertical servant à attirer hori-zontalement de grands fardeaux.

CABLE.

Cordage très gros qui sert à enlever les pierres et les moellons au moyen d'une roue, d'une grue, d'une chèvre, etc. Un *câbleau* ou *chableau* est un câble de plus petit diamètre.

CACHE-ENTRÉE.

Petite pièce de fer mouvante qui couvre l'entrée d'une serrure à tour et demi, et qui reçoit, lorsqu'il est fermé, le bout de la clef.

CADENAS.

Espèce de petite serrure portative ayant une anse qui passe dans des pitons préparés ; il y en a à canon tournant, etc.

CAGE D'ESCALIER.

C'est l'espace des murs qui renferme un escalier. — On dit aussi la *cage d'un bâti-ment*; c'est l'espace renfermé par les murs extérieurs — Armature en fer qui sert à soutenir la garniture d'un poêle.

CALES

Lattes que l'on place sous les pierres pour les couler. — Coin en bois que l'on met sous la partie d'un poitrail ou autres pièces. — Morceaux de bois sur les couchis d'un cintre pour recevoir les voussoirs.

CALIBRE.

C'est une planchette sur laquelle sont découpées les moulures d'une corniche, d'un entablement, etc.; pour les traîner en plâtre, ces calibres se montent sur un autre morceau de bois rainé pour glisser sur une règle, et que l'on nomme *sabot*. Ils sont ferrés ensuite en tôle mince pour maintenir le profil.

CALIBRER.

C'est ouvrir un trou à un diamètre convenable avec un alésoir; — on calibre les vis avant de les passer à la filière; — on calibre un barreau de fer avec une étampe pour le mettre à une grosseur voulue.

CALOTTE.

On appelle ainsi la concavité d'une voûte sphérique ou sphéroïde.

CALOTTE D'ASPIRATION.

Pièce de cuivre circulaire dans laquelle est renfermé un clapet, que l'on place entre le corps de pompe et la surface de l'eau.

CAMION.

Petit tombereau à deux roues auquel s'attachent deux hommes pour transporter des terres ou des matériaux d'un endroit à un autre. — Vase de terre cuite vernissée dans lequel on met les couches en détrempe pour les faire chauffer avant de les employer.

CANAUX.

Petites cannelures formant les triglyphes, ou creusées sur la face d'un larmier ou autres.

CANIVEAU.

Dalle recreusée pour recevoir et conduire des eaux pluviales ou ménagères.

CANNELURES.

Cavité en arc de cercle, taillée sur le fût d'une colonne ou d'un pilastre. — Petite gouttière que l'on fait avec le rabot sur la longueur d'un tuyau de plomb que l'on veut souder en étain.

CANON DE SERRURE.

C'est le petit cylindre creux attaché sur le foncet dans lequel entre la clef. — C'est aussi la partie forée de la clef dans laquelle entre la broche.

CARRÉ.

Figure plane à quatre angles droits et quatre côtés égaux.

CARREAU.

Composé de terre franche ou terre glaise mêlée de sable, soumis après quelques préparations à l'action du feu. On en fait de différentes formes. Le *grand carreau* est hexagone, et a 6°; le *petit carreau* a la même forme, et a 4 à 4° $\frac{1}{2}$; le *carreau à four* a 1° d'épaisseur et 6° hexagone; le *carreau d'âtre* est carré et a 6 à 7°; le *carreau à bande* est un peu plus petit. — C'est aussi une pièce de verre parallélogramme qui sert à vitrer les châssis de croisées. — Pierre plate posée en parement d'un mur. — Tranches de pierre ou de marbre taillées de diverses formes régulières, servant à carreler les paliers, les vestibules, salles à manger, etc. — On fait aussi des carrelages à compartimens sur des dessins donnés. — Grosse lime de fer carrée, taillée sur les quatre faces. — On appelle *carrelet* et *carrelettes* des limes semblables, mais plus petites graduellement.

CARRELER.

C'est poser le carreau sur une aire avec du plâtre mêlé de poussier, ou avec du mortier. On appelle *forme* la couche de gravier ou recoupe que l'on pose entre l'aire et le carreau.

CARRÉMENT.

Signifie à angle droit, c'est-à-dire d'équerre.

CARRIÈRE.

Lieu d'où l'on extrait la pierre, le marbre, le pavé, et enfin toutes les matières minérales que l'on emploie dans la construction.

CASCADE.

Constructions élevées par redens ou gradins pour une chute d'eau, qui se divise en tombant dans le bassin inférieur.

CASILLEUX.

Le verre casilleux est celui qui se casse en plusieurs endroits lorsqu'on veut le couper avec le diamant, ce qui arrive lorsqu'il est mal recuit.

CASSIS.

Petit ruisseau fait avec de la meulière ou du caillou, et servant à conduire des eaux dans un puisard, dans un bassin, ou autres. — C'est aussi un ruisseau qui traverse de biais une chaussée.

CASSONS.

On appelle *cassons* les débris qui proviennent des verreries.

CASSURES.

Fentes qui se forment sur les terrasses ou dans les chaîneaux en plomb ou en zinc, par l'effet de la gelée ou d'autres causes, et que l'on bouche avec de la soudure.

CAVALIER.

Dépôt élevé de terres montées à la brouette par des rampes formées de ces terres elles-mêmes.

CAVET.

Moulure concave formée d'une portion de cercle.

CINTRE.

Assemblage de pièces de bois formant une espèce de ferme sur laquelle on construit une voûte pour soutenir les moellons, briques ou voussoirs, jusqu'à ce qu'elle soit fermée par la clef.

CENDRÉES.

Ce sont les écumes produites par la fonte du plomb, et que l'on enlève lorsqu'il est en fusion.

CERCE.

Modèle d'une courbe quelconque qui se fait avec du bois blanc.

CÉRUSE.

Blanc de plomb, ou plomb oxidé par le vinaigre, dont on se sert dans la peinture d'impression.

CHAÎNE.

Pilier en pierre dans l'intérieur d'un mur en moellon, qui se place sous les portées des poutres et aux encoignures d'un bâtiment. — C'est aussi une maçonnerie en moellon-nailles, plâtras et plâtre, faite de distance en distance pour sceller les lambourdes d'un parquet. — Rangée de gros cailloux espacés de distance en distance pour encaisser les petits cailloux et les pierrailles intermédiaires pour le ferrage d'une route. — Suite de plusieurs barres de fer réunies par des mouffles, des crochets, des entailles, ou autrement, et que l'on place dans l'épaisseur des murs pour en empêcher l'écartement. — Instrument d'arpenteur, composé de plusieurs bouts de tringles en fer dont les anneaux indiquent une fraction de mètre ou de toise, et servant à mesurer de grandes surfaces.

CHAÎNEAU.

Large gouttière ou canal en plomb, disposé au bas des combles pour recevoir toutes les eaux pluviales, et les conduire dans des tuyaux de fonte placés verticalement.

CHAISE.

Plusieurs pièces de bois placées en croix les unes sur les autres, sous un pan de bois, pour le poser, ou sous des étayemens et chevalemens.

CHANFREIN.

C'est l'arête abattue d'un morceau de bois ou d'une pierre. Le *chanfrein d'une serrure* est le biseau que l'on fait au bout du pêne.

CHANLATTE.

Pièce de bois de sciage, de figure triangulaire, que l'on place au pied des chevrons pour recevoir l'égoût.

CHANTIGNOLLE.

Bout de bois en forme de gousset, placé sur un arbalêtrier pour porter les pannes.

CHAMBRANLE.

Cadre en pierre, en plâtre ou en bois, autour d'une porte ou d'une croisée.

CHAMBRANLES DE CHEMINÉES.

Ils se font de plusieurs matières : en pierre, en granit, en marbre; et de diverses formes : à la capucine, c'est-à-dire sans moulures; à pilastres carrés, à consoles, à colonnes, etc.

CHAMP.

Pièce de bois, brique, etc., posée de champ, lorsque la face la plus étroite est en dessous.

CHAMPIGNON.

Rond de tôle soutenu par trois tringles, pour être placé à l'extrémité d'un tuyau de cheminée, pour empêcher que l'eau ne tombe dedans, ou que le vent ne refoule la fumée.

CHAMPIGNON A LA NOIX.

Il ne diffère du précédent que parce qu'il y a au-dessus un tuyau évasé par le bas, et que le tout est isolé du tuyau principal et est supporté par des tringles.

CHAPE.

Forte couche de mortier que l'on étend sur la forme en terre ou en sable avant de poser le pavé ; ou sur l'estrade d'une voûte pour la garantir des eaux pluviales. — C'est la bride qui porte les deux extrémités de l'axe d'une poulie. — On appelle aussi *chapes* les deux poignées qui servent à ouvrir et à fermer le moule dans lequel on fond les tuyaux de plomb.

CHAPEAU.

Pièce de bois posée horizontalement sur un poteau ; — traverse d'une lucarne qui s'assemble dans les poteaux ; — pièce horizontale d'un chevalement.

CHAPELLE.

On nomme ainsi la voûte d'un four.

CHAPERON.

Couverture d'un mur. Un chaperon a un ou deux égoûts ; on l'appelle *en bahu* lorsqu'il est bombé. On en fait aussi en pierre, en moellon ou meulière de champ, et même en ardoise ou en tuile.

CHARDON.

Suite de pointes ou dards de fer rivés sur des barres droites ou chantournées, que l'on place dans des lieux dont on veut interdire l'entrée.

CHARGE.

Forte épaisseur de plâtre sur un mur, un pan de bois , etc., pour le mettre d'aplomb, ou sur une aire pour mettre le carreau de niveau.

CHARGER.

On appelle *charger*, en serrurerie, ajouter des mises de fer à un objet de cette matière, pour lui donner plus de force.

CHARGER UN CREUSET.

C'est, chez les plombiers, le garnir de

charbon embrasé, pour vivifier le plomb et les cendrées.

CHARIOT.

Voiture à deux roues basses, avec une flèche servant de brancard; elle sert à transporter les pierres. On le nomme aussi *diable*.

CHARNIÈRE.

Petite pièce de quincaillerie pour la ferrure des portes d'armoires, des volets et des portes légères des appartemens. Il y en a de plusieurs sortes, en fer, en cuivre; carrées, à pans; renforcées, blanchies, etc.

CHASSE.

Espèce de marteau à deux têtes carrées, dont l'une est acérée et l'autre ne l'est pas; lorsqu'il y a une tête en chanfrein, on l'appelle *chasse en biseau*.

CHASSIS.

Encadrement en pierre d'un tampon de puisard, de fosses d'aisances. — Assemblage de bâtis et de petits bois de menuiserie pour être vitrés. —Bâtis sur lequel est montée la porte d'un poêle.

CHAUDE.

Action de faire chauffer le fer pour le forger; on forge *à une, deux* ou *trois chaudes*. Lorsque le fer, sortant de la forge, est bouillonnant et près d'entrer en fusion, on l'appelle *chaude grasse* ou *suante*.

CHAUSSE D'AISANCE.

C'est un tuyau de descente des lieux d'aisances, depuis le cabinet du haut de la maison jusqu'à la fosse.

CHAUSSÉE.

Voie bombée, ferrée ou pavée, dont le ruisseau est au milieu, ou ayant deux ruisseaux, l'un à droite, l'autre à gauche, et qui joignent les revers ou la contre-allée d'une rue ou d'une route.

CHAUX.

Pierre calcaire, cuite dans un four, que l'on éteint dans l'eau, et qui, mélangée avec du sable ou du ciment, produit le mortier.

CHEMIN.

Règles disposées sur un mur ou sur un plafond pour tracer des corniches ou d'autres moulures.

CHEMIN FERRÉ.

Chemin formé d'un mélange de cailloux et de sable, et bordé de grosses pierres pour encaissement.

CHEMINÉE.

Foyer et tuyau construits dans les appartemens pour recevoir le feu et conduire la fumée.—C'est aussi l'ouverture réservée dans la voûte d'une fosse pour laisser tomber les matières de la descente qui vient y aboutir; on la nomme aussi *chute*.

CHEMISE.

Enduit en mortier qui entoure un conduit ou tuyau de terre cuite, ou de grès, ou en plâtre, autour des tuyaux d'aisances.

CHÊNEAU OU CHAÎNEAU.

Canal en plomb, disposé au pourtour d'un bâtiment pour recevoir les eaux des combles, qui, de là, se jettent dans les tuyaux de descente.

CHEVALEMENT.

Manière d'étayer et de soutenir un trumeau ou jambage, etc., et toutes les parties supérieures d'une construction, pour faire des percemens en sous-œuvre.

CHEVALET.

Petit comble de forme triangulaire, derrière une lucarne, une souche de cheminée, ou un fronton. — On appelle ainsi la machine à forer le fer, qui est composée de trois pièces seulement, savoir : la palette, la vis et l'écrou.

CHEVÊTRE.

Pièces de bois assemblées dans les enchevêtrures, et qui reçoivent plusieurs solives de remplissage. On appelle *faux chevêtre*, un petit chevêtre placé derrière un autre, et près des murs, mais qui ne reçoit pas de solives. — Barre de fer coudée recevant les abouts des solives d'un plancher, qui joignent un âtre de cheminée, ou que l'on a coupées pour faire l'échappée d'un escalier, ou pour tout autre motif.

CHEVILLE.

Petit morceau de bois rond qui sert à tenir l'assemblage de deux pièces.

CHEVILLE D'ASSEMBLAGE.

C'est une cheville de fer d'environ 14 à 15 ° de longueur, ayant un talon percé d'un œil à la tête, dont se servent les charpentiers pour assembler provisoirement, sur le chantier, les pièces de bois taillées et façonnées.

CHEVILLETTE.

Chevilles en fer rond, ayant une tête à deux talons, pour l'assemblage sur place des bois de charpente. On fait des chevillettes *dentelées*.

CHÈVRE.

Machine qui sert à élever des pièces de bois, ou des pierres, sur un bâtiment.

CHEVRONS.

Pièces de bois d'un comble posées sur les pannes, faîtages et plates-formes, et sur lesquelles on attache le lattis pour les couvertures ; *chevron de croupe*, *de noue* ou *empanon*, celui qui porte, d'un bout, sur un arêtier ou une noue, et de l'autre, sur la plate-forme ; *de ferme* ou *de long pan*, celui posé sur l'arbalêtrier ; *de jouée*, qui passe le long d'une lucarne ; *de fermette*, ceux qui forment le comble d'une lucarne.

CHIQUETER.

C'est poser en tapant des couleurs avec un pinceau de blaireau, pour imiter les taches irrégulières du granit ou des cailloux.

CHIPOLIN.

Peinture à la colle, composée d'un grand nombre d'apprêts et de plusieurs couches de vernis, le tout poncé et adouci à plusieurs fois. Cette sorte de peinture, qui était fort chère, n'est plus en usage.

CHUTE.

Ouverture faite dans la voûte d'une fosse d'aisances, et par où arrivent les matières.

CIMENT.

Débris de tuiles, de briques et carreaux,

et autres substances concassées, pour être mêlées avec la chaux et former le mortier.

CISEAU.

Outil acéré dont se servent les tailleurs de pierres, les menuisiers et les plombiers, et en général presque tous les ouvriers du bâtiment.

CISEAU A CHAUD.

Gros ciseau à deux biseaux pour couper le fer chaud ; — *à froid, id.* moins long, qui sert pour le couper à froid ; — *à ferrer*, ciseau à deux biseaux dont le taillant est très mince, et dont les serruriers se servent pour couper le bois.

CISELURE.

Taille étroite faite sur le bord de la pierre ou du marbre, avant d'en dresser les paremens ; c'est encore la taille au ciseau de l'épaisseur des tranches de marbre.

CISELET.

Petit ciseau qui sert à tailler les petites moulures de marbre.

CITERNE.

Lieu souterrain, construit en maçonnerie, pour recevoir et conserver les eaux pluviales.

CLAPET.

Espèce de valvule en cuir qui fait partie d'une pompe, et qui se lève par l'aspiration.

CLAUSOIR.

Dernière pierre posée dans une voûte ou dans un mur, pour remplir le dernier espace qui restait vide.

CLAVEAU.

Pierre taillée en coin pour une plate-bande, une voûte, une arcade, etc. — Un claveau *à crossette* est celui dont la tête est retournée avec les assises. — On appelle claveau *à joint perdu* ou *dérobé* celui dont le joint de face extérieure est vertical.

CLAVETTE.

Petit morceau de fer plat, plus large d'un bout que de l'autre, que l'on passe dans les œils destinés à le recevoir, pour tenir ouverts ou fermés des volets, et à différens autres usages.

CLEF.

Petit coin en bois que l'on introduit dans une espèce de mortaise, servant à joindre deux pièces ensemble à trait de Jupiter, ou dans les mortaises des liernes des courbes d'un comble en menuiserie, ou autres. — Voussoir du milieu d'une voûte, d'une arcade ou d'une plate-bande, pour les fermer. — Partie mobile d'une serrure qui sert à l'ouvrir et à la fermer. — Manivelle en fer servant à ouvrir les robinets de regard de conduits d'eau. — Partie tournante et mobile des robinets.

CLEF OU TAMPON.

Nom que l'on donne à la dalle de pierre mobile qui ferme la voûte d'une fosse d'aisances.

CLOAQUE.

Égoût ou aquéduc construit pour recevoir les eaux et immondices d'une maison, ou d'un édifice public.

CLOISON

De charpente, ou pans de bois, celles construites en bois de 5 à 6° d'épaisseur ; — *les cloisons creuses* ou *cloisons sourdes*, celles qui ne sont point hourdées dans l'épaisseur du bois; — à *claire-voie*, celles faites en planches de bateau refendues ; — *hourdées*, remplies dans l'épaisseur du bois en plâtras ou moellonnailles; — *ravallées* en lattis et recouvertes en plâtre ou en mortier. — Ce sont les trois côtés d'une serrure qui renferment la garniture ; cette cloison est quelquefois arrêtée sur le palastre par des étoquiaux. — On appelle *demi-cloison* la cloison d'une serrure qui n'a pour hauteur que la moitié de la longueur du foncet. — On nomme aussi *cloisons* les petits murs en briques que l'on construit à l'intérieur d'un poêle pour faire circuler la fumée.

CLOU.

On le distingue par *clou à bateau*, qui est le plus commun ; le *clou à latte*, *clou à volige*, *clou à ardoise*, *clou délié* pour les menuisiers, *clou de liége* plus doux que le clou délié ; *clou à planche*, espèce de petite broche sans tête ; *clou à penture*, *clou d'épingle*, *clou rivé* en fer très doux pour attacher les pommelles, les pentures, etc.; *clou à crochet*, petit gond à pointe, etc.

COFFINER.

On dit que le bois se coffine ou se déjette lorsqu'il se tord sur sa longueur ou sur sa largeur.

COFFRE.

Faux tuyau de cheminée entre deux tuyaux véritables qui dévoient. — On fait souvent un coffre au droit du passage d'une poutre, d'une solive d'enchevêtrure, etc.

COL.

Le col d'un balustre est la partie supérieure placée au-dessus de la *panse*.

COL DE CYGNE.

On appelle ainsi la courbure que l'on donne à la tige d'un pivot à équerre, à un barreau de rampe, etc.

COLLE.

Matière avec laquelle les menuisiers réunissent plusieurs planches, —que les peintres emploient pour fixer les couleurs en détrempe.

COLLET.

C'est le petit solin en plâtre qui rebouche le dessous d'une marche d'escalier, et l'about côté du limon. —Partie la plus étroite d'une marche dansante. —C'est aussi le renflement d'une partie la plus voisine de l'œil d'une penture. — Extrémité des tuyaux entaillés qui facilite leur réunion.

COLLIER.

Cercle de fer ou bride portant deux branches à charnière que l'on ferme avec une broche ; il sert à maintenir un corps de pompe, un tuyau de poêle, etc. — On fait aussi des colliers sans charnière pour différens usages.

COLOMBAGE.

Hourdage de cloison en terre, recouvert ensuite en plâtre ou en mortier.

COLOMBIN.

Petites jouées ou cloisons au pourtour des carreaux de poêles.

COLIFICHET.

Petit panneau triangulaire qui occupe l'angle d'une feuille de parquet près le bâtis.

COLONNE.

Les colonnes portent le nom de l'ordre auquel elles appartiennent ; *colonne dorique , colonne corinthienne*. Elle se divise en trois parties, la base, le fût et le chapiteau. — C'est aussi le tuyau de terre cuite ou de faïence, orné d'une base et d'un chapiteau, qui enveloppe le tuyau de tôle d'un poêle.

COLONNE D'EAU.

C'est la partie d'eau que renferme la colonne verticale d'un corps de pompe.

COMBLE.

Charpente qui couvre un bâtiment ; — *en appentis,* à une seule pente; — *à deux égoûts,* qui a deux pentes; — *brisé*, qui a des mansardes ; — *en pavillon*, qui a quatre coupes; — *moisé*, dont les pièces qui retiennent l'écartement sont méplates, *moisées* et boulonnées. — Comble ou *toit :* c'est l'assemblage de toute la couverture d'un bâtiment.

CONCAVE.

Surface intérieure d'un corps rond.

CONDUCTEUR.

Employé aux ordres d'un architecte ou d'un ingénieur pour surveiller l'exécution des travaux, noter les journées d'ouvriers, les fournitures, etc.

CONDUIT.

Petite pièce en fer coudé et à pates, qui sert à guider la tige d'un verrou à ressort, pour les sonnettes ;—c'est un petit bout de fil de fer courbé et appointé aux deux bouts pour guider le fil de tirage. — Espace vide que l'on observe sous les plaques de foyer d'un poêle, pour le passage de l'air froid.

CONDUITES.

Tuyaux de plomb, ou de fonte, ou de terre qui portent les eaux d'un lieu à un autre. — On donne aussi le nom de *conduite* à des petits canaux pratiqués sous le carreau, pour diriger l'air extérieur dans le foyer d'une cheminée, ou pour conduire la chaleur.

CÔNE.

Figure dont la base est un cercle, et qui se termine en pointe.

CONGÉ.

Petit cavet qui joint un filet ou une autre moulure avec le nu d'une colonne ou d'un piédestal. — Masse de fer évidée en quart de cercle, rapportée aux extrémités d'un montant ou d'une traverse de grille, et à l'angle intérieur d'un pivot d'une équerre; souvent, et surtout dans ces dernières pièces, le congé est pris dans la masse du fer.

CONSERVE.

C'est un réservoir où l'on garde l'eau pour la distribuer dans les canaux ou aquéducs.

CONSOLE.

Support galbé qui sert à soutenir un balcon en saillie, ou autres.

CONTRE-ALLÉE.

Petites allées à côté d'une grande avenue ou d'une route.

CONTRE-ARÊTIER.

Nom de l'ardoise qui précède celle qui est coupée obliquement pour former l'arêtier.

CONTRE-CLEF.

On nomme ainsi les deux claveaux ou voussoirs qui se placent à droite et à gauche de la clef d'une voûte. — On appelle *contre-clef extradossée*, celle qui a la même hauteur que la clef.

CONTRE-COEUR.

C'est le fond d'une cheminée que l'on construit quelquefois en briques, ou que l'on revêt d'une plaque de fonte.

CONTREFICHE.

Dans un comble, pièce de bois assemblée obliquement dans l'arêtier et le poinçon ; en général, c'est une pièce inclinée destinée à diviser la portée d'une pièce horizontale.

CONTRE-FORT *ou* ÉPERON.

Pilier saillant d'un mur de revêtement pour soutenir la poussée des terres.

CONTRE-LATTE.

Tringle en bois mince et plate qui s'attachait entre les chevrons d'un comble pour consolider la tuile ou l'ardoise ; on ne s'en sert plus maintenant.

CONTRE-MARCHE.

On appelle ainsi la hauteur d'une marche ; — en menuiserie, c'est une planche assemblée à rainure et languette sur le devant de la marche.

CONTRE-MUR.

Mur appuyé ou lié avec un autre, ou entièrement isolé, pour remplir l'intervalle en glaise ou en blocage pour des bassins ou autres ouvrages semblables.

CONTRE-PANNETON.

Platine évidée qui sert à recevoir les pannetons d'une espagnolette.

CONTRE-POSEUR.

Ouvrier qui aide le poseur.

CONTRE-PROFIL.

C'est une moulure qui entre exactement dans une autre moulure faite à contre-sens de la première.

CONTRE-REVERS.

C'est, dans une chaussée creusée, le côté du ruisseau opposé au plus large.

CONTRE-RIVURE.

Petite plaque de fer battu, que l'on place entre le bois et une rivure.

CONTRE-VENT.

Volet uni, en planches emboîtées par le haut et barrées en bas, pour fermer à l'extérieur une baie de croisée.

CONVEXE.

Surface extérieure d'un corps rond.

COPAL.

Résine ou bitume jaune et transparent, qui sert à la composition des vernis gras.

CORBEAU.

Assise saillante en pierre pour porter quelques pièces de bois. — Morceau de fer carré, à scellement, ou à pate, selon son emplacement, qui sert à placer des tablettes, les lambourdes d'un plancher, etc.

CORBEILLE.

Pièce de biscuit ou de faïence, placée pour décoration sur les chapiteaux des colonnes de poêle.

CORDE NOUÉE.

Câble garni de nœuds auxquels les ouvriers accrochent une sellette et deux étriers, qui ont chacun un crochet que l'on fait entrer dans les nœuds ; les fumistes et les badigeonneurs se servent de la corde nouée.

CORNETTE.

(*Voyez* FER.)

CORNICHE.

Couronnement composé de moulures ; — partie supérieure de l'entablement d'un piédestal, d'un bâtiment, d'une pièce d'appartement ; on appelle *corniches architravées*, celles dont les moulures inférieures représentent l'architrave , parce que la frise est supprimée ;—*corniche rampante*, celle d'un fronton.

CORNIER.

On appelle *poteau cornier* celui qui fait l'angle d'un pan de bois, d'une cloison, etc.

CORROI.

Terre glaise pétrie avec les pieds, dont on entoure les bassins, une rivière ou une pièce d'eau quelconque, pour empêcher les filtrations.

CORROYER.

C'est dresser au rabot, mettre de largeur et d'épaisseur, une pièce de bois ou une planche. — C'est battre une barre de fer à un grand degré de chaleur, et l'étendre sous le marteau pour le rendre moins cassant. — C'est aussi pétrir la glaise avec les pieds pour en faire des corrois.

COUCHE.

Pièce de bois placée horizontalement sous les pieds des étais, ou verticalement sur les tableaux des portes et des croisées, dans les étresillemens, ou encore pour empêcher l'éboulement des terres dans une tranchée. — Sable que l'on répand sur le pavé après l'ouvrage fini; couleur que l'on étend sur les plâtres ou sur les boiseries. — Espèce d'enduit très mince de couleur en détrempe ou à l'huile; on appelle *couches de fond* les premières couches ; *couche de teinte* les dernières couches composées de substances colorantes.

COULÉ.

(*Voyez* FER).

COULER LA PIERRE.

C'est mettre du plâtre ou du mortier liquide dans les joints et entre les assises pour les sceller. — C'est verser le plomb chaud sur une table en pierre garnie de sable, ou dans un moule pour fabriquer des nappes ou des tuyaux.

COULEUR.

En peinture, c'est une matière naturelle ou artificielle, broyée et détrempée, soit à l'eau, soit à l'essence, soit à l'huile, dont on recouvre à plusieurs couches les murs, les plafonds et les boiseries.

COULISSEAU.

Platine en fer ou en cuivre portant un tirage ajusté dans deux conduits, auquel est attaché un fil de laiton pour faire mouvoir une sonnette.

COUP DE POLI.

C'est nettoyer un marbre quelconque, et lui redonner le lustre avec un bouchon de liége et de la potée.

COUPE.

Section perpendiculaire et horizontale d'un bâtiment ou d'un objet quelconque, qui en montre le profil et les contours extérieurs. — En menuiserie et en charpenterie, c'est la manière de disposer les joints d'assemblage : on dit *coupe d'onglet*, *fausse coupe*, etc.

COUPE A LA SCIOTE.

C'est se servir d'une sciote et de grès mouillé, pour couper des tablettes de marbre et autres ; on se sert aussi d'un couteau à dents pour les petits morceaux de pierre ou de marbre d'une densité médiocre.

COUPE A LA POINTE.

C'est faire une tranchée à la pointe et au maillet pour couper un carreau, ou mettre de longueur une tranche de pierre ou de marbre.

COUPE DU VERRE.

C'est la trace faite sur le verre par la pointe du diamant, pour le mettre de mesure.

COUPES DES PIERRES.

C'est l'art de tailler les pierres sur toutes les faces ; on l'appelle aussi *l'art du trait*. — Une coupe dans le dessin, c'est la section verticale d'un bâtiment quelconque.

COUPEMENT.

C'est l'action de couper l'about d'une pièce de bois.

COUPERET.

Marteau pesant, à deux pannes droites et tranchantes, qui sert à refendre le gros pavé en deux ou en trois sur l'épaisseur.

COUPEROSE BLANCHE.

Sulfate de zinc employé dans la peinture comme siccatif pour les couleurs détrempées à l'huile.

COUPLET.

Petite charnière à deux branches réunies par une broche ; il y en a de plusieurs sortes. *Voir* le *Manuel du Serrurier.*

COUPOLE.

Partie concave d'une voûte sphérique.

COULISSE.

Tringle dans laquelle est pratiquée une rainure pour recevoir les remplissages d'une cloison légère.

COULISSEAU.

Tringle en bois dans laquelle est une languette pour soutenir et faire glisser un tiroir.

COURBE.

Désignation de tout objet qui n'est pas droit, mais cintré sur le plan ou sur l'élévation.

COURBES.

Pièces de bois disposées ou coupées en arc de cercle, pour des voûtes et des combles circulaires.

COURÇON.

Bouts de planches destinés à faire les panneaux des feuilles de parquet d'assemblage. *Voyez* aussi *Fer.*

COURS D'ASSISES.

Suite de pierres posées bout à bout; *un cours de paremens*, un *cours de plates-formes.*

COURSE.

C'est la distance que le pêne d'une serrure parcourt au moyen de la clef; c'est aussi la mesure du mouvement d'un verrou à ressort.

COUSSINET.

Premier voussoir ou claveau d'une voûte ou d'une arcade dont le lit de dessous est posé sur la naissance ou l'imposte.— Morceau de métal recreusé sur lequel roule le tourillon d'une machine, dont l'arbre est horizontal.— Rouleau de paille natté dont les maçons se servent pour barder les pierres, et les couvreurs pour attacher au bout de leur échelle, ce qui les empêche de glisser et garantit les tuiles ou les ardoises sur lesquelles on les pose.

COUTEAU A RACOUTRER.

C'est un couteau dont se servent les vitriers pour relever les ailes du plomb de vitrages et en rabattre les bords.

COUTURE.

Jonction des tables de plomb ou des tuyaux.

COUVERTURE.

Nom générique de tout ce qui se pose sur la charpente des combles, comme tuile, ardoise, plomb, bitume, chaume, paille, etc. — C'est, dans une serrure, la plaque de tôle placée parallèlement au palastre pour cacher toutes les parties de l'intérieur; une partie de garniture est attachée à la couverture.

COUVERTURE A CLAIRE-VOIE.

C'est laisser entre chaque tuile le tiers environ de sa largeur.

COUVRE-JOINT.

Tringle de bois chanfreinée que l'on pose sur les joints des planches qui forment un auvent, ou autres, pour empêcher les eaux pluviales d'y pénétrer.

CÔTE.

Partie en saillie de l'un des battans du milieu d'une croisée à deux vantaux, et qui sert à recevoir les volets.

CÔTE DE VACHE.

(*Voyez* Fer.)

COYAUX.

Petits bouts de chevrons que l'on cloue à l'extrémité de ceux qui posent sur l'entablement, pour adoucir la pente du comble et donner la saillie nécessaire à l'égout.

COYER.

Partie de l'enrayure d'un comble qui est assemblée obliquement dans le poinçon.

CRAIE.

Pierre tendre et blanche que les peintres broient pour la mêler avec la céruse.

CRAMPON.

Morceau de fer plat, coudé d'équerre par les deux bouts, à pointes, à scellement, ou à pattes.

CRAMPONNET.

Conduit d'un verrou à ressort, rivé sur la platine ; dans une serrure, c'est le picolet qui tient la queue du pêne.

CRAPAUDINE.

Cube en fer ou en acier, creusé d'un trou, destiné à recevoir l'extrémité d'un pivot pour des portes cochères ou autres, ou l'axe de l'arbre d'une machine. — Plaque de plomb ou de cuivre percée de trous, que l'on soude à l'orifice d'un tuyau de descente, dans un chaîneau, ou dans le fond d'une cuvette, ou au tuyau d'une pierre d'évier, pour éviter que ces tuyaux soient engorgés.

CRÈCHE.

Entourage en bois autour d'une pile de pont pour faire un encaissement de maçonnerie.

CRÉMAILLÈRES.

Tringles de bois dentelées pour recevoir des tasseaux mobiles destinés à supporter les planches d'une bibliothèque. — C'est la queue du pêne d'une serrure à laquelle il y a plusieurs crans pour l'engrenage du pignon. — Tringle de fer sur laquelle sont rivés les pignons pour faire mouvoir les lames d'une persienne. — Tringle en fer plat, garnie de trous, pour lever un châssis à tabatière.

CRÉPI.

Couche de plâtre au panier, ou de gros mortier, que l'on étend sur les surfaces des murs en moellon ; le *crépi plein* est celui qui couvre entièrement le moellon ; le *crépi à pierre apparente* est celui qui ne couvre que les joints, ce qui se nomme aussi *rejointoyement* ; un *crépi moucheté* est une couche que l'on fait avec du plâtre gâché très clair, ou du mortier jeté au balai.

CRÊTE.

Scellement des faîtières pour les lier les unes aux autres.

CREUSET.

Fourneau à forge qui sert à affiner et vivifier les cendres du plomb qui restent après la fonte.

CRIC.

Machine à engrenage pour mettre les pierres en chantier. — Machine composée d'un rouage et d'une lanterne, par le moyen desquels on tire le mandrin après la fonte des tuyaux de plomb.

CROCHET.

C'est un petit piton à vis par un bout et courbé de l'autre, servant à fermer ou à tenir ouverts des volets, des croisées, etc. — Instrument dont les serruriers se servent pour ouvrir la serrure dont on n'a pas la clef. Il y a aussi des crochets de *faîtage*, de *combles*, de *chaîneaux*, etc.

CROCHET DE TUILE.

Petite éminence que le fabricant fait à l'extrémité de la tuile, et en dessous, pour l'arrêter sur la latte.

CROISÉE.

Fermeture vitrée éclairant les pièces d'un bâtiment. Une *croisée à glace* est celle qui n'a pas de montans de petits bois dans les châssis; une *croisée à petits bois* est celle qui a un ou plusieurs montans de petits bois; une *croisée à coulisse* est celle qui se lève dans des coulisses. On dit aussi *croisée à un vantail, à deux vantaux, croisée dormante*, etc.

CROISILLONS.

Petits bois qui remplissent les châssis de croisées. On donne ce nom, en général, à toutes les petites tringles en fer ou en bois qui forment la croix.

CROISSANT.

Petite tringle en fer rond garnie d'un bouton, que l'on scelle dans les jambages des cheminées pour recevoir les pelles et les pincettes; il y en a de simples et de doubles, à scellemens ou à tiges, etc.

CROIX DE SAINT-ANDRÉ.

On appelle ainsi deux pièces de bois de

charpente ou de menuiserie, croisées, qui se coupent diagonalement.

CROIX DE MALTE.

Terme de paveur : ce sont les quatre ruisseaux d'un carrefour où aboutissent quatre rues.

CROSSETTE.

Chambranle retourné aux angles ; — partie saillante d'un voussoir de voûte ou de plate-bande ; — plâtre que l'on fait de chaque côté et en avant d'une lucarne devant laquelle passe l'entablement ou aube d'un tuyau de cheminée, etc. ; — espèce de tasseau en plâtre sous une vue de faîtière.

CROUPE.

Partie d'un comble en retour de la face et qui couvre le pignon d'un bâtiment ; on appelle *demi-croupe* la partie du comble formant retour sur un appentis.

COUDE.

Bout de tuyau de poêle ployé d'équerre au milieu.

COULISSE.

Petite porte pratiquée dans la porte d'un poêle et servant à donner passage à l'air froid pour établir un courant.

CUBE.

Corps solide ayant trois dimensions : longueur, largeur et épaisseur.

CUEILLIE.

Arête saillante en plâtre façonnée avec une règle sur le bord des tableaux et embrasures des baies.

CUL DE CHAPEAU.

Nom des extrémités des platines des targettes et verroux, qui sont découpées en demi-rond.

CUL DE FOUR.

Voûte soubaissée ou surhaussée sur un plan circulaire.

CUL DE LAMPE.

Faux fond d'une serrure, ou bouton de porte tourné et profilé en relief.

CUL DE POULE.

Renflement de la tringle d'une espagnolette que l'on fait quelquefois au droit de la poignée pour lui donner de la force.

CULÉE.

Massif de maçonnerie qui soutient les arches d'extrémité d'un pont.

CULOTTE.

Gros bout de tuyau en fonte, en tôle ou en terre cuite, portant deux branches à son extrémité pour se réunir à des embranchemens.

CUNETTE.

Petit fossé que l'on creuse entre chaque arbre bordant une route ou une avenue, pour en retirer les eaux pluviales.

CURER.

Un puits, un canal, un étang, un bassin, etc. ; c'est ôter le gravier et la vase.

CUVETTE.

Vase de plomb ou de fonte de fer, que l'on fait de diverses formes, pour recevoir les eaux pluviales et les eaux ménagères, qui les conduit ensuite dans les tuyaux de descente. On en fait en faïence et en porcelaine pour les garderobes à l'anglaise.

CYLINDRE.

Solive dont la base et le sommet sont deux cercles égaux. — Rouleau en pierre ou en fer de fonte pour rouler sur le gazon.

CYLINDRES.

Rouleaux de fer fondu, d'un pied environ de diamètre, dont on fait usage pour laminer les tables de plomb ; ces rouleaux se resserrent pour amincir les tables à l'épaisseur que l'on veut.

CYMAISE.

Mouluré supérieure d'une corniche.

D.

DALLE.

Bande de pierre de 1 à 3 pouces d'épaisseur, et même quelquefois plus épaisse, que l'on emploie comme carrelage, ou de champ sur la retraite des murs, ou comme couronnement de murs de clôture, etc. On scelle aussi des dalles minces sous les montans, traverses, revêtemens et foyers de chambranles en marbre, pour leur donner plus de solidité.

DAUPHIN.

C'est ainsi que l'on nomme l'extrémité inférieure et coudée d'un tuyau de descente en fonte, qui jette les eaux sur le pavé ou sur une chaussée en pierre.

DÉ.

On appelle ainsi le fût d'un piédestal. C'est aussi un cube de pierre que l'on place sous un poteau de hangar ou autre, pour l'élever au-dessus du sol.

DÉBITER.

C'est scier de la pierre ou des bois sur la

longueur et l'épaisseur, selon les travaux à faire.

DÉBOÎTER.

C'est séparer une partie de tuyau de plomb, de fonte, ou autre, d'une autre partie semblable.

DÉBORDER.

C'est rogner les bavures des bords d'une table de plomb, avec une plane et un débordoir, pour les dresser et les unir.

DÉBORDOIR.

Instrument tranchant ayant une poignée de bois à chaque extrémité, et qui ressemble à une plane, dont se servent les plombiers pour couper les bords des tables de plomb.

DÉCAGONE.

Figure plane à dix côtés et à dix angles égaux.

DÉCANTER *ou* DÉCUPELER.

C'est transvaser l'eau, ou l'huile, de dessus les couleurs, le vernis, du dépôt qui se forme dessus, et la colle, de son pied.

DÉCHARGE.

On appelle *décharge de superficie* un tuyau soudé au bord d'un réservoir ou d'un bassin, pour l'écoulement du trop plein des eaux. — *Décharge de fond*, lorsque ce tuyau est au fond de ces bassins, et qu'ils sont bouchés d'une soupape pour les vider.

DÉCHARGES.

Pièces de bois posées obliquement dans un pan de bois.—Arcs construits dans l'intérieur d'un mur, destinés à soulager les plates-bandes ou autres constructions supérieures.

DÉCHARGER.

On dit que les couleurs déchargent lorsqu'elles perdent de leur force et de leur vivacité.

DÉCHET.

C'est la perte que les matériaux éprouvent par la mise en œuvre.

DÉCINTOIR.

Marteau à deux taillans, dont l'un est horizontal et l'autre vertical, à l'usage des maçons et des terrassiers.

DÉGAUCHIR.

C'est dresser le lit ou le parement d'une pierre. — C'est dresser une pièce de bois selon la place où elle doit être posée.

DÉGORGER.

C'est ôter avec une sonde les ordures et sédimens qui sont dans un tuyau et qui empêchent la sortie des eaux.

DÉGORGER *ou* DÉGAGER LES MOULURES.

C'est ôter la trop grande quantité de blanc d'apprêt que la brosse a laissée dans le fond des moulures.

DÉGRAISSER.

C'est séparer la soudure des parties de tuyaux ou de nappes de plomb, où elle est adhérente. — C'est, après avoir poncé les blancs qui doivent être dorés, passer un linge mouillé dessus, ou une brosse douce, pour nettoyer les parties salies par les mains des ouvriers. — C'est aussi frotter les teintes dures avec un chiffon et de l'esprit de vin. — C'est laver avec de l'eau seconde d'anciens fonds, à l'huile pour les repeindre.

DÉLARDEMENT *ou* DÉBILLARDEMENT.

Coupe en diagonale au parement du dessous des marches d'un escalier; — chanfrein sur les arêtes d'une pièce de bois.

DÉLARDER.

Couper de biais un lit de pierre.

DÉBILLARDEMENT.

Coupe sur la longueur d'une pièce de bois, dont on abat une partie triangulaire ou circulaire, comme pour un faîtage, un arêtier, une lisse, etc. On la nomme aussi *délardement*.

DÉLIT.

Pierre taillée et posée à contre-sens de son lit de carrière.

DÉMAIGRIR.

Rendre l'angle d'une pièce de bois plus aiguë; diminuer un tenon trop épais.

DÉMASTIQUER DES VERRES.

C'est ôter le mastic du pourtour des carreaux pour les lever.

DÉMAIGRIR.

Recouper en angle un peu aigu, le lit ou le joint d'une pierre, d'un claveau, etc.

DEMI-ANGLAISE.

Garderobe garnie d'un pot rond de faïence, garni d'un piston mobile qui se lève avec un crochet.

DENT DE LOUP *ou* BRUNISSOIR.

Outil dont se servent les doreurs pour brunir.

DÉPOLIR UNE PIÈCE DE VERRE.

C'est frotter une pièce avec une autre, ou avec un morceau de grès et du sable, pour en ôter la surface lisse et luisante.

DÉSASSEMBLER.

C'est séparer les pièces de bois qui composent une cloison, un plancher, une porte, etc.

DESCENTE.

Voûtes inclinées pour descentes de cave. —
Poterie d'aisances ou des eaux pluviales. —
Suite de tuyaux de plomb dans lesquels tombent les eaux des chaîneaux, des éviers et des cuvettes établis à l'extérieur des maisons d'habitation.

DÉTREMPE.

Couleurs infusées et broyées à l'eau, et détrempées à la colle. — La *détrempe vernie* est celle qui est recouverte d'une ou deux couches de vernis.

DÉTREMPER.

C'est mêler une couleur broyée à l'eau avec de la colle chaude, ou de l'huile, de l'essence ou du vernis, à une couleur préparée à l'huile ou à l'essence.

DÉVELOPPEMENT.

Figure détaillée des surfaces qui composent les solides.

DEVERS.

Pièce de bois qui n'est pas droite, relativement à ses angles et à ses côtés. — C'est aussi l'inclinaison que l'on donne aux pièces en les posant en place.

DÉVÊTIR.

C'est déposer ou désassembler une pièce de bois sur le tas.

DÉVOYER.

Tuyau de cheminée ou chausse d'aisances que l'on construit hors d'aplomb.

DIABLE.

Voiture à deux roues, très basses, ayant un timon, pour traîner à bras les pierres et les pièces de bois.

DIAGONALE.

Ligne droite passant d'un angle à l'autre d'un carré ou parallélogramme.

DIAMANT.

C'est un éclat de diamant enchâssé dans une virole en cuivre, emmanché d'un petit manche de bois, dont les vitriers se servent pour couper le verre.

DIAMÈTRE.

Ligne droite passant du point de centre d'un cercle aux deux côtés de la circonférence.

DISSOLVANT.

Liquide propre à dissoudre les résines qui entrent dans la composition des vernis.

DOLER LE PLOMB.

C'est enlever les bavures du plomb qui se forment dans la lingotière.

DORURE.

On appelle de ce nom l'or appliqué sur la surface des corps; il y a de la *dorure sur apprêts*, ou en détrempe, *dorure à l'huile*, *dorure mate, dorure brunie, dorure sur métaux*, etc.

DOUBLE TAILLE.

Deuxième taille faite sur une première, ou sur un sciage, pour creuser un caniveau, pour arrondir une tablette de bahu, pour dégager des moulures épannelées. C'est aussi celle qui a lieu après un refouillement ou un évidement d'angle.

DOUELLE *ou* INTRADOS.

Parement intérieur d'un voussoir.

DOUILLE.

Pièce cylindrique en fer ou autre métal, destinée à recevoir une autre pièce de même forme, mais pleine, comme un bout de crochet, un bouchon, etc.

DOSSES.

Levées que l'on fait à la scie sur une pièce de bois pour l'équarrir. — C'est aussi un plancher d'une certaine épaisseur, servant à faire des couchis sur les cintres de voûtes, ou à retenir les terres dans une tranchée, ou encore à garnir des bâtardeaux, etc.

DOSSERET.

Partie de mur en saillie destiné à porter des plates-bandes ou un arc doubleau.

DOUVE.

Mur de douve, mur intérieur d'un bassin, derrière lequel est un conroi de glaise.

DRESSER.

Equarrir une pierre ou une pièce de bois pour rendre les faces opposées égales. — C'est aussi passer la règle sur le parement d'une pierre, et cingler le cordeau sur une pièce de bois avant de l'équarrir.

E.

EAU FORCÉE.

C'est une eau chassée avec force dans un tuyau dont le réservoir est élevé.

EAU SECONDE.

Eau acidulée au moyen de la potasse, qui sert à détruire les anciennes couleurs et les anciens vernis. — On fait aussi de *l'eau seconde*, en mêlant un peu d'eau forte dans de l'eau ordinaire.

ÉBARBER.

C'est ôter, avec des brosses, le sable de

dessous les tables de plomb coulées sur sable, avant de les passer au laminoir.

ÉBAUCHE.

Première taille d'un bloc de pierre ou d'une pièce de bois.

ÉBAUCHOIR.

Gros ciseau qui sert au charpentier pour ébaucher les mortaises et les embrèvemens et à faire divers coupemens sur le tas.

ÉBOUSINER.

Enlever au marteau le bousin ou partie tendre du lit d'une pierre.

ÉCAILLER.

C'est nettoyer le plomb avec une gouge ou un ciseau, avant d'y appliquer la soudure. — C'est la même chose qu'*aviver*. (*Voir* ce mot.)

ÉCAILLURES.

Pellicules de plomb qui ont été enlevées avec le ciseau ou le grattoir, pour mettre la soudure.

ÉCHAFAUD.

Espèce de plancher provisoire que l'on fait avec des écoperches, des boulins et des madriers, pour s'élever à la hauteur des endroits où l'on travaille. — On en fait aussi en charpente. — On appelle *échafauds volans* ceux qui ne montent pas de fond et qui ont seulement pour points d'appui des croisées, balcons, etc. — *Echafauds à bascule* ceux qui sont basculés par des pièces de bois dans l'intérieur des appartemens, ou par tout autre moyen.

ÉCHAPPÉE.

On appelle ainsi la hauteur qui existe entre deux révolutions d'escalier ou entre les marches et la voûte d'une cave.

ÉCHARPE.

Cordage lié à la tête d'un engin ou d'une chèvre, et arrêté à l'autre extrémité pour les maintenir en place. — Dans quelques machines, c'est une pièce de bois avancée à laquelle est fixée une poulie.

ÉCHAUDAGE.

Couche de chaux détrempée pour blanchir les murs.

ÉCHELIER *ou* RANCHER.

Longue pièce de bois traversée de *ranches,* ou petits échelons, pour descendre dans une carrière ou pour monter à une grue.

ÉCHIFFRE.

Partie du pied d'un escalier composée du noyau et du limon.

ÉCOINÇON.

Partie de mur comprise entre l'angle intérieur d'une pièce et l'arête de l'embrasement d'une porte ou d'une croisée.

ÉCUMES.

Parties de plomb qui ont perdu leur phlogistique lors de la fusion. Ces parties se tirent de la chaudière; le plombier les revivifie ensuite au creuset. — Les ouvriers les nomment aussi *crasses* et *cendrées*.

ÉGRAINER.

C'est frotter légèrement, avec une pierre ponce, la surface des blancs d'apprêt, avant de coucher de teinte.

ÉGRISER.

Première opération du poli des marbres. Elle consiste à frotter la surface avec un morceau de grès ou un fer, sous lesquels on met du grès pilé et mouillé. — C'est frotter le bord ou la surface de deux glaces ou de deux verres blancs avec du grès fin pour les dresser.

ÉLÉVATION.

On appelle ainsi un dessin représentant géométralement un objet, suivant ses mesures horizontales et verticales.

ELLIPSE.

Section du cône oblique à son axe et à ses côtés, et qui produit l'*ovale*.

ÉMAIL.

Vernis composé de verre, d'étain et de plomb, qui sert à couvrir la surface des pièces de faïence, pour faire les poëles et leurs colonnes.

EMBARCADÈRE.

Degrés, ou pente construite dans le mur de douve d'un bassin ou d'un canal, pour arriver au niveau des eaux et pour faire aborder les chaloupes.

EMBASE.

Bout de table de plomb que l'on place au bas d'un arêtier de comble couvert en ardoise. — Moulures en cuivre que l'on rapporte au bas d'un barreau de rampe, de grille ou de balcon.

EMBOITER.

C'est faire entrer des tuyaux les uns dans les autres. On les réunit aussi par des brides en fer ou par des nœuds de soudure.

EMBRANCHEMENT.

Réunion de plusieurs tuyaux par des nœuds de soudure.

EMBRASEMENT.

Évasement intérieur des jambages des portes et croisées.

ÉMERI.

Poudre métallique qui sert à polir le marbre.

EMPATTEMENT.

Saillie ou plus épaisseur d'un mur de fondation sur celui en élévation qu'il supporte.

EMPAUME.

Petits carrés saillans qu'on laisse provisoirement sur les paremens d'un tambour de colonne, pour en faciliter le transport et la pose.

EMPRUNT.

Trace éloignée des lignes véritables, dont on ne peut approcher lorsqu'on prend quelques mesures.

EMPORTE-PIÈCE.

Outil taillant, fait en forme de croissant, dont les plombiers se servent pour percer les trous des crapaudines, des gouttières, etc.

ENCASTRER.

C'est réunir deux pierres par entailles ou feuillures.

ENCAUSTIQUE.

Diverses substances mêlées, que l'on étend sur le carreau ou sur le parquet, pour en rendre la surface colorée et luisante, en le frottant avec de la cire.

ENCHEVAUCHURE.

Jonction à recouvrement de deux nappes de plomb l'une sur l'autre.

ENCOLLAGE.

Première couche que l'on étend sur les bois et les plâtres, avant de mettre les blancs.

ENCOLLER.

C'est étendre de l'eau collée sur des bois ou du plâtre, soit pour les peindre, soit pour les vernir.

ENCORBELLEMENT.

Saillie en porte-à-faux sur le nu d'un mur, formée par une ou plusieurs pierres, pour l'élever sur les autres par saillies graduelles.

ENDUIT.

Couche de plâtre fin que l'on applique sur le crépi.

ENFOURCHEMENT.

Angle solide, formé de la rencontre de deux douelles de voûtes.

ENGIN.

Machine composée d'une sole et sa fourchette, d'un poinçon, de plusieurs moises et
contrefiches, d'un rocher, d'un treuil à bras,
d'une jambette, d'une sellette, de deux huis
et d'un fauconneau avec ses poulies. Elle sert
à élever des fardeaux.

ENGRAVER.

C'est fixer, avec de petits clous, l'extrémité d'une bande de plomb sur une autre,
sur les pieds ou sur le devant d'un poteau,
d'une lucarne. On appelle cette jonction *en-
gravure*.

ENTABLEMENT.

Assemblage de moulures qui couronnent
un bâtiment ou un ordre d'architecture. Il
est composé ordinairement d'une architrave,
d'une frise et d'une corniche. Souvent, pour
un bâtiment, on supprime les deux premières parties.

ENTOISER.

Moellons ou meulière mis en tas régulier
pour en connaître la quantité cubique.

ENTRECOLONNEMENT.

C'est l'espace vide réservé entre deux colonnes.

ENTREVOUX.

Intervalle qui existe entre les solives d'un plancher. C'est aussi l'enduit en plâtre que l'on fait entre ces espaces.

ENVELOPPE.

On appelle de ce nom la réunion des carreaux qui forment le corps d'un poêle de construction, ou la cloison en briques construite au pourtour.

ÉPANNELAGE.

Première taille en chanfrein d'une arête, avant de tailler une moulure. — Ce sont aussi les masses de pierres de granit qui doivent recevoir des sculptures.

ÉPANNELER.

C'est abattre les arêtes d'une pierre ou d'un marbre carré, pour le rendre octogone ou circulaire. — C'est aussi ébaucher une moulure.

ÉPAUFRURE *ou* ÉCORNURE.

Éclat sur l'arête d'une pierre.

ÉPAULÉE.

Maçonnerie de murs que l'on fait en reprise et en sous-œuvre, partie par partie ou par redents.

ÉPERON.

Piliers adhérens à un mur de terrasse, pour maintenir la poussée des terres.

ÉPI.

Briques posées diagonalement et en chevron contrarié, tel que le parquet en point de Hongrie.

ÉPINGLES.

On appelle de ce nom des gouttes de soudure qui percent le tuyau de plomb que l'on soude.

ÉPONGES.

Ce sont, en plomberie, les deux bords mobiles que l'on place sur la longueur d'une table à couler le plomb, pour donner à ces tables la largeur demandée. C'est sur les éponges que l'ouvrier fait glisser le râble.

ÉPOUSSETER.

C'est enlever, avec une brosse sèche, la poussière sur l'objet que l'on veut peindre.

ÉPURE.

Dessin, grand comme nature, d'une pièce de trait, d'un escalier, etc.

ÉQUARRIR.

Tailler une pierre ou une pièce de bois à

l'équerre, de sorte que leurs faces opposées soient parallèles et que toutes les faces soient à angle droit. — Rafraîchir les joints des vieux carreaux ou les réduire à une mesure plus petite.

ÉQUARRISSEMENT.

C'est tracer les pierres sans le secours des panneaux. — On toise aussi *par équarrissemens*. C'est mesurer la pierre à angle droit, suivant la forme qu'elle avait après les sciages, la taille des joints et des paremens, sans avoir égard aux évidemens, s'il y en a.

ÉQUERRE.

C'est un instrument en fer, ouvert à 90 degrés et à biseaux en dedans, dont les vitriers se servent pour mettre les panneaux à l'équerre. Presque tous les ouvriers se servent d'équerre.

ESPACER TANT PLEIN QUE VIDE.

Laisser entre les solives, les poteaux, etc., le même espace que leur largeur.

ESSENCE.

Partie éthérée et huileuse de la térébenthine, qui sert à détremper les couleurs broyées à l'huile.

ÉTAIN.

Métal blanc et flexible. Le plus beau est celui qui nous vient d'Angleterre, et qui est connu sous le nom d'*étain à la rose* ou de *Cornouailles*. Ensuite vient l'étain *à baguette*, l'étain *de broc*, l'étain *de plat*, et enfin l'étain *de vaisselle*, qui est le plus commun de tous.

ÉTAMER.

C'est recouvrir le plomb d'une couche mince d'étain. Il faut que les parties de plomb que l'on veut souder soient *étamées* ou *blanchies*.

ÉTAMOIR.

Planche garnie d'une plaque de fer, sur laquelle les vitriers font fondre la poix résine et la soudure, pour faire des soudures.

ÉTEINDRE DE LA CHAUX.

C'est la délayer avec de l'eau pour la conserver ou pour l'employer.

ÉTOUPER.

C'est presser les feuilles d'or avec un tampon, pour les obliger à prendre sur la colle.

ÉVENTS.

Ouvertures faites aux moules des tuyaux de plomb ou de fonte, pour laisser échapper l'air lorsqu'on y verse le métal en fusion. — On les nomme aussi *ventouses*.

ÉVIDEMENT.

Refouillement fait dans une pierre. — Un *évidement simple* est celui dont la partie retranchée a été comptée par le toisé avec la pierre restant en œuvre. — L'*évidement avec déchet* est celui dont la pierre retranchée est déduite dans ce toisé.

ÉVOLUTIONS.

Ce sont les contours que l'on fait faire à la fumée, au moyen des cloisons de briques de champ et des planchers en tuile que l'on construit dans l'intérieur d'un poêle de construction.

EXHAUSSEMENT.

Élévation ajoutée à un mur ou autre partie de construction.

EXTRADOS.

Surface convexe extérieure d'une voûte.—On appelle *voûte extradossée* celle dont la surface extérieure est entièrement de niveau.

F.

FACE.

Moulure plate et peu saillante, comme les bandes d'une architrave.

FAITAGE.

Pièce de bois qui forme la partie angulaire du haut d'un comble sur laquelle portent les chevrons. — C'est aussi la nappe de plomb qui est placée sur le faîte d'un bâtiment, qui fait le chevron et qui recouvre de chaque côté le premier rang d'ardoises.

FARINEUX.

Peinture qui tombe faute de colle ou par l'humidité du mur sur lequel elle est appliquée ; — vernis qui n'est pas adhérent à la peinture.

FAUSSE COUPE.

Joint de tête oblique à la douelle d'une voûte.

FAUTE.

On appelle ainsi une crevasse qui s'est faite sur un tuyau de conduite en plomb.

FAUX PLANCHER.

C'est au-dessous d'un plancher ou de la pointe d'un comble, un rang de petites solives sur lesquelles on ne marche point, et destiné seulement à diminuer la hauteur d'une pièce.

FÈCES.

Dépôt qui se forme au fond du vase servant à faire le vernis, ou dans les barils d'huile de lin ou autre.

FEINT.

On appelle *bois feint*, *marbre feint*, etc., toute imitation peinte de ces objets.

FER.

Métal que le commerce désigne par diffé-rentes dénominations. — *Fer de roche;* — *demi-roche,* ceux du Berry et de la Lorraine; — *à martinet,* ceux de petit échantillon; — *en botte,* qui se livre par paquet; — *cour-son,* fer doux de forme irrégulière; — *cor-nette,* large et méplat; — *fer platiné, fer car-rillon, fer à seau, côte de vache, tringles, fer rond, fer plat, fer carré, fer écroui, fer forgé,* etc., etc.

FERMER.

C'est poser la clef d'une voûte ou d'une plate-bande. — C'est aussi poser la dernière pierre d'un cours d'assises, que l'on nomme *clausoir.*

FERMETURE

D'une cheminée : c'est l'extrémité inté-rieure d'un tuyau de cheminée dont l'ouver-ture est rétrécie pour diminuer la colonne d'air et placer la mitre.

FEUILLE D'OR.

C'est le petit carré d'or intercalé entre chaque feuille d'un livret de batteur d'or.

FEUILLURE.

Entaille carrée réservée dans les pieds droits d'une baie de porte ou de croisée.

FERRURES.

On appelle *pièces de ferrures* toutes les pièces de fer, comme serrures, verroux, *espagnolettes*, etc., peintes en noir au vernis ou d'un autre ton rechampi.

FICHE.

C'est une espèce de grand couteau qui sert à faire entrer le mortier dans les joints des pierres.

FICHER.

C'est l'action de faire entrer du mortier entre deux assises de pierres calées et posées, et remplir les joints en mortier clair ou en plâtre, après avoir bouché les bords de ces joints et des lits avec de l'étoupe.

FIL.

C'est, dans la pierre, une petite fente ou veine tendre qui divise la masse.

FILER.

Les peintres appellent *filer*, imiter des moulures de corniches et des joints, enfin tou-

tes les parties d'architecture qui se tracent
et se font à la règle.

FILET.

C'est une petite moulure carrée qui en accompagne une autre plus grosse. On l'appelle aussi *listel*.

FILIÈRES.

Veines ou crevasses verticales qui se trouvent dans les masses de carrières et qui in-
terrompent les bancs de pierre.

FLANELLE.

Les miroitiers se servent de petits morceaux de cette étoffe qu'ils attachent sur le
parquet de glace, afin de préserver les glaces du frottement et de l'humidité.

FLÈCHE.

C'est, dans un arc, la ligne qui, passant
par le milieu de l'arc, est perpendiculaire à
la corde.

FLOTTEUR.

Tringle garnie d'une boule creuse en cuivre mince, que l'on ajoute à un robinet pour
le faire fermer par le seul secours de l'eau
contenue dans un réservoir.

FOND.

Mur de fond, pan de bois de fond.

C'est en général une construction élevée à plomb depuis la fondation jusqu'au haut d'un bâtiment. — En peinture les couches de fond sont les premières couleurs d'impression que l'on place avant les *couches de teinte*.

FONDANT.

Alcalis propres à la fusion des sables pour fabriquer le verre.

FONDEMENT, *ou* FONDATION.

C'est la partie des murs d'un bâtiment qui est au-dessous du sol.

FORME.

Lit de recoupe ou de poussier que l'on étend sur l'aire d'un plancher pour le carreler. — De sable ou de ciment sous le pavé.

FORGER LE PLOMB.

C'est le frapper avec des masses.

FOUR.

Coffre en tôle fermé par une porte, que l'on place au-dessus du foyer d'un poêle.

FOURNEAU.

Construction établie dans des souterrains pour échauffer les pièces supérieures, ou pour alimenter des courans de chaleur. (Voyez *Pompe d'appel.*)

FOURNEAU POTAGER.

Construction en briques ayant des réchauds et un cendrier pour faire la cuisine.

FOSSE D'AISANCES.

C'est le lieu pratiqué en meulière avec un
enduit de mortier au-dessous ou au niveau
du sol des caves, dont le fond est pavé, pour
recevoir les matières qui tombent par les
tuyaux des cabinets d'aisances. — On appelle
fosse à chaux une cavité fouillée dans la
terre pour faire couler et conserver la chaux
éteinte.

FOSSÉS.

Creux pratiqués à l'extrémité du moule
où on coule le plomb, pour recevoir le surplus de cette matière lorsque le sable a passé
sur le moule.

FOUETTER.

C'est jeter sur les lambris du plafond, du
plâtre clair avec un balai de bouleau neuf,
pour le crépir et l'enduire ensuite.

FOURREAU.

Tuyau de cuivre que l'on rapporte au haut
d'un corps de pompe, pour servir de réservoir à l'eau montante.

FOYER.

Dalle de pierre ou de marbre doublée en
pierre au bas d'un chambranle en avant de

l'âtre de cheminée. *Un foyer à bande* est celui qui se compose d'un panneau entouré de bandes d'encadrement. *Un foyer à compartiment* se compose de plusieurs panneaux encadrés de bandes de diverses couleurs.

FOYER DE CHEMINÉE.

Vide observé dans les planchers de charpente, pour la construction des cheminées; — c'est, dans un poêle, l'emplacement réservé pour mettre le combustible. — C'est aussi la partie horizontale au niveau du parquet ou carreau, laquelle est comprise entre le contre-cœur et les jambages; on le nomme aussi *âtre*; — en marbrerie, c'est la table de marbre qui est au-devant de l'âtre et des jambages du chambranle.

FRANCHE (PIERRE).

C'est la plus parfaite des pierres, la plus pleine, la moins coquilleuse et d'un grain égal et fin.

FRESQUE.

Peinture à l'eau, faite sur un enduit de mortier frais.

FRETTE.

Cercle en fer ou en cuivre que l'on rapporte à divers objets pour les empêcher de se fendre et de s'écarter.

FRISE.

En maçonnerie, c'est la partie de l'entablement entre l'architrave et la corniche; —en menuiserie, c'est, en général, une partie lisse et unie entre des moulures horizontales. — C'est aussi un large champ que l'on peint ordinairement de couche brune, au bas des murs intérieurs.

FRITE.

C'est la calcination des substances propres à faire le verre, avant leur fusion.

FRONTISPICE.

C'est la face principale d'un grand édifice.

FRONTON.

Corniche triangulaire ou formée d'un segment de cercle qui couronne l'avant-corps principal d'un édifice ou d'une porte, croisée, etc.; la partie lisse au milieu se nomme *tympan*.

FROTTER.

C'est passer un linge sec sur la dernière couche d'assiette où l'or doit rester mat, pour qu'il s'étende mieux et qu'il soit plus brillant.

FROTTIS.

On appelle *faire des frottis*, étendre une couleur transparente pour imiter les nuances diverses de la matière que l'on peint, ou pour produire des effets de lumière.

FRUIT.

C'est une légère diminution en talus, et en dehors, de bas en haut d'un mur; le contre-fruit ou *surplomb* est l'inclinaison contraire. On monte toujours un mur avec un peu de *fruit*; *le surplomb* est un vice de construction ou un effet des tassemens.

FUMISTE.

Ouvrier chargé de faire tous les ouvrages pour diriger la fumée.

FUSÉE.

Chaux fusée, c'est celle qui se réduit seule en poudre, et n'est plus propre à être employée.

FUSIBLE.

Matière fusible, c'est celle qui change de nature, se fond et acquiert de la transparence à l'action du feu.

FUT.

Partie cylindrique d'une colonne entre la base et le chapiteau. —Outil en fer dans lequel on monte des mèches de diverses grosseurs pour percer des trous de goujon.

G.

GACHE *ou* BRIDE.

Espèce de croissant à scellement aux deux extrémités, pour maintenir les tuyaux de descente.

GACHER.

C'est détremper du plâtre avec de l'eau pour l'employer. — *Gâcher serré*, c'est mettre du plâtre seulement jusqu'à ce que l'eau qui est dans le fond de l'auge soit bue ; il sert alors à hourder les murs. — *Gâcher clair*, c'est mettre de l'eau de manière qu'il soit liquide ; il sert alors à gobeter et à enduire ou à traîner des moulures.

GALBE.

Taille circulaire qui a la forme d'un modillon ou d'une console. — Le chantournement d'un vase, d'un balustre, d'une console, etc.

GARDEROBE A L'ANGLAISE.

Cuvette de faïence ou de porcelaine ovale, fermée par un piston et lavée par un robinet qui y est toujours adapté. Les cuvettes rondes, sans réservoir, se nomment *demi-anglaises*.

GARGOUILLE.

Dalle de pierre recreusée, pour l'écoulement des eaux. On en fait aussi en moellon avec des enduits de ciment.

GARNIS.

Ce sont de petits moellons que l'on place en remplissage entre des moellons de plus forte dimension, ou derrière des carreaux de pierre.

GARNITURE.

Maçonnerie en tuile et en brique, que l'on fait à l'intérieur d'un poële, pour qu'il conserve plus long-temps sa chaleur.

GARNITURE DE POMPE.

C'est l'ensemble du clapet, des frettes en cuivre, du corps de pompe, des brides, etc., qui compose toute la pompe.

GAUDE.

Végétal dont on tire une couleur jaune.

GÉOMÉTRAL.

On appelle ainsi l'élévation d'un édifice dessiné sur une échelle sans le secours de la perspective.

GERBE.

C'est la réunion de plusieurs jets d'eau, formant ensemble une girande.

GERSEAU.

On nomme ainsi la corde qui entoure le

moufle d'une poulie, et qui sert à l'a-
marrer.

GERSURE.

Crevasse ou lézarde; c'est une fente dans
des enduits.

GIRON.

C'est la largeur de la marche d'un escalier,
sur laquelle on pose le pied.

GLACE.

Table plus ou moins grande de verre blanc
très épais, ayant les deux faces polies, et sur
une desquelles faces on pose des feuilles d'é-
tain préparé, et on coule du vif-argent pour
l'y fixer : on l'appelle alors *glace au tain*,
et *glace blanche* lorsque ses surfaces polies
restent nues.

GLACER.

C'est, en peinture, étendre légèrement
une couche transparente sur une autre.

GLACIS.

C'est une taille ou un enduit en pente sur
un mur de clôture, sur un entablement, ou
autrement, et qui facilite l'écoulement des
eaux. — Couche de couleur de peu de consistance, que l'on étend sur un fond pour
le rendre transparent.

GLAISE.

Terre grasse et compacte, qui, étant pétrie

et épurée, sert à empêcher les infiltrations des eaux des bassins, des réservoirs, etc. — On appelle *conroi* de glaise l'épaisseur de cette terre dont l'on entoure ces bassins.

GLAISER.

C'est faire, entre deux murs en maçonnerie, le conroi de glaise pétrie avec les pieds.

GOBETER.

C'est jeter avec la truelle ou avec la main, du plâtre passé au panier, gâché clair, ou du mortier, sur un mur ou un lattis quelconque, et l'étaler en même temps en passant la main dessus.

GODET.

Petit bassin que l'on fait avec du plâtre, sur les joints des pierre, pour y introduire du coulis quand les assises sont trop serrées pour les ficher. On coule ainsi le dessous d'un dallage.

GOMME.

Suc aqueux et gluant, qui sert à la composition des vernis.

GOMME-LAQUE.

Résine dure, qu'on emploie dans la composition des vernis; elle sert aussi dans la dorure à l'huile, pour couvrir les teintes dures avant de les coucher de mixtion.

GORGE.

Monture concave ayant la forme d'un quart de cercle ou une courbure à volonté ;— une *gorge de cheminée*, l'endroit circulaire intérieur, derrière le manteau.

GOUGE.

Outil arrondi et taillant, en forme de rigole, qui sert à pousser à la main les moulures en plâtre, en raccordant des parties traînées au calibre.

GOUJON.

Bout de petit fer rond, ou de bronze, que l'on incruste dans des assises pour les maintenir l'une sur l'autre.

GOUSSET.

Languette en plâtre pratiquée à l'intérieur d'un tuyau de cheminée pour diriger la cheminée ou pour envelopper le bout d'une pièce de bois.

GOUTTE.

Petit ornement ayant la forme d'un petit cône tronqué, ou d'une petite pyramide, dont on fait usage particulièrement dans l'entablement de l'ordre dorique.

GOUTTIÈRE.

Canal en plomb, en zinc, ou en fer-blanc, pour recevoir les eaux pluviales entre deux

combles, ou sur le devant des égoûts ; on en
fait aussi en bois de chêne recreusé.

GRADINE.

Outil d'acier, refendu de quatre dents,
pour dégrossir les paremens du marbre. On
l'appelle *gradine à grain d'orge*, lorsqu'elle
a six dents : on s'en sert avant la précé-
dente.

GRAINE D'AVIGNON.

Fruit dont on tire une couleur jaune qui
sert à faire des stils de grain.

GRANIT.

Matière très dure, composée de quartz,
schorl, mica et spath ; il y en a de violets,
rouges, verts, etc. On en fait ordinairement
des bordures de trottoirs pour les quais, des
marches, des bornes, des dallages, etc.

GRAISSER.

C'est enduire de mastic les goujons et
agraffes que l'on introduit dans les pierres
ou dans les marbres, pour empêcher l'oxi-
dation.

GRAS.

On dit que le mortier est gras lorsqu'il y
a beaucoup de chaux. Lorsqu'il n'y en a pas
assez, le mortier est *maigre*.

GRATTER.

Les peintres *grattent* les anciennes peintures et les détruisent avec un grattoir avant de repeindre.

GRATTER A VIF.

Lorsque le peintre enlève toute l'ancienne peinture sur des boiseries.

GRATTOIR.

Sorte de triangle en fer, armé d'un manche, qui sert aux peintres à gratter les anciennes peintures, et aux plombiers à aviver le plomb avant de le souder.

GRÈS.

Espèce de rocher que l'on tire des lieux sablonneux. Il y a du grès dur qui sert à paver les routes, etc. Le grès tendre est employé à bâtir, dans les pays où cette matière est commune. On appelle ces sortes de constructions *ouvrages en gresserie*.

GRÉSILLER.

C'est façonner les bords des pièces de verre. — On appelle *grésoir* ou *grugeoir*, l'outil avec lequel on fait ce travail.

GRÈVE.

Gros sable que l'on trouve sur les rives des fleuves et des rivières, et dans quelques parties de la terre. Ce sable fait de bon mortier.

GRIS.

Couleur dont on peint ordinairement les boiseries intérieures, et qui se compose de blanc avec un peu de noir ou de bleu.

GRISAILLE.

Couleur commune qui se compose de noir avec un peu de blanc.

GRUE.

Grande machine servant à élever de grands fardeaux. On appelle *gruau*, une grue plus petite, mise en mouvement par un tourniquet.

GRUGER.

C'est égrainer le marbre en perçant un trou avec la marteline ou la boucharde, pour ébaucher des parties de sculpture.

GUEULE-DE-LOUP.

Coude du tuyau en tôle qui se place sur le haut d'une cheminée, et qui tourne de manière que son orifice est toujours opposée aux vents.

GUINDAGE.

On appelle ainsi l'assemblage de moufles, poulies, halemens et cordages, qui s'adaptent à une machine destinée à élever des fardeaux. Élever ces fardeaux, c'est les *guinder*.

GYPSE.

Pierre qui se réduit en plâtre par la calcination.

H.

HACHER.

C'est dégrossir le parement rustiqué d'une pierre avant de le layer. C'est aussi détruire avec une hachette les anciens enduits d'un mur pour faire des plâtres neufs.

HACHETTE.

C'est une espèce de marteau de maçon dont la panne est tranchante. Son nom désigne assez son usage.

HARPES.

Excès ou queue des pierres d'encoignure ou des extrémités d'un mur de face, pour faire liaison avec les murs que l'on pourra élever par la suite. — On appelle ainsi les pierres plus longues que celles qui forment les deux paremens des murs.

HAUBAN.

C'est un très gros cordage que l'on adapte à une chèvre ou à une autre machine par l'une des extrémités, et de l'autre à un pieu, à un arbre ou à un bâtiment voisin pour la maintenir dans la direction verticale. Une machine se maintient ainsi à l'aide de deux ou trois haubans.

HÉBERGE.

C'est l'étendue en longueur et en hauteur qu'occupe un bâtiment sur un mur mitoyen.

HÉMICYCLE.

C'est l'épure d'un arc de voûte divisé pour tailler les voussoirs. — C'est aussi les panneaux et les cerces qui servent à tailler ces voussoirs.

HEURT.

On nomme ainsi la partie d'un conduit qui est plus élevée qu'elle ne devrait être relativement à son niveau de pente.

HIRONDELLE.

Rond de tôle rapporté au pourtour extérieur d'un tuyau pour renvoyer les eaux pluviales.

HORS-ŒUVRE.

Mesure prise en dehors d'un objet.—*Dans-œuvre* est la mesure prise en dedans. — *Reprendre en sous-œuvre*, c'est reprendre des murs par-dessous, en étayant les parties supérieures.—*Mettre en œuvre*, c'est employer des matériaux, les façonner et les mettre en place.

HORIZONTAL.

On nomme ainsi tout ce qui est parallèle à l'horizon, c'est-à-dire *de niveau*.

HOTTE.

Partie d'un tuyau de cheminée de cuisine, depuis le manteau jusqu'au plancher. — On donne ce nom à une cuvette en entonnoir qui reçoit les eaux de cuisine à l'extrémité d'un tuyau de descente.

HOURDER.

C'est maçonner un pan de bois, un plancher, ou des murs, soit en mortier, soit en plâtre.

HOURDIS.

Maçonnerie en plâtras et plâtre, ou en mortier, des remplissages des cloisons et des pans de bois, et entre les solives des planchers.— *Hourdir*, c'est garnir de plâtre ou de mortier les murs en moellons. — *Hourdir à bain de plâtre* ou *de mortier*, c'est verser à pleine auge ces matières sur l'assise arrasée, avant et après le placement des moellons, afin de remplir très exactement toutes les cavités.

HUILE.

La peinture emploie plusieurs espèces d'huile pour broyer et détremper les couleurs, savoir : l'*huile de lin*, l'*huile de noix*, l'*huile d'œillet* et l'*huile grasse*.

HYDRAULIQUE.

Art qui enseigne à mesurer, à diriger et à élever les eaux.

I.—J.

JAMBAGE.

Construction en maçonnerie élevée à plomb, pour soutenir quelque portion d'un bâtiment. On dit jambage de *porte*, de *croisée*, d'*arcade*, de *cheminée*, etc.

JAMBE ÉTRIÈRE.

C'est un pilier en pierre qui fait partie d'un mur de face, élevé entre deux propriétés dont les assises sont en partie engagées dans le mur mitoyen, et forment en même temps tableau de porte cochère, bâtarde, d'allée, ou de boutique. — Une *jambe d'encoignure* est celle qui fait l'angle des deux faces d'un bâtiment isolé. — Une *jambe sous poutre* est celle engagée dans le corps du mur en maçonnerie, et qui est élevée sous la portée des poutres. C'est ce qu'on nomme des *chaînes*. — Une *jambe boutisse*, c'est celle dont la queue des assises est engagée dans un mur de refend, en sorte que les deux paremens sont en joints, et qu'un des joints fait parement.

JARRET.

Sinuosité qui se trouve sur un parement de mur mal taillé.

JAUGE.

Morceau de cuivre sur lequel sont tracées des lignes et des pouces , qui servent à connaître l'eau contenue dans un réservoir. On appelle aussi *jauge* une cuvette divisée par compartimens pour mesurer les eaux.

JAUGER.

C'est appliquer une règle sur un ouvrage ou autre matière d'une largeur et d'une épaisseur donnée, pour le faire droit et parallèle.

JAUNIR.

C'est appliquer une couche de teinte légère d'ocre détrempée à la colle sur les blancs de dorure, avant de les coucher d'assiette.

JET.

Espèce d'entonnoir par lequel on verse le plomb en fusion dans le moule propre à faire les tuyaux.

JET D'EAU.

Ajoutoir en cuivre fixé à l'extrémité d'un tuyau dans un bassin , et par lequel l'eau, en sortant, forme le jet.

JEU D'ORGUE.

L'on nomme ainsi un soubassement composé de trois planches en plâtre placées sous le manteau d'une cheminée, et percées de trous pour le passage de l'air froid qui doit refouler la fumée dans le foyer.

IMPOSTE.

Assise en pierre qui termine un jambage ou pied-droit, et sur lequel on pose le coussinet ou sommier d'une arcade. Une imposte est souvent décorée de moulures.

IMPRESSION.

Premières couches à l'huile dont les substances sont entrées dans les pores du bois.

IMPRIMER.

C'est étendre avec la brosse les premières couches de couleurs à l'huile.

INCRUSTEMENT.

C'est un carreau de pierre neuve à la place d'un autre dans une assise.

INTRADOS.

Surface intérieure d'une voûte, d'un arc, d'un voussoir, d'une plate-bande.

JOINTS.

C'est, en général, l'espace qui reste entre

deux pierres posées. On remplit ces joints avec du plâtre ou du mortier; ils sont ou verticaux, ou inclinés, ou horizontaux, soit qu'il s'agisse d'assises du mur, ou d'arcades de voûtes, etc. — Des *joints en coupe* sont ceux inclinés, tendant au centre des claveaux d'une voûte, d'une arcade, ou d'une plate-bande. — *Joints de tête*, ceux en coupe apparens, et formant parement à la douelle d'une voûte ou au plafond du tableau sous une plate-bande. — *Joints dérobés*, ceux d'aplomb sur la face, et inclinés sur le derrière des claveaux. — *Joints démaigris* ou *à une ciselure*, ceux des assises qui n'ont qu'un parement, comme pour les murs de revêtemens ou autres semblables. — *Joints mâles et femelles,* dont l'un porte un tenon, et l'autre une entaille.

JOINTIF, LATTIS JOINTIF.

C'est celui dont les lattes sont clouées très près les unes des autres, comme pour un plafond, une cloison sourde, etc.

JOINTOYER.

C'est remplir avec du mortier ou du plâtre les joints des assises d'un mur.

JOUÉES DE LUCARNE.

Ce sont les deux côtés triangulaires hourdis et enduits en plâtre, couverts quelquefois en ardoise à l'extérieur.

JOUR.

On appelle ainsi toutes les baies faites dans les murs pour éclairer l'intérieur d'un bâtiment.

L.

LABOUR.

Outil de plombier, en forme de pelle, qui sert à remuer le sable du moule à table, après l'avoir arrosé.

LAIT DE CHAUX.

Chaux détrempée dans beaucoup d'eau pour blanchir les murs et échauder les écuries.

LAITON.

Métal jaune et factice ; c'est la même chose que le *cuivre jaune*.

LAMBOURDE.

Pierre tendre, d'un haut appareil, que l'on tire des carrières de Saint-Maur et de celles des environs de Paris.

LAMBRIS.

Plafonds rampans qui se font sous les combles.

LAMES DE PLOMB.

Ce sont des morceaux de plomb très minces.

LAMINER.

C'est passer le plomb ou le fer sous le laminoir.

LAMINOIR.

C'est une machine sous laquelle on comprime les métaux que l'on veut réduire à une faible épaisseur.

LANCIS.

Moellons, meulières ou garnis, que l'on met de distance en distance dans de vieux murs en remplacement de ceux qui sont pourris ou délités.

LANGUE.

Bout de tuyau aplati, fixé à l'extrémité d'un robinet en cuivre, qui jette l'eau en nappe dans la cuvette d'une garde-robe.

LANGUETTE.

Petit mur en plâtre, de 3° d'épaisseur, ou en brique, de 2° ou de 4°, pour les tuyaux de cheminées. On nomme *languette de face*, celle sur le devant du tuyau, et *languette costière*, celle en retour ; *languette de dossier*, celle du fond ; *languette de refend*, celle qui sépare deux tuyaux dans une souche de plusieurs cheminées.

LANTERNE.

Sorte de petit dôme ou de petit comble

vitré pour éclairer une galerie, un escalier, etc. — Roue d'un cric qui est au haut du mandrin qui sert à monter les tuyaux de plomb.

LAQUE.

Espèce de pâte rouge ou jaune que les peintres mêlent avec du blanc pour faire diverses teintes.

LARMIER.

Gros membre carré d'une corniche ou d'un entablement, dont le plafond est refouillé en canal pour faire égoutter l'eau, et qu'on appelle *mouchette*. On fait aussi un *larmier* sous les saillies d'un chaperon de mur de clôture.

LATTE.

Bois de chêne refendu suivant son fil, dans les forêts, de 4 p. de long sur 15 à 18 l. de large, et 2 à 3 l. d'épaisseur, pour être employé à différens usages dans les bâtimens.

LATTIS.

Poser la latte et la clouer sur les solives d'un plancher ou sur un pan de bois, etc. On appelle *lattis à claire-voie*, poser les lattes éloignées les unes des autres, et *lattis jointif*, lorsqu'elles se touchent.

LAVER.

C'est plonger dans l'eau les cendres du

plomb coulé et le remuer pour séparer ce qui reste de bonne matière.

LAYER.

Tailler la pierre avec la *laye* ou marteau bretelé; c'est le dernier travail d'un parement que l'on frotte cependant quelquefois au grès après l'avoir layé, et particulièrement sur la pierre dure, d'un grain fin.

LÉGERS OUVRAGES.

On appelle ainsi tous les ouvrages faits en plâtre seul, ou sur un lattis.

LESSIVER.

C'est frotter d'anciennes peintures au vernis avec une brosse trempée dans l'eau seconde pour les enlever avant de les repeindre.

LEVIER.

Morceau de bois de brin qui sert à soulever des fardeaux en faisant une *pesée*.

LÉZARDE.

Fente qui se fait dans les murs en maçonnerie ou dans les plafonds et enduits en plâtre.

LIAIS.

Pierre très dure et très fine que l'on tire des environs de Paris.

LIAISON.

Manière d'arranger les pierres, les moellons et les briques lors de la pose, pour que les joints ne se trouvent pas les uns sous les autres. — Alliage de l'étain avec le plomb pour en former la soudure.

LIBAGE.

Pierre provenant du ciel des carrières, ou des bancs inférieurs, dont la pétrification n'est pas parfaite ; elle n'est propre que dans les fondations. On appelle indistinctement *libages* toutes les pierres employées dans les fondations, et qui sont brutes ou grossièrement taillées.

LIERNE.

Nervure d'une voûte d'ogive partant de la clef aux tiercerons.

LIGNE D'EAU.

C'est l'ouverture d'un tuyau qui a de diamètre la 144e partie d'un tuyau de 1° de diamètre.

LILAS.

Couleur composée de blanc, de laque et de bleu de Prusse.

LIMON.

Cours d'assises de pierres rampantes et en coupe qui porte l'extrémité des marches d'un escalier, et sur lequel pose la rampe. — C'est aussi, en charpenterie, le morceau dans lequel s'assemblent les marches.

LIMOSINAGE *ou* LIMOSINERIE.

Maçonnerie en moellon bourru, hourdé en mortier sans être parementé; c'est ainsi que l'on construit les fondations d'un bâtiment.

LINGOT.

Plomb qui sort des lingotières.

LISTEL.

Petite moulure carrée qui en accompagne une plus grande ou qui sépare les cannelures des colonnes.

LIT D'UNE PIERRE.

C'est la surface de dessous telle qu'elle se trouvait dans la carrière.— Le *lit de dessus* est celui sur lequel on pose l'assise supérieure.—On appelle *lit brut*, celui qui n'est pas ébousiné.—Si les lits sont inclinés, comme pour les claveaux d'arcades ou plates-bandes, on les nomme *lits en joints*; s'ils ne sont pas recouverts d'une autre assise, comme, par exemple, le dessus d'un balcon de mur, on les appelle *lits en parement*.

LITHARGE.

Chaux de plomb demi-vitrifiée, qui sert de siccatif dans la peinture à l'huile.

LIVRET.

Petit livre de papier mince et rougeâtre,

composé de vingt-six feuillets, qui contient vingt-cinq feuilles d'or.

LOUVE.

Ancienne machine en fer qu'on engage dans le lit supérieur d'une pierre, pour l'enlever et la mettre à sa place ; on ne s'en sert presque plus.

LOZANGE.

Figure géométrique à quatre côtés égaux, deux angles aigus et deux angles obtus.

LUNETTE.

Baie voûtée pratiquée dans une voûte, un arc de cloître, un berceau, dans un dôme, etc.

M.

MAÇON.

C'est l'ouvrier qui fait tous les ouvrages en plâtre, dans les ateliers de peu d'importance ; le maçon est aussi *limosin*, c'est-à-dire qu'il construit les murs, et *poseur*, parce qu'il pose la pierre, les dalles, les appuis, etc.

MADRIER.

Longues planches épaisses, en sapin ou en chêne, servant, les premières, aux échafaudages des maçons, et les dernières, dans les autres professions, à différens usages.

MANCHON.

Moule dans lequel on souffle le verre en feuille et le verre en table.

MANGANÈSE.

Minéral ferrugineux qui entre dans la composition du verre.

MANOEUVRE.

C'est le *garçon* qui sert un maçon, qui gâche le plâtre, etc.

MARBRE.

Pierre calcaire à cassure grenue, très compacte, et qui reçoit le poli. — On appelle *Marbre brut*, celui qui est en bloc, et qui n'a reçu aucune taille ni préparation. — *Marbre piqué*, lorsqu'il est taillé à la pointe. — *Marbre ébauché*, lorsqu'il est travaillé à la pointe ou au ciseau. — *Marbre poli*, celui qui a été frotté au grès, au bouchon de liége et à l'émeri. — *Marbre lustré*, s'il a été lissé et frotté avec le tampon de linge et la potée.

MARBRES FEINTS.

C'est du marbre imité en peinture. — On appelle *marbre veiné* celui qui représente toutes les couleurs, les veines, les taches, les cailloux et autres accidens de la matière. —

Marbre chiqueté, celui qui imite les granits.
—*Marbre jeté*, celui qui imite le porphyre.

MARCHE.

C'est la partie de l'escalier sur laquelle on pose les pieds ; le devant est la *hauteur* ; le dessus le *giron*; la longueur est l'*emmanchement*. — On dit qu'une marche est *droite* lorsqu'elle est renfermée entre deux lignes parallèles. — *Gironnée* ou *dansante*, lorsqu'elle a plus de giron d'un côté que de l'autre. — *Chanfreinée*, si le devant est taillé en chanfrein.—*Pleine*, si elle n'est pas délardée dessous. — *Délardée*, lorsque ce dessous est chanfreiné. — *Palière*, c'est la dernière marche d'un étage, qui fait le bord du palier et le dessous de la première marche de la révolution du dessus.

MARDELLE.

Pierre dans laquelle est percé un trou, suivant le diamètre d'un puits, et qui le couvre à hauteur d'appui.

MAROUFLER.

C'est couvrir avec des toiles collées le derrière des lambris, pour les empêcher de se fendre.

MARTEAU.

C'est un outil que tout le monde connaît. Il prend différentes formes en raison des professions de bâtimens : on appelle *marteau bretellé* celui dont les tailleurs de pierre se servent, et dont l'extrémité en biseau est refendue en forme de dents, pour layer la pierre.

MASCARON.

Masque ou tête de grotesque que l'on place à l'orifice d'un tuyau de décharge, d'une fontaine, ou seulement comme décoration.

MASSICOT.

Nom donné à la céruse calcinée sur un feu modéré, et qui sert à faire les teintes dures.

MASSIF.

On appelle ainsi tous les ouvrages de maçonnerie en moellons ou meulière, construits dans la terre pour asseoir des constructions supérieures, ou pour sceller des poteaux ou autres.

MASTIC.

Composition mêlée de diverses substances détrempées avec de l'huile ou d'autres corps gras, et qui sert à faire des enduits ou à remplir les joints des dallages, ou enfin à empêcher l'humidité.

MASTIQUER LE VERRE.

C'est remplir de mastic les feuillures dans lesquelles le verre est placé.

MAT.

On appelle ainsi les couleurs en détrempe qui ne sont pas vernies, ou l'or sur apprêt qui n'est pas bruni.

MATER.

C'est passer avec le pinceau une couche légère mêlée de safran, sur les parties de dorure qui n'ont pas été brunies.

MEMBRON.

Grosse baguette qui termine le bas de la bavette d'un bourseau. — C'est aussi la partie de plomb qui couvre la panne d'un comble de brisis.

MERCURE.

Demi-métal liquide servant à dissoudre en partie les feuilles d'étain, pour les mettre en contact avec le poli d'une glace.

MESURER A L'ÉQUERRE.

On mesure ainsi les carreaux de verre, c'est-à-dire que l'on prend ensemble la hauteur et la largeur.

MÉTOPE.

Intervalle carré entre les triglyphes de la frise de l'ordre dorique.

MEULIÈRE.

Sorte de moellon très dur et rocailleux,

et quelquefois très poreux, dont on se sert dans la maçonnerie, et particulièrement dans les fondations et pour les fosses d'aisances.

MINE DE PLOMB.

Substance qui sert aux peintres pour noircir et rendre luisant les contre-cœurs de cheminées.

MISE EN LIGNE.

C'est poser les moellons en parement d'un mur, entre deux lignes tendues de chaque côté de la maçonnerie.

MITRE.

Espèce d'entonnoir en tôle, en plâtre ou en terre cuite, que l'on place en haut d'un tuyau de cheminée. On en fait de diverses formes et grandeurs.

MIXTION.

Mordant qui sert à fixer l'or à l'huile. Il se compose avec de l'essence, des résines et du vermillon.

MODILLON.

Petite console en saillie, placée sous le larmier d'une corniche, sous un balcon ou sous les appuis des croisées.

MOELLON.

Pierre de petite dimension qui se tire des carrières à pierre. — On appelle *moellon piqué*, celui qui est taillé en vive arête, en lits, en joints et en parement. — *Essemillé*, celui qui est taillé grossièrement avec la hachette. — *Ebousiné*, celui qui est seulement équarri sur les lits et les joints, pour lui donner plus d'assiette. — *Brut* ou *bourru*, celui qui est posé tel qu'il est tiré de la carrière. — *Bloqué*, celui posé sans être mis en ligne, comme pour les massifs.

MOISE.

Bourrelets observés au milieu d'un corps de pompe en cuivre, pour y placer le collier en fer qui doit le fixer en place.

MOLETTE.

Morceau de marbre ou de pierre, de forme conique, dont on se sert pour broyer les couleurs.

MOLLETON.

Mélange de blanc de céruse avec beaucoup de blanc de Bougival.

MORTIER.

Composition de chaux mêlée avec du ciment ou du sable, dont on se sert pour joindre et lier les pierres, les moellons, la brique et la meulière. — Le *mortier gras* est celui dans lequel il y a beaucoup de chaux. — Le *mortier maigre*, c'est celui au contraire où on l'a trop épargnée.

MOUCHETTE.

Larmier d'une corniche; on l'appelle *mou-chette pendante*, lorsqu'elle est creusée ou refouillée dans le plafond. — Elle se fait avec une règle à mouchette, sur laquelle cette moulure est poussée, et que l'on traîne sous les plinthes où l'on doit les faire. — On appelle aussi *mouchette* les petits gravois qui restent au fond du panier lorsqu'on passe ce plâtre. Ces mouchettes se mêlent avec le gros plâtre pour faire du pigeonnage et des hourdis.

MOUFLE.

Assemblage de plusieurs poulies mobiles, dans une même chape, qui sert à enlever de grands fardeaux.

MOUFFLETTES.

Poignée composée de deux morceaux de bois creusés en dedans, dont les plombiers se servent pour sortir du feu le fer à souder.

MOULE.

Moule à tuyaux, cylindre creux, en cuivre potin, ouvert par les deux bouts, et garni d'un noyau ou mandrin à l'intérieur, dans lequel on verse le plomb pour couler un tuyau. — C'est une forte table de 15 à 20 p. de longueur, ayant des rebords nommés *éponges*, contenant, sur toute sa surface, une couche de sable fin d'environ 6 ° d'épaisseur, sur laquelle on coule le plomb.

MOULINET.

Treuil horizontal ou vertical, armé de leviers, pour rouler les cordages des machines qui élèvent des fardeaux. — C'est, chez les plombiers, une croix de fer par le moyen de laquelle on met le cric en mouvement lors du moulage des tuyaux.

MOULURE.

Saillie droite, carrée ou à courbure, dont plusieurs ensemble forment des corniches, des chambranles, etc. On appelle *moulures couronnées* celles qui ont un filet ou listel au-dessus.

MONTÉE DE VOUTE.

C'est la hauteur de la voûte, depuis le niveau de la naissance jusque sous la clef.

MOYE.

C'est une couche mince ou filet tendre qui se trouve dans les pierres et dans le sens du lit de carrière et qui la fait déliter.

MUID.

C'est une mesure, pour la chaux, qui contient six futailles, et pour le plâtre, trente-six sacs de chacun deux boisseaux.

MUR.

De *fondation*, celui qui est au-dessous des terres. — En *élévation*, tous ceux qui sont construits au-dessus du sol.—De *face*, ceux extérieurs. —De *refend*, à l'intérieur d'un bâtiment.—*Pignon*, mur latéral dont le haut est triangulaire suivant le comble.— De *dossier*, en exhaussement au-dessus du pignon pour adosser les tuyaux de cheminée. — *Aile de mur*, partie de mur-dossier qui excède les souches de cheminée. — *Mur de soubassement* ou *allége*, qui forme l'appui d'une croisée.—De *revêtement* ou de *terrasse*, qui soutient des terres. — D'*appui* ou de *parapet*, qui n'a que 2 à 3 p. de hauteur, et qui est terminé ordinairement par une dalle en bahu. —De *clôture*, qui renferme une enceinte de terrain, une cour, un jardin, sans supporter de bâtiment. — De *douve*, mur d'un réservoir ou d'un bassin, séparé du mur extérieur par un conroi en glaise.

N.

NAISSANCE.

D'une voûte, c'est le commencement de sa courbure. — C'est aussi une bande d'enduit de quelques pouces de largeur seulement, faite dans un angle rentrant, en raccordement des vieux plâtres.

NAPPE.

Table de plomb que l'on emploie aux chaîneaux, aux terrassons, etc.

NERVURES.

Parties saillantes sur les voûtes, qui forment des côtes sur les arêtes.

NOEUD.

C'est la masse de la soudure de deux tuyaux.

NICHE.

Renfoncement pris dans l'épaisseur d'un mur pour placer une statue, un vase ou un poêle.

NIVEAU.

C'est la ligne parallèle à l'horizon. — On appelle *niveau* l'instrument qui sert à reconnaître cette ligne.

NOQUET.

Morceau de plomb ayant la dimension d'une ardoise, et que l'on place le long des joints des lucarnes et des cheminées, et sous les crochets de service.

NOYAU.

C'est un cylindre qui monte de fond et qui porte les retombées d'une voûte Saint-Gilles ou d'un escalier, au centre de laquelle il est placé. — Cylindre que l'on place au centre du moule à tuyaux de plomb.

NU.

C'est la surface unie d'un mur.

O.

OCTOGONE.

Figure plane qui a huit côtés et huit angles égaux.

OCRE.

Terre friable de couleur rouge ou jaune, dont les peintres font emploi.

OGIVES

Ce sont les arcs d'une voûte gothique, qui se terminent par un angle curviligne.

OLIVE.

Couleur secondaire composée de jaune mêlé de noir ou de bleu.

OR.

L'or subit différentes préparations dans la profession de doreur, savoir : l'or *à l'huile*, qui s'applique sur un fond à l'huile avec des teintes dures et une couche d'or; l'or *sur apprêt*, qui se pose sur des blancs détrempés à l'eau, couverts d'une couche d'assiette; l'or *mat*, l'or *bruni*, l'or *uni*, l'or *taillé* ou *sculpté*, l'or *réparé*, l'or *repassé*, l'or *bretelé* et l'or *couleur*, l'or *d'Allemagne*, l'or *en coquilles*, etc., etc.

OREILLE.

Entaille à l'extrémité d'un appui de croisée ou d'un seuil, pour les faire entrer dans les baies.

ORIENTER UN BATIMENT.

C'est reconnaître un bâtiment par rapport aux quatre vents cardinaux.

OURLET.

C'est la jonction de deux tables de plomb dont les bords sont repliés en forme de crochet. — On fait aussi un ourlet au bord des chaîneaux, des cuvettes, etc. — Petit rebord qui est sur l'aile du plomb destiné à faire des panneaux de vitrage.

OVALE.

Figure plane curviligne, qui a un grand et un petit axe.

OVE.

Moulure formée par un quart de rond, et évidée en forme d'œuf.

OXIDE.

Dénomination des substances métalliques réduites dans un état de chaux par l'oxigène uni au calorique ou à un acide.

P.

PAILLASSE.

Construction massive en brique qui sert à recevoir des charbons allumés pour griller des viandes, et à d'autres usages, dans une cuisine ou dans une buanderie, dans les usines, etc.

PALETTE.

Petite pièce de bois garnie de fer, que l'ouvrier pose sur son estomac pour pousser le foret; on l'appelle quelquefois *conscience*.

PALETTE A DORER.

Bout de queue de poil de petit-gris, monté dans une carte, qui sert à prendre les feuilles d'or sur le coussinet et à les poser.

PALIER.

Partie d'un escalier au droit de chaque étage et qui donne entrée aux appartemens; on appelle *palier de repos* celui qui est entre deux étages.

PAN COUPÉ.

C'est une partie qui interrompt deux murs qui se rencontrent à angle droit. — *Pan de bois*, assemblage de poteaux en charpente.

PANNEAU.

Surface unie de peu d'étendue entourée de moulures. — C'est aussi l'assemblage de plusieurs morceaux de verre taillés différemment et attachés par des languettes de plomb.

PANNEAU PEINT.

Imitation en peinture, des moulures encadrant un panneau de lambris ou de porte, etc.

PAQUET DE VERRE.

C'est la réunion d'un certain nombre de feuilles, dont le prix est fixé dans les fabriques.

PARPAING.

Morceau de pierre de peu d'épaisseur, à deux paremens, posé sous une cloison ou un pan de bois : on dit aussi qu'une pierre *fait parpaing* lorsqu'elle occupe seule l'épaisseur entière d'un mur.

PARALLÈLES.

Lignes ou surfaces qui sont toujours à égale distance les unes des autres.

PARALLÉLIPIPÈDE.

Corps solide terminé par six parallélogrammes, dont les côtés opposés sont parallèles entre eux.

PARALLLOGAMME.

Figure plane de quatre côtés et quatre
angles droits, dont les côtés sont parallèles.

PAREMENT.

On nomme ainsi toutes les surfaces appa-
rentes des murs et des lambris, des parpaings,
des dalles, etc.; le *parement brut* est la face ou
épaisseur de la pierre telle qu'elle est sortie
de la carrière; *parement de tête*, c'est le côté
formant épaissenr d'un mur qui ne se con-
tinue pas : on dit *parement de moellons, de
meulière, de brique ; parement piqué, essemillé,* des faces visibles de ces sortes de murs.

PASSE-PARTOUT.

Scie sans monture pour débiter des pierres
tendres.

PATÉ.

Masse de plâtre convexe enduite pour
construire une voûte sphérique ou autre.

PEINTURE.

Nom collectif de toutes les couches susceptibles d'être appliquées dans les bâtimens;
on fait des peintures en détrempe, à l'huile,
au vernis, à l'encaustique ; peinture de décors, d'ornemens, etc. — Les peintres en
bâtiment emploient sept sortes de couleurs
primitives, savoir : les blancs, les rouges,
les jaunes, les verts, les bruns, les bleus et

les noirs. — *Blancs.* Il y a quatre sortes de blancs, savoir : le blanc de plomb ou céruse pure; la même céruse, mais mélangée de craie ou de terre de pipe; la craie et le blanc de Bougival. — *Rouges.* Huit sortes de rouges, savoir : l'ocre, le rouge brun, le minium, le rouge de Prusse, la mine orange, le vermillon, le cinabre et la laque. — *Jaunes.* Huit sortes de jaunes, savoir : l'ocre, le stil de grain, l'ocre de rut, le jaune minéral, le jaune de Naples, l'orpin, le safranum et la terra-merita. — *Verts.* Le vert de montagne, la terre verte de Saxe et le vert-de-gris, sont les seuls verts dont la peinture de bâtiment fasse usage. — *Bruns.* Les bruns en usage sont : la terre d'ombre, le stil de grain brun, la terre de Sienne, et la terre de Cologne. — *Bleus.* Trois sortes de bleus, savoir : le bleu liquide, le bleu de Prusse, l'indigo. — *Noirs.* Les noirs sont au nombre de quatre, le noir de pêche, le noir d'ivoire, le noir de fumée et le noir de charbon. — On peut composer toutes les couleurs secondaires avec les substances primitives indiquées ci-dessus.

PENDENTIF.

Portion de voûte suspendue entre les arcs doubleaux et les angles d'une voûte sphérique.

PENTAGONE.

Figure plane qui a cinq côtés et cinq angles égaux.

PERCEMENT.

Ouverture faite après coup dans un mur.

PERPENDICULAIRE.

Ligne droite qui, rencontrant une autre ligne droite, forme avec elle deux angles égaux, c'est-à-dire deux angles droits.

PÉRISTYLE.

Edifice ou vestibule orné de colonnes.

PERRON.

Escalier découvert au-devant de l'entrée d'un édifice ou d'un bâtiment de quelque importance.

PERTUIS.

Mur par où se perd l'eau d'un bassin, d'un réservoir ou d'une fontaine.

PIÉDESTAL.

Corps solide orné d'un socle ou d'une base et d'une corniche, destiné à porter une figure, un vase ou une colonne.

PIEDOUCHE.

Petit piédestal ou socle orné de quelque moulure qui sert ordinairement à porter un buste, un candélabre ou autre ornement.

PIEDROIT.

Partie d'un trumeau ou d'une porte qui comprend le bandeau, le tableau et l'embrasement.

PIERRE.

Corps dur formé dans les entrailles de la terre ; il y a beaucoup de qualités de pierres : les pierres dures résistant davantage aux grands fardeaux et à l'influence de l'atmosphère, les pierres tendres servant aux ouvrages qui ne doivent supporter que des fardeaux médiocres, et à la sculpture. — *Pierres d'attente*, celles posées à l'extrémité d'un mur pour former liaison avec le mur que l'on présume devoir être bâti plus tard. — *Pierre de haut* ou *de bas appareil*, dont le banc a peu ou beaucoup de hauteur. — *Pierre d'échantillon*, bloc plus grand que les mesures ordinaires. — *Pierre débitée*, celle refendue à la scie. — *Pierre brute*, celle qui est restée comme elle est arrivée de la carrière, et qui n'est, par conséquent, taillée sur aucune face. — *Pierre équarrie*, celle taillée grossièrement en parement et en joints. — *Pierre rustiquée*, dont le parement est taillé à la pointe seulement. — *Pierre gélisse*, c'est une pierre verte et humide, qui est encore saturée de son eau de carrière. — *Pierre moulinée*, celle qui s'écrase et se réduit facilement en poussière.

— *Pierre pleine, entière, saine,* celle qui n'a ni fil, ni trous, ni veines, ni moyes, ni cailloux, ni coquillages. — *Pierre poreuse,* celle qui a des trous, telle que la meulière. — *Pierre fière,* celle qui est difficile à travailler, parce qu'étant très dure et sèche, elle s'éclate facilement sous le ciseau. — *Pierre coquilleuse,* celle qui est remplie de petites coquilles, telles que les roches des environs de Paris.— *Pierre filardeuse,* qui a des fils. — *Pierre grasse,* celle qui est humide, et par conséquent sujette à se fendre à la gelée. — *Pierre délitée,* celle qui a des fils dans le sens des lits. — *Pierre en délit,* celle qui n'est pas posée sur son lit de carrière. — *Pierre layée,* finie sur ses paremens. — *Pierre ragréée,* celle qui, après la pose est retaillée sur ses arêtes et passée au grès. — *Pierre fichée,* dont les joints sont remplis en coulis de mortier ou de plâtre clair. — *Pierre jointoyée,* dont le bord des joints est bouché à fleur des paremens, en mortier ou en plâtre.

PIERRE A CHAUX.

Celle qui est propre à être calcinée pour être convertie en chaux.

PIERRE A PLATRE.

Espèce de talc que l'on cuit dans les fours pour être employé.

PIERRÉE.

Petit canal souterrain ou découvert au niveau du sol, construit en meulière, pour conduire les eaux d'un endroit à un autre.

PIERRE A BROYER.

Dalle de pierre ou de marbre très mince, dont on se sert pour broyer les couleurs.

PIERRE A BRUNIR.

Caillou taillé et courbé, et monté sur un manche, servant à brunir l'or.

PIERRE PONCE.

Pierre légère, poreuse et calcinée, qui sert aux peintres à unir les fonds d'apprêt avant de les coucher de teintes.

PIEU.

Morceau de bois appointé d'un bout servant aux fondations de bâtiment.

PIGEONNER.

C'est élever des tuyaux de cheminée en plâtre.

PIGNON.

Partie supérieure et triangulaire du mur

latéral d'une maison ; le pignon suit la pente des combles.

PIGNON.

(*Voir* Lanterne.)

PIQUER.

C'est faire un parement en grès. — *Piquer le moellon*, c'est le tailler sur les lits, les joints et le parement. — C'est marquer les journées d'ouvriers. — C'est aussi ajuster un robinet sur une conduite d'eau.

PILASTRE.

Pilier carré, en saillie sur un mur, qui a les mêmes proportions que l'ordre employé dans un édifice.

PILE.

Massif de maçonnerie servant à porter les retombées des arches d'un pont en pierre, ou les travées d'un pont en bois.

PILIER.

Maçonnerie en pierre ou en moellons, élevée sur un plan carré et destinée à soutenir des plates-bandes, des arcades ou des voûtes en arc de cloître, etc.; ou enfin les pièces principales d'un plancher ; on appelle *pilier but-*

tant, celui qui soutient la poussée d'un arc ou d'une voûte. Il se fait quelquefois en console ou en arcade; etc.

PILOTER.

C'est enfoncer des pieux ou pilots pour affermir les fondations d'un édifice que l'on construit sur un mauvais terrain ou dans l'eau.

PINCEUR.

C'est l'ouvrier qui donne quartier à la pierre, et qui la place sur le chariot.

PISTON.

Corps cylindrique servant à faire monter l'eau d'une pompe.

PLAFOND.

Surface unie du dessous d'un plancher.

PLAN.

Dessin représentant un objet supposé coupé horizontalement.

PLANCHES.

Tablettes minces en plâtre, que les fumistes posent obliquement sous le manteau d'une cheminée, pour contenir la fumée.

PLANCHES DE VENTOUSE.

Languettes de plâtre faites sous un man-

teau de cheminée, pour empêcher qu'elle
ne fume.

PLANCHER.

Construction horizontale qui sépare les
étages d'un bâtiment. — On appelle *plancher hourdé*, celui dont les intervalles des
solives sont entièrement remplis en plâtras
et plâtre. — *A entre-voux* celui latté jointif, ou couvert en bardeau, enduit en dessous en laissant une partie de l'épaisseur
des bois apparente. — *Plancher creux*, celui qui n'est pas rempli entre les solives et
qui est plafonné dessous.

PLANE.

Outil tranchant ayant une poignée à chaque bout, dont on se sert pour couper les
bavures d'une table de plomb lorsqu'elle est
coulée, et pour unir les morceaux que l'on
veut souder ensemble. On appelle *débordoir* une plane ronde.

PLANER LE PLOMB.

C'est repasser le sable sur le plomb coulé,
avec une plane, pour le rendre lisse.

PLANTER UN BATIMENT.

C'est tracer sur le terrain tous les murs
de face et de refend, pour élever la construction.

PLAQUES.

Tablettes plus ou moins grandes, de tôle ou de fonte, pour l'intérieur des cheminées et des poêles de construction.

PLAQUIS.

Pierre de peu d'épaisseur, rapportée de champ sur un parement de mur, etc.

PLAT DE VERRE.

C'est une grande table de verre, que l'on coupe par morceaux avec le fer rouge et l'eau, pour former des carreaux de vitre.

PLATS-BORDS.

Madriers provenant du déchirage des bateaux; ils ont 2° à 3° d'épaisseur et 15 à 20° de largeur; ils sont d'une longueur indéterminée. Les maçons s'en servent pour leur échafaudage.

FLATE-BANDE.

C'est l'assemblage de plusieurs claveaux qui forment la fermeture d'une baie carrée de porte, ou d'une croisée. On dit qu'une *plate-bande* est *extradossée* ou *arrasée* lorsque ses claveaux sont d'une hauteur égale, et ne se lient point avec les assises supérieures.

PLATE-FORME.

Surface horizontale qui couvre un édifice; c'est dans ce sens la même chose que *terrasse*.

PLATRAS.

Matériaux provenant de la démolition des ouvrages qui avaient été faits en plâtre.

PLATRE.

Pierre que l'on fait cuire à un feu modéré, qu'on réduit ensuite en poudre, et qui, étant détrempée avec de l'eau, sert de liaison aux différens ouvrages de grosse construction, et dont on fait les languettes de cheminées; les enduits, les plafonds, etc. — On appelle *plâtre gras*, celui qui provient de bonne pierre, et qui, par sa cuisson, a acquis l'onctuosité que les ouvriers nomment *amour*. — *Plâtre blanc* ou *tablé*, celui dont on a ôté le charbon en le retirant du four; il est à l'usage des sculpteurs. — *Plâtre éventé*, qui, resté quelque temps sans être employé, a perdu ses sels; il n'a plus alors de consistance et ne fait que de très mauvais ouvrages. — Le plâtre est *gâché serré* lorsqu'il est gâché avec très peu d'eau; *gâché clair*, lorsqu'il y a beaucoup d'eau, et *noyé*, lorsqu'il y en a trop. — Le plâtre se passe au panier, au sas, ou au tamis de soie, selon les ouvrages auxquels il doit être employé.

PLATRES.

C'est le nom générique de tous les ouvrages faits en plâtre seulement, sur lattis ou non. On les désigne aussi sous le nom de *légers ouvrages*.

PLINTHE.

Membre plat et carré, formant la partie inférieure d'un piédestal ou d'une colonne. — Bandeau à l'extrémité des murs, qui est placé horizontalement, à peu près au niveau des planchers. —Petit socle peu élevé, au pourtour d'une pièce. — On peint ces dernières à teintes unies ou en marbre feint.

PLOMB.

Métal mou, ductile, d'un blanc bleuâtre; c'est le moins sonore et le moins élastique de tous les métaux. On appelle *plomb coulé* ou *en table*, celui qui a été fondu sur un moule et une couche de sable; *plomb laminé*, celui qui a été fortement comprimé entre deux cylindres; *plomb en saumon*, celui qui vient des mines, et qui n'a reçu aucune préparation; *plomb en culot*, celui qui a été refondu dans une poêle; *plomb blanc*, celui qui est étamé; *plomb alquifoux*, est l'écume du vieux plomb, dont on se sert dans la poterie de terre. — Petit cylindre qui sert aux ouvriers pour poser leurs ouvrages *à plomb*. La petite plaque de même diamètre qui traverse la ligne de plomb, se nomme *chat*.

PLUMÉE.

Ciselure de 2 à 3 ° de largeur, qui se fait à la règle et au ciseau, pour dégauchir une pierre. — On nomme aussi *plumée*, l'épannelage d'un corps carré pour l'arrondir, comme une borne, un tambour de colonne, etc.

POÊLE.

Sorte de caisse en terre cuite ou en faïence, pour chauffer les appartemens ; il y a des poêles de numéros, des poêles ronds, des poêles de construction ou sur ferrure, etc.

POIX — RÉSINE.

Matière qui sert à frotter la soudure pour empêcher que le fer à souder que l'on applique dessus ne s'y étame.

POMPE.

Machine composée de tuyaux en bois, en plomb et en potin ; d'une soupape, d'un fléau, d'un piston, etc. Il y a des pompes aspirantes, des pompes foulantes, à cylindres, etc.

POMPE D'APPEL.

Petit fourneau destiné à établir le courant d'air dans un gros poêle de construction, lorsqu'on veut le chauffer.

PONCEAU.

Petit pont d'une seule arche, que l'on construit sur un ruisseau.

PONCER.

C'est frotter avec la pierre-ponce les blancs d'apprêts et les fonds d'impression, pour les adoucir.

PORTE- CLAPET.

Pièce de cuivre circulaire pour être placée sur la bride d'un corps de pompe.

PORTÉE.

Sommier d'une plate-bande. — About du bois qui est incrusté dans les murs.

PORTIQUE.

Espace composé de voûtes, ou d'arcades non fermées, et supporté par des colonnes ou des pilastres.

POSEUR.

Ouvrier qui pose en place les pierres taillées au chantier. Le *contre-poseur* est celui qui aide le poseur.

POTASSE.

Substance saline servant à faire de l'eau seconde.

POTEAU CORNIER.

Celui qui forme l'encoignure d'un pan de bois ou d'une cloison.

POTERIE DE DESCENTE, D'AISANCES, etc.

C'est la suite de tuyaux en grès ou en terre cuite, établie pour les eaux ou les cabinets d'aisances. On leur donne aussi le nom de *chausse d'aisances* ou *descente*.

POTIN.

Métal factice composé des excrémens du cuivre jaune, d'étain et de calamine, dont on se sert dans la fontainerie.

POUCE D'EAU.

Ouverture d'un pouce de diamètre, par laquelle l'eau sortant sans être forcée, donne quinze pintes d'eau par minute. — On le nomme aussi *pouce de fontainier*.

POUF.

Nom des pierres ou des grès qui s'égrainent sous le ciseau, et ne peuvent conserver leurs arêtes.

POUSSÉE.

Effort que font les terres et les voûtes sur les murs qui leur sont opposés.

POUSSER AU VIDE.

On dit qu'un mur pousse au vide lorsqu'il est hors d'aplomb, c'est-à-dire qu'il déverse.

POUSSE-FICHES.

Morceau de fer rond qui sert aux vitriers

pour repousser les broches de dedans les fiches.

POUSSIER.

Recoupe de pierre pulvérisée, ou de plâtres réduits en poudre et passés à la claie ou au panier, que l'on mêle avec le plâtre ; ce que les ouvriers appellent *de la musique*.

POUTRE.

Forte pièce de bois des planchers qui porte les chevêtres.

POUZZOLANE.

Sorte de terre volcanique qui, mêlée avec de la chaux, fait d'excellent mortier.

PRÊLE.

Herbe sèche servant à adoucir les blancs à la colle.

PROFIL D'UN ENTABLEMENT, D'UN LAMBRIS, etc.

C'est la coupe des membres d'architecture qui le composent, et des assemblages.

PUISARD.

Trou construit en moellon, à sec, ou en mortier ; mais où l'on a conservé des barbacanes, pour recevoir les eaux pluviales ou autres.

PYRAMIDE.

Corps solide dont la base est un triangle,

un carré, ou un polygone, et dont le sommet est en pointe. — *Pyramide inclinée*, celle dont la pointe n'est pas perpendiculaire au centre. — *Pyramide tronquée*, celle coupée sur sa hauteur.

Q.

QUARTIER TOURNANT.

Marches d'angles d'un escalier. — *Quartier de voie*, ce sont de grosses pierres sortant de la carrière, dont une ou deux font la charge complète d'une voiture à quatre colliers. On dit, pour retourner une pierre sur le chantier, qu'on lui donne *quartier*.

QUART DE ROND.

Moulures dont la forme est un quart de cercle.

QUEUE D'ARONDE.

Manière de tailler l'extrémité d'une pierre ou d'une pièce de bois pour la joindre à une autre. La *queue d'une pierre* est le bout d'une pierre en boutisse qui est opposé au parement et qui entre dans le mur sans faire parpaing.

QUEUE DE RENARD.

C'est une traînasse de racines qui pénètrent dans les tuyaux de conduite, et qui les engorgent.

R.

RABOT.

Morceau de bois un peu arrondi, de 6 à 8° de large, emmanché au bout d'un bâton, pour remuer la chaux lors de sa fusion, ou corroyer le mortier, etc.

RABLE.

Outil servant à étendre le plomb en fusion dans le moule.

RACCORDEMENT.

Réunion d'une partie d'ouvrage neuf avec du vieux. — Réunion de deux tuyaux de diamètres inégaux, par le moyen d'un collet.

RACCORDER.

C'est, en peinture, refaire quelques parties de lambris, ou autres, semblables aux anciennes couleurs.

RAFRAÎCHIR.

C'est faire revivre des couleurs ou des vernis, en les lavant avec une éponge humide d'eau seconde.

RAFRAÎCHIR.

C'est retailler d'anciens joints de pierre.

RAGRÉER.

Passer la ripe ou le marteau sur le parement d'un mur en pierre, pour en ôter les balèvres et boucher les joints.

RANCHE.

Morceau de bois qui sert d'échelon en passant au travers le rancher d'un engin.

RAPE.

Morceau de fer plat percé comme une râpe, dont les tailleur de pierre se servent pour ragréer le parement des pierres.

RAVALEMENT.

C'est la retaille de la surface extérieure d'un vieux mur en pierre. — C'est aussi les plâtres qui se font sur la face des murs en moellon.

RAVALER.

C'est faire les crépis et les enduits d'un mur, d'une cloison, etc.

RAYON.

Ligne droite partant du centre d'un cercle et arrivant à la circonférence.

REBOUCHER.

C'est remplir avec du mastic à la colle ou à l'huile, tous les trous, fentes et gerçures du bois, ou des murs et plafonds, avant de mettre les couches de teinte. Ce travail se fait toujours sur les premières couches d'encollage ou d'impression.

RÉCHAMPIR.

C'est étendre sur quelques parties d'une boiserie, des couches de couleurs différentes. On réchampit la dorure avec du blanc de céruse pour effacer les bavures.

RECHERCHE.

C'est poser un ou plusieurs carreaux, partiellement, pour réparer une pièce déjà carrelée. C'est aussi mettre quelques tuiles ou ardoises sur un comble.

RÉCIPIENT DE CHALEUR.

Coffre formé dans un poêle de construction, pour y contenir l'air chaud, et le distribuer dans l'intérieur de l'appartement.

RECOUVREMENT.

Saillie d'une pierre, d'une dalle, d'une planche, etc., sur une autre.

RECUIRE LE VERRE.

C'est déposer les feuilles dans un four chauffé modérément, et les y laisser refroidir lentement pour que le verre soit moins cassant.

RECTANGLE.

Figure rectiligne, à quatre côtés, qui a quatre angles droits.

REDENTS.

On appelle ainsi les ressauts que l'on fait de distance en distance à un mur, à une fondation, pour qu'ils restent de niveau dans chacune de leurs parties, quoiqu'un côté soit plus élevé que l'autre.

REFEND.

Cavité carrée, ou d'une autre forme, que l'on fait sur les assises d'un mur pour former des bossages.

REFOUILLEMENT.

Évidement que l'on fait dans une pierre pour la creuser, en conservant ses quatre côtés.

RÉGALEMENT.

Se dit, en terrasse, de la réduction de la superficie du terrain à un même niveau ou à une pente égale.

REGARD.

Petit bâtiment qui renferme les robinets de plusieurs conduits d'eau, avec un bassin pour en faire la distribution. C'est aussi une petite construction sous terre, couverte au niveau du sol avec un tampon en pierre destiné au même usage, et que l'on place au-dessus des aqueducs, etc.

REGINGOT *ou* LARMIER.

Petite cavité au-dessous de la saillie d'un

appui de croisée, ou d'une dalle en saillie sur un mur.

REHAUSSER.

C'est appliquer des feuilles d'or sur un mordant mis par hachures, pour produire des clairs sur des sujets d'ornemens peints.

REINS DES VOUTES.

Ce sont les parties triangulaires comprises entre l'extrados et la ligne de niveau de cet extrados ; ils sont remplis ordinairement en blocage de moellons ou de meulières hourdées à bain de mortier ou de plâtre.

REJETS.

C'est ce qui reste du plomb dans les fossés lorsqu'on le coule et qu'il a passé sur le sable.

REJET.

C'est le petit bout de tuyau en plomb, soudé à un corps de pompe, et par où l'eau aspirée s'échappe.

REJOINTOYER.

Refaire les joints dégradés des murs en pierre, ou en moellon.

RELEVER UNE CISELURE.

C'est tailler au ciseau les bords d'un parement de pierre, pour le dresser ensuite.

REMPLISSAGE *ou* REMPLAGE.

Construction en maçonnerie, faite avec des pierres de toutes dimensions liées avec du mortier de ciment, dans des espèces d'encaissemens.

REMPLISSAGE.

C'est hourder une pièce de bois, les solives d'un plancher, les reins d'une voûte.

RENFLEMENT D'UNE COLONNE.

C'est la petite augmentation du diamètre qui se trouve quelquefois au tiers de la hauteur.

RENFORMIR.

C'est lancer des moellons ou des tuileaux dans les joints et les cavités d'un vieux mur, avant d'en faire les nouveaux crépis ou enduits.

RENARD.

(*Voyez* Queue de renard.)

REPÈRE.

Marque que l'on fait sur un mur pour donner un alignement ou pour reconnaître une hauteur, une pente et une dimension quelconque. — C'est aussi une marque faite sur différentes pièces d'assemblage en menuiserie ou en charpente pour retrouver leur place lors de la pose. Tous les ouvriers de bâtimens se servent de *repères*. — Marques, entailles, ou traits de couleur faits pour conserver des mesures, des niveaux ou des alignemens lorsque l'on construit, ou aussi pour reconnaître la place qu'occupait une pièce lors de sa dépose.

REPIQUER.

C'est porter avec un petit pinceau une demi-teinte entre le clair et l'ombre d'une moulure, d'une figure ou d'un ornement peint.

REPOS.

C'est un palier qui est à mi-étage; ils se pratiquent ordinairement dans les angles d'un escalier.

REPOUSSOIR *ou* FER CARRÉ.

Long ciseau dont les tailleurs de pierre se servent pour la taille des moulures.

REPRISE.

C'est la réparation faite à mi-épaisseur ou même de toute l'épaisseur d'un mur. — On dit *reprise en sous-œuvre, reprise par épaulée.* (Voyez *Épaulée.*)

REPRISE PAR ÉPAULÉE.

C'est reprendre et reconstruire partie par partie une portion de mur en sous-œuvre.

RÉSERVOIR.

Grand bassin dans lequel on rassemble les

eaux pour les distribuer ensuite dans les différens conduits qui partent de ce bassin. — Bassin où l'on fait un dépôt d'eau pour la distribuer ensuite dans les fontaines, jets d'eau, etc.

RÉSERVOIR DE FUMÉE.

Coffre observé à la partie supérieure d'un poêle de construction, pour contenir la fumée, qui, après avoir circulé au pourtour intérieur du poêle, y arrive pour en sortir par un tuyau en tôle qui la conduit enfin dans une cheminée.

RÉSINE.

Substance inflammable qui entre dans la composition des vernis.

RETOMBÉE.

C'est la distance horizontale de la naissance d'un arc à la perpendiculaire qui tombe de l'une des divisions de cet arc.

RETONDRE.

C'est couper sur l'épaisseur d'un mur pour en supprimer les parties épauffrées et dégradées. — C'est aussi abattre et faire disparaître les ornemens en saillie.

RETOUR.

Angle saillant que forme une encoignure, un avant-corps, etc. — C'est un *retour d'équerre*, lorsqu'il forme un angle droit.

RETRAITE.

C'est la plus forte épaisseur d'un mur sur sa partie supérieure. Elle part ordinairement du sol jusqu'à environ 3 p. au-dessus; il y en a quelquefois plusieurs.

REVÊTEMENT.

C'est un mur qui soutient les terres d'une terrasse, d'un quai, etc. — On appelle *dalles* de revêtement celles qui se placent de champ au droit de la retraite d'un mur en moellon.

RIFLARD.

Espèce de ciseau large, uni et dentelé, dont se servent les maçons et les tailleurs de pierre.

RIGOLE.

Tranchée en terre que l'on fait pour construire les murs en fondation. — Petit canal étroit fouillé dans les terres pour conduire les eaux.

RIPE.

Outil en forme de ciseau courbé, et dentelé par le bout, servant à gratter le parement des pierres.

ROBINET.

Clef d'un tuyau qui sert à retenir et à lâcher les eaux à volonté. Il y a des robinets à tête, des robinets à *deux eaux*, des robinets à *cou de cygne*, des robinets *flotteurs*.

ROCAILLE.

Assemblage de plusieurs petits morceaux de meulière poreuse recuite au feu, ou de coquillages scellés sur un crépi de mortier de ciment, pour orner des soubassemens ou des panneaux de murs, particulièrement dans les bâtimens pittoresques appelés *fabriques* par les artistes. On nomme *rocailleurs* les ouvriers qui font ces sortes de travaux, et qui font des grottes et des roches dans les jardins naturels.

ROCHE.

Pierre très dure, pleine de coquillages, d'un gros grain ; elle est de très bonne qualité.

ROCOU.

Pâte rouge qui sert à vermillonner l'or.

ROGNURES.

Débris de peaux de veau, de mouton, ou de parchemin, qui servent à faire la colle des peintres en bâtimens.

ROND DE CUIR.

Bourrelet en cuir de bœuf graissé, que l'on place entre les brides des tuyaux dont on veut opérer la jonction.

RONDELLES.

Rond en fer ou en cuivre, percé d'un trou au milieu pour le passage d'un robinet.

RONDIN.

Cylindre en bois sur lequel on arrondit les tables de plomb pour faire des tuyaux soudés de long. On l'appelle aussi *tondin*.

ROSETTE.

Cuivre rouge sans mélange, tel qu'il sort des mines de Suède, de la Hongrie et de Norwége.

ROULEAU.

Pièce de bois de forme cylindrique que l'on place sous les pierres ou sur les grosses pièces de bois pour faciliter leur déplacement.

RUSTIQUER.

C'est piquer le parement d'une pierre avec la pointe du marteau.

S.

SABLE.

Gravier composé de petits cailloux de différentes formes et de diverses couleurs. — Le *sable de rivière* se tire du fond des rivières, c'est le meilleur pour les mortiers. — Le *sable de terrain* ou *de sablonnière* se trouve presque partout dans les campagnes. — Le *sable de ravines* est celui entraîné par les eaux pluviales dans des vallons.

SABLON.

Sable extrêmement fin, blanc ou gris, qui s'emploie avec succès dans la composition des mortiers.

SABOT.

Morceau de bois dans lequel s'emboîte l'extrémité d'un calibre, et qui sert à le diriger le long des règles qui forment les *chemins* disposés pour traîner les moulures

SAFRE.

Substance employée dans la fusion du verre.

SAILLIE.

Avance qu'ont sur le nu d'un mur les pilastres, chambranles, corniches, balcons, appuis, etc.

SANDARAQUE.

Résine en larmes qui entre dans la composition des vernis.

SANG-DRAGON.

Résine sèche et rouge foncé qui entre dans la composition des vernis communs.

SANGUINE.

Pierre rouge dont les doreurs se servent quelquefois pour brunir l'or.

SAUMON.

Métal sortant des mines et marqué au coin des fonderies dont il provient.

SAUTERELLE.

Instrument en bois composé de deux règles maintenues par un bout, et mobiles pour décrire des angles de toutes les ouvertures

SAPER.

C'est abattre une vieille construction par le pied.

SAS.

Tamis formé d'un tissu de crin, qui sert à passer le plâtre destiné à faire des enduits.

SCIE

Lame d'acier ou d'étoffe sans dents, assemblée dans une monture pour scier les pierres dures. — *Scie passe-partout*, celle dont la lame est dentelée à grandes dents, pour débiter les pierres tendres. — *Scie à main*. (*Voyez* Fiche.)

SCELLER.

C'est engager et arrêter dans un mur, ou dans des cloisons ou pans de bois, toutes pièces de bois ou de fer. On fait des scellemens en tuileaux, en plâtre, en plomb, etc.

SCÉNOGRAPHIE.

C'est l'art de représenter en petit un édifice en relief, ce qu'on appelle un *modèle*.

SCOTIE.

Moulure creuse terminée par deux filets ou un carré, qui se place entre les deux tores de la base de la colonne de l'ordre corinthien.

SECTION.

C'est le point où deux lignes se coupent.

SEGMENT DE CERCLE.

Partie d'un cercle renfermée entre l'arc et sa corde.

SEL DE TARTRE.

Ce sel entre dans la composition de l'encaustique, et la dégraisse.

SELLETTE.

Petit siége qui s'adapte à la corde nouée.

SERPE.

Outil de fer acéré ayant un manche en bois, servant aux plombiers pour couper les tables de plomb.

SERVITUDE.

Droit d'un propriétaire sur l'héritage de son voisin.

SEUIL.

Pierre plate que l'on place au bas d'une baie de porte et qui est à fleur du sol.

SICCATIF.

On appelle ainsi toutes les substances que l'on mêle dans les couleurs à l'huile, pour les faire sécher plus promptement. — Les peintres se servent de litharge, d'huile grasse et de vitriol.

SIÉGE.

Maçonnerie qui reçoit la culotte et la cuvette d'un cabinet d'aisances. — Revêtement en menuiserie de cette maçonnerie.

SIMBLEAU.

C'est un cordeau avec lequel on trace une circonférence, lorsque sa grandeur surpasse la portée d'un compas. On donne aussi ce nom à la courbure même qu'il décrit.

SINGE.

Machine propre à élever des pierres ou des moellons au haut d'un bâtiment. Elle se compose d'un treuil, qui tourne sur deux chevalets au moyen de bras, leviers, ou manivelles, adaptés à ses extrémités.

SMILLE.

Marteau à deux pointes servant à piquer le grès.

SMILLER.

Ebousiner, ou tailler grossièrement à la hachette, les lits, les joints et la tête du moellon avant de le poser. On dit aussi *essemiller*.

SOCLE.

Solide carré qui sert de support à des statues, à des vases, etc. — C'est le carré au-dessous des bases de colonnes, des chambranles, etc.

SOFFITE.

Face sous une architrave ou sous un larmier.

SOLIDE.

Corps qui a trois dimensions, longueur, largeur et profondeur. — On l'appelle *cube* dans la construction.

SOLIN.

Filet de plâtre entre les dormans de portes et de croisées; le long des carreaux et des murs d'une pièce.

SOMME.

La somme s'appelle aussi *panier de verre*; elle est composée de 24 plats de verre de chacun 36 à 40° de diamètre.

SOMMIER.

Première pierre de chaque côté d'un arc

ou d'une plate-bande, qui est à plomb du pied-droit de la colonne ou du pilastre qui supporte cet arc.

SONDE.

Tringle de fer ayant un crochet à l'extrémité, ou un plomb attaché à une corde, pour être introduit dans les tuyaux de descente, et en précipiter les matières qui les engorgent. —Grosse tarière composée de plusieurs barres de fer qui s'emboîtent les unes dans les autres ; elle sert à percer le terrain pour reconnaître la nature du fond.

SOUBASSEMENT.

C'est la même chose que la *retraite* d'un bâtiment. — Planche en plâtre placée sous le manteau d'une cheminée pour empêcher la fumée de sortir et la diriger dans le tuyau.

SOUCHE.

Suite de plusieurs tuyaux de cheminée réunis ensemble, au-dessus du comble d'un bâtiment.

SOUCHET.

C'est la pierre qui se trouve dans les carrières, au-dessous des bancs propres à faire des assises, et que les carriers cassent pour faire du moellon.

SOUDER.

Joindre une table de plomb à une autre, ou un robinet à un tuyau, au moyen de la soudure.

SOUDURE.

Alliage de deux parties de plomb et d'une partie d'étain, pour réunir les nappes de plomb ensemble, faire des tuyaux soudés, etc. Lorsqu'on veut faire la soudure plus fine, on met une plus grande quantité d'étain. — Jonction d'une partie de plâtre neuf avec de vieux enduits, sur un plafond, un mur, etc.

SOUFFLURE.

Cavité qui se forme dans le plomb et dans le cuivre, lors de la fonte.

SOUPAPE.

Platine ronde et convexe, conique et cylindrique, servant à ouvrir et à fermer une conduite. — Une *soupape de fond* est celle qui sert à vider un bassin, un étang, etc. — Rond de tôle monté sur une tige en fer, pour boucher à volonté un tuyau de poêle. Il y en a à clef, à bascule, à colonne, etc. — Pièce mouvante placée à l'orifice d'un tuyau de décharge, au fond d'un bassin.

SOUPIRAIL.

Baie en glacis, pour donner du jour aux caves. — Dans les aquéducs, c'est une ouverture en abat-jour, que l'on pratique de distance en distance dans la voûte, pour faciliter l'introduction de l'air.

SPHÈRE.

Corps solide parfaitement rond. — C'est ce que l'on nomme vulgairement une *boule*.

SPIRALE (ligne).

C'est celle qui tourne en s'éloignant graduellement de son centre, comme la volute ionique.

STÉRÉOGRAPHIE.

Description et développement des solides.

STÉRÉOMÉTRIE.

Partie de la géométrie qui traite de la mesure des solides.

STIL DE GRAIN.

Sorte de pâte faite avec de la craie ou autre terre blanche, ou de l'alun, à laquelle on ajoute une substance colorante.

STYLOBATE.

Soubassement orné de base et de corniche, et régnant dans toute la longueur d'un édifice.

SUBSTANCES COLORANTES.

On nomme ainsi tout ce qui est propre à former des tons ou couleurs secondaires, à l'usage de la peinture. Il y a des substances minérales et des substances végétales.

SUFFINBOC.

Boîte en cuivre qui s'adapte à la tête d'un corps de pompe, pour boucher hermétiquement l'extrémité supérieure.

SUIN *ou* SEL DE VERRE.

On appelle ainsi l'écume des alcalis dont la présence a lieu pendant la fusion du verre.

SURCHARGE.

C'est l'excès de charge qu'on donne à un plancher pour le mettre de niveau, ou à un mur pour le mettre à plomb. — C'est aussi l'héberge qu'un voisin construit au-dessus de la hauteur de clôture.

SURFACE.

C'est tout ce qui a deux dimensions, longueur et largeur.

SURHAUSSÉ.

Voûte ou arcade qui a de hauteur, sous clef, plus de la moitié de sa largeur.

SURPLOMB.

Construction dont la face n'est pas à plomb ; ce qui est l'opposé de *fruit*.

T.

TABLE.

Espèce d'établi ayant des bords relevés, dans lequel on étend une couche de sable fin et très uni, sur laquelle on coule le plomb. —C'est aussi le plomb coulé qui en sort et qu'on appelle *table de plomb*.

TABLE DE VERRE.

(*Voyez* Verre.)

TABLE SAILLANTE.

C'est, en architecture, une saillie méplate qui décore un panneau ; on en fait en peinture pour les imiter.

TABLEAU DE BAIE, DE PIED-DROIT.

Partie de l'épaisseur du mur qui forme angle droit avec la face depuis l'arête extérieure jusqu'à la feuillure.

TABLETTE.

Bande de pierre de peu d'épaisseur posée horizontalement sur un mur, sur les bords d'un balcon, sur une balustrade, un appui à jour, etc.

TAILLE PRÉPARATOIRE.

Première taille droite faite sur un parement qui doit être ensuite taillé circulairement.

TAILLE DE PIERRE.

Rustiquée, parement seulement dégrossi à la pointe du marteau, après les ciselures relevées. — *Layée*, parement rendu uni au moyen de la laye et de la ripe. — *Ragréée*, dernière taille sur les paremens après la pose des assises, pour faire disparaître les petites saillies ou balèvres des arêtes d'une assise sur une autre; on emploie pour cette opération, le marteau, la ripe, la râpe, et quelquefois le grès.

TAILLOIR.

Morceau de pierre méplat, et parfaitement carré, qui couronne les chapiteaux des colonnes.

TAIN.

Composition d'étain, de plomb et de bismuth réduits en feuilles très minces, que l'on dissout en partie par le mercure pour le rendre adhérent à la surface d'une glace.

TALOCHE.

Bout de planche au milieu de laquelle est une poignée ; elle sert, en guise de truelle, à faire les enduits en plâtre, ou en blanc en bourre.

TALON.

Moulure à double courbure.

TALUS.

Inclinaison ou pente que l'on donne au parement d'un mur de terrasse.

TAMBOURS DE COLONNES.

Assises arrondies dont on forme le fût d'une colonne en pierre.

TAMBOUR.

C'est un tuyau de plomb dont les deux extrémités sont de différens diamètres, pour joindre ou raccorder deux tuyaux de différentes grosseurs.

TAMBOUR MÉCANIQUE.

Ouvrage en plâtre que les fumistes font sous le manteau d'une cheminée pour empêcher de fumer.

TAMPON.

Morceau de bois tourné portant une feuillure, destiné à fermer le bout de la colonne au-dessus d'un corps de pompe. — On appelle aussi *tampon* un piston de garde-robe.

TAMIS DE CRIN *ou* DE SOIE.

On s'en sert pour passer le plâtre qui sert aux enduits et à lisser les corniches.

TAPER.

C'est coucher les blancs d'apprêt, pour la pe inture ou la dorure, en frappant avec le bout de la brosse au lieu de glisser, pour faire entrer la couleur dans les pores du bois ou dans le fond des ornemens.

TAS.

On appelle *taille sur le tas* celle faite sur place.

TASSEMENT.

Effet d'un bâtiment affaissé par son propre poids.

TASSEAU.

Traverse de bois sur laquelle est montée l'armature d'un piston pour une cuvette de garderobe.

TÉ.

Bout de tuyau portant un autre bout en travers. — Il y a des *tés* à débouchure et des *tés* à abat-vent pour être placés à l'extrémité supérieure d'une suite de tuyaux de tôle.

TEINTE.

Mélange de plusieurs couleurs pour former un ton quelconque. — On appelle *teinte* dure une couche de blanc de céruse calciné, et qui, ayant acquis une teinte jaune, est broyé ensuite à l'huile et détrempé à l'essence.

TERRA-MERITA.

Racine dont on tire une couleur jaune.

TERRASSE.

(*Voyez* Plate-forme). — Ce sont aussi les ouvrages que l'on fait pour remuer des terres, faire des fouilles, des remblais, etc.

TERRASSES.

Ce sont des cavités remplies de terre qui se trouvent dans quelques qualités de marbres. On les remplit en mastic coloré, en raison de la nature de la matière.

TERRE A FOUR.

C'est une terre franche ou argile jaune et grasse, qui sert à sceller tous les ouvrages de poêlerie et à hourder les fourneaux en briques.

TERRE CUITE.

Terre grasse ou argile cuite dans un four, après avoir été amalgamée et broyée pour en faire des poteries, de la brique, de la tuile et du carreau.

TERRE FRANCHE.

Terre grasse, sans gravier, avec laquelle on construit des murs de clôture. — Elle sert aussi à hourder les murs en meulière ou en moellon, et les pans de bois, et à faire des aires de planchers. — On en fait aussi du pisé.

TÉRÉBENTHINE.

Fluide visqueux et transparent, tiré des arbres résineux : la substance spiritueuse de ce fluide se nommé *essence*. — La térébenthine est la base des vernis employés dans la peinture.

TÊTE DE CANAL.

C'est la partie d'une pièce d'eau opposée à la décharge de fond.

TÊTE DE VOUSSOIR.

C'est la face intérieure ou extérieure du voussoir d'un arc ou d'un claveau de plate-bande.

TÊTE DE MUR.

Épaisseur et parement d'un mur à son extrémité, qui est ordinairement revêtue d'une jambe étrière en pierre.

TÊTU.

Masse en fer ou gros marteau, dont un côté est carré et l'autre méplat, qui sert à démolir, ou à abattre les angles des pierres sur lesquelles on doit faire des évidemens.

TIRE-PLOMB.

Machine composée d'un châssis de fer avec pignon et roue d'acier, servant à former les lames de plomb dont on se sert pour monter les verres des panneaux.

TOILES DE TENTURES.

Tissu très clair de gros chanvre écru, que l'on cloue sur des châssis préparés pour les recevoir ; on les recouvre ensuite de papier gris, sur lequel on colle le papier de tenture; il y en a de trois qualités : *toile ordinaire*, *toile fine*, et *toile forte* ou *à plafond*.

TOISÉ.

C'est l'art de mesurer tous les ouvrages d'un bâtiment, de les développer, de les classer et de fixer leurs valeurs.

TÔLE.

Fer en feuilles minces, battu sous le marteau et passé au laminoir. Il y en a de plusieurs sortes : *les tôles à porte cochère*, qui sont les plus fortes ; *la tôle en paquets*, dont on se sert pour les tuyaux ; *la tôle laminée*, et *la tôle de Suède*.

TONDIN.

Gros cylindre de bois servant pour former et arrondir les tuyaux de plomb.

TONNEAU DE PIERRES.

C'est une mesure de 14 pieds cubes, en usage pour la vente des pierres Saint-Leu et Vergelé.

TORCHIS *ou* BAUGE.

Terre franche mêlée de foin ou de paille coupée et détrempée avec de l'eau, qui sert à hourder des pans de bois, cloisons et planchers, et pour faire des murs de clôture.

TORE.

Grosse moulure demi-ronde faisant partie des bases de colonnes.

TOUR D'ÉCHELLE.

Espace de 3 pieds de largeur que laisse ordinairement un propriétaire entre son mur et la propriété de son voisin.

TOUR DU CHAT.

Espace de 6 pouces que l'on doit toujours laisser entre le mur d'un four ou d'une forge, et le mur mitoyen.

TOUR CREUSE.

Parement concave d'un mur. — Une *tour ronde* est, au contraire, le parement convexe.

TOURET.

Petit tour, ou roue à laquelle on donne un mouvement rapide, par le moyen d'une

grande roue qui se tourne avec une manivelle, et qui sert à élever des pierres.

TRACER PAR ÉQUARRISSEMENT.

C'est la manière de tracer la coupe des
pierres par des figures prises sur l'épure
même, pour trouver les raccordemens des
panneaux de tête, de douelles et de joints.

TRAIT.

On appelle *pièce de trait* un petit modèle d'arc, de voûte, de comble, etc., dont
toutes les pièces sont taillées selon l'art de la
steréotomie. — Le *trait carré* est une ligne
perpendiculaire sur une autre. — *Trait de
niveau*, ligne fixée horizontalement pour diriger les ouvriers.

TRAÎNER UNE CORNICHE.

C'est l'exécuter au moyen d'un calibre
monté sur son sabot.

TRANCHÉE.

Ouverture verticale ou horizontale, hachée dans un mur, une cloison, un plancher, etc., pour y loger un poteau de cloison,
pour y placer un tuyau, y encastrer une an-
cre, pour lier les tuyaux de cheminée, etc.
— C'est aussi la fouille en rigole que l'on fait
pour les murs de fondation.

TRANCHET.

Outil tranchant, servant à couper le
plomb.

TRAPE.

Forte tôle, montée sur des châssis, servant, dans un tuyau de cheminée, de passage au ramoneur, ou, placée horizontalement, à boucher le bas d'une cheminée, pour empêcher l'air froid d'entrer dans la pièce.

TRAPÈZE.

Figure plane à quatre côtés, dans laquelle deux côtés opposés ne sont pas parallèles.

TRAVAILLÉ.

On dit qu'un bâtiment *a travaillé*, lorsqu'étant mal construit ou élevé sur un mauvais fond, il tasse inégalement et que les murs bombent et sortent de leur aplomb.

TRAVÉE DE PLANCHER.

C'est l'espace d'une enchevêtrure à une autre. — *de balustres*, c'est un rang de balustres terminé par deux piédestaux.

TRÉMIE.

Espace compris entre deux solives d'enchevêtrure et un chevêtre, que l'on bande en plâtras et plâtre, pour porter l'âtre d'une cheminée.—On appelle *barres de trémie* les fers qui soutiennent le hourdis.

TRÉPAN.

Outil servant à percer la pierre.

TREUIL.

Pièce de bois cylindrique, qui sert, dans les machines, à tourner le cable, pour élever ou descendre les fardeaux.

TRIGONOMÉTRIE.

On appelle ainsi la partie de la géométrie qui sert à trouver les parties inconnues d'un triangle, par le moyen de celles qui sont connues.

TROCHISQUE.

Nom générique de toutes les couleurs broyées à l'eau, séchées ensuite, et qui forment alors des petits pains de forme conique.

TROMPE.

Voûte en saillie sur l'angle d'un mur, soutenue par l'art du trait ou de la coupe de pierre.

TROMPILLON.

On appelle ainsi une pierre taillée en forme de portion de cône, et servant de naissance ou de coussinet au voussoir d'une trompe.

TRONÇON.

Morceau de pierre formant partie du fût d'une colonne et posé en délit.

TROP-PLEIN.

C'est l'eau qui s'écoule d'un bassin ou d'un réservoir, par la décharge de superficie.

TROTTOIR.

Chemin étroit, élevé de quelques pouces le long du parapet d'un quai ou des maisons d'une rue, pour la sûreté des piétons.

TROUSSE.

Sorte de cordage dont on se sert pour élever des fardeaux.

TRUELLE.

Outil en cuivre du maçon pour jeter le plâtre.—Les plombiers se servent aussi de truelle pour faire les fossés au bout du moule à table.

BRUELLE BRETTÉE.

Truelle en fer dont un des côtés est dentelé, et qui sert à gratter et à dresser la superficie des enduits en plâtre.

TRUELLÉE.

C'est la quantité de plâtre gâché que contient une auge.

TRUMEAU.

C'est la partie d'un mur de face entre deux baies de porte ou de croisée.—On appelle *jambe étrière*, un trumeau qui est mitoyen.

TUILEAU.

Morceau de tuile cassée dont on se sert dans différentes parties de construction et dans des scellemens ; on s'en sert aussi pour faire le ciment.

TUYAU.

Cylindre creux fait en plomb, en tôle, en fonte, en cuivre, etc. On appelle *tuyaux de descente*, ceux qui reçoivent les eaux des combles et des cuisines ; *tuyau soudé*, celui qui est fait avec du plomb en table, que l'on roule sur le *tondin* ou *rondin*, et que l'on soude de long ; *tuyau fondu*, *moulé* ou *physique*, celui qui est fait dans un moule.

TUYAUX DE CHEMINÉE.

Ces tuyaux se font en brique ou en plâtre. On appelle *tuyau en hotte*, celui qui est évasé au-dessus du manteau ; *tuyau passant*, celui qui venant d'un étage inférieur, passe à côté d'un manteau ; *tuyau dans œuvre*, celui pratiqué dans l'épaisseur d'un mur ; *tuyau adossé*, celui qui est en saillie sur le nu d'un mur ; et enfin *tuyau dévoyé*, celui qui ne monte pas d'aplomb.

TUYAU DE CHALEUR.

Tuyau de fonte faisant partie de l'intérieur d'un poêle de construction, qui conduit la chaleur par les bouches dans la pièce.

TURCIE.

On appelle *turcie* une digue construite pour empêcher les débordemens et les inondations.

TYMPAN.

On appelle ainsi la partie unie et triangulaire d'un fronton qui se trouve entre la corniche du couronnement et les corniches rampantes.

U.

USAGES.

On appelle en général *usages*, des conventions tacites qui faisaient loi autrefois dans le toisé des bâtimens, et qui n'avaient d'autre base que le caprice ou l'habitude. Par ces usages, les entrepreneurs étaient toujours payés des matériaux qu'ils ne fournissaient pas, et des main-d'œuvre qu'ils ne faisaient pas. Ils sont maintenant tombés en désuétude. (*Voir*, pour les abus et le ridicule de ces usages, le *Memento des Architectes et Ingénieurs, des Vérificateurs, Entrepreneurs*, etc.)

V.

VEINES.

Parties tendres d'une pierre.

VENTOUSE.

Tuyau en poterie ou en plomb, communiquant à une fosse d'aisances et élevé jusqu'au-dessus des combles, pour faire évaporer les mauvaises odeurs.—On appelle aussi *ventouse de cheminée*, une espèce de soupirail pratiqué sous la tablette pour chasser la fumée. — Ce sont deux planches de plâtre placées sous un manteau de cheminée pour contenir l'air extérieur qui fait monter la fumée.

VENTOUSES.

(*Voir* Évents.)

VERBOQUET.

Cordage qui sert de lien à l'extrémité d'un fardeau élevé au moyen d'une grue, pour l'empêcher de tourner en montant.

VERGE.

Tringle en bois et en fer, à laquelle est attachée le piston d'une pompe pour la faire mouvoir.

VERGES DE PLOMB.

Ce sont de petites bandes présentant deux rainures qui servent à monter les panneaux de vitrage.

VERMEIL.

Liquide composé de vermillon, de safran,

de gomme-gutte, et autres substances colorantes, qui sert à donner du reflet à la dorure.

VERMILLONNER.

C'est employer du vermeil dans le creux de la dorure brunie, pour donner plus de brillant.

VERNIR.

C'est couvrir la couleur d'une ou de deux couches de vernis.

VERNIS.

Liqueur brillante, dessiccative, dont on couvre les couleurs pour leur donner du brillant. Il y a plusieurs sortes de vernis, le *vernis à l'esprit-de-vin*, le *vernis à l'essence*, le *vernis gras*, le *vernis à ferrure* et le *vernis gros guyot*.

VERRE.

Matière transparente dont on garnit l'intérieur des châssis des croisées, et autres. Il y en a de différentes sortes : *verre d'Alsace*, *verre en feuilles*, *verre en plat*, *verre de Bohême*, *verre de couleur*, *verre double*, *verre dépoli*, *verre tayé*.

VERT DE COMPOSITION.

C'est un vert secondaire, composé de plusieurs autres couleurs pour en former un ton de convention.

VERTICAL.

On nomme ainsi tout ce qui est perpendiculaire à l'horizon. Ce qui se trouve exactement dans cette position est d'*aplomb*.

VERTICALEMENT.

On appelle ainsi tout ce qui est placé aplomb, ou perpendiculairement à l'horizon.

VESTIBULE.

Lieu couvert qui précède les pièces et les escaliers d'un bâtiment.

VIDE.

On appelle ainsi toutes les ouvertures faites dans un mur, pour y placer des portes ou des croisées.

VIF.

On dit *ébousiner une pierre jusqu'au vif*, lorsqu'on en ôte tout le bousin pour atteindre la pierre dure.

VIF-ARGENT.

Demi-métal servant à l'étamage des glaces.

VINGTAINE.

Petit cordage qui sert pour les verboquets et les échafauds.

VIOLET.

Couleur composée de blanc, de laque et de bleu de Prusse.

VIS A CHAPEAU.

Sorte de vis servant à réunir les bouts de tuyaux de conduites, à fixer les porte-clapets et les brides de raccordement.

VITREAUX.

Nom des vitrages d'églises et autres semblables, formés de panneaux.

VITRIOL.

Sulfate de zinc employé comme siccatif dans les peintures à l'huile.

VIVE ARÉTE.

On appelle ainsi les angles aigus faits soit sur la pierre, soit sur le plâtre, sur le fer, le marbre, etc.

VOIE.

On appelle voie de pierre, de moellon, de gravois, etc., ce que contient de ces matériaux une voiture ou un tombereau; on dit aussi *voie de plâtre*, *voie de charbon,* etc. — On donne encore ce nom à l'ouverture que fait la scie dans un bloc de pierre ou de marbre.

VOLUTE.

C'est l'enroulement en spirale des chapiteaux ioniques et corinthiens. On appelle *volute d'une marche* la partie circulaire à l'extrémité, destinée à recevoir le pilastre de la rampe.

VOUSSOIR.

C'est ainsi qu'on appelle toute pierre préparée et taillée qui sert à former le cintre d'une arcade ou d'une voûte. Ils sont à *crossettes*, lorsque la partie supérieure forme un angle pour se raccorder avec une assise de niveau. On appelle *voussoir extradossé*, celui dont la tête est de niveau, et forme l'extrados de la voûte.

VOUSSURE.

Portion de voûte dont le plan est moindre que le demi-cercle ; celles qui se font à l'intérieur, au-dessus d'une baie de porte ou de croisée, se nomment *arrière-voussure*.

VOUTE.

Construction cintrée en pierre ou en moellons, et même en pots creux. On appelle *voûte surmontée* celle qui a en hauteur plus du demi-diamètre ; *voûte surbaissée* ou *anse de panier*, celle qui a en hauteur moins du demi-diamètre ; *plein cintre*, celle dont la courbe est un demi-cercle parfait ; *voûte en ogive*, celle dont le cintre se compose de deux lignes courbes égales, se coupant au sommet, ce qu'on appelle aussi *voûte gothique ; voûte d'arête*, celle qui se compose de la rencontre de quatre lunettes égales, ou de deux barreaux qui se croisent ; *voûte sphérique*, celle qui est circulaire en plan ou en profil ; *voûte à lunette*, celle qui est traversée par des lunettes directement opposées ; *voûte sur noyau*, celle qui tourne autour d'un massif en cylindre ou de toute autre forme ; *voûte conique*, celle dont la douelle a la forme de la surface d'un cône ; *voûte en arc de cloître*, celle qui se forme de quatre portions de cercle dont les angles sont rentrans, etc., etc.

VOUTER.

C'est construire une voûte sur des cintres en charpente, ou sur un noyau en maçonnerie ; on appelle *voûter en tas de charge*, mettre les lits des joints en coupe du côté de la douelle, et de niveau du côté de l'extrados.

VINDAS.

Sorte de petit cabestan servant à amener des fardeaux horizontalement.

FIN DU VOCABULAIRE.

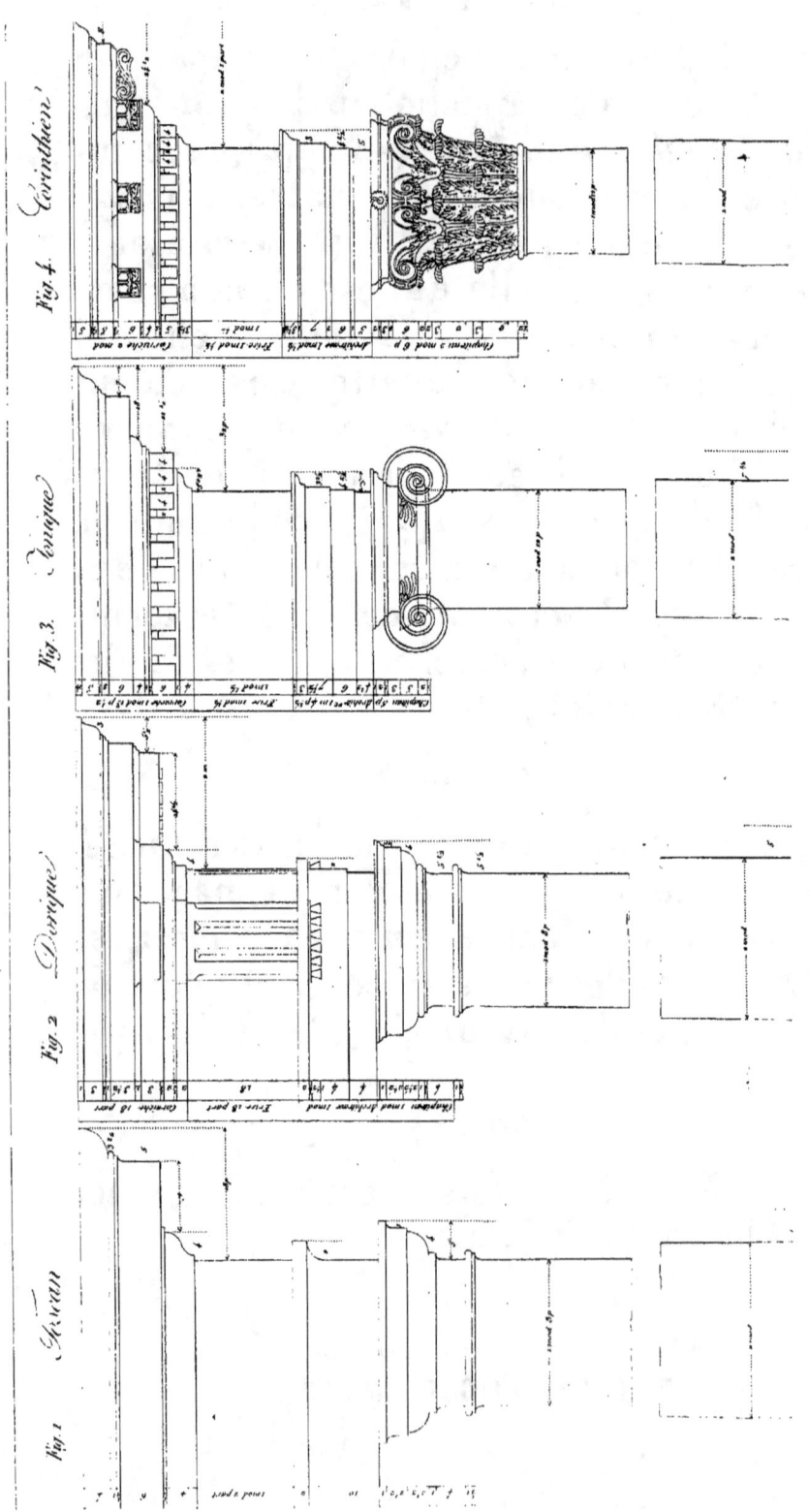

Fig. 1. Tuscan *Fig. 2.* Dorique *Fig. 3.* Ionique *Fig. 4.* Corinthien

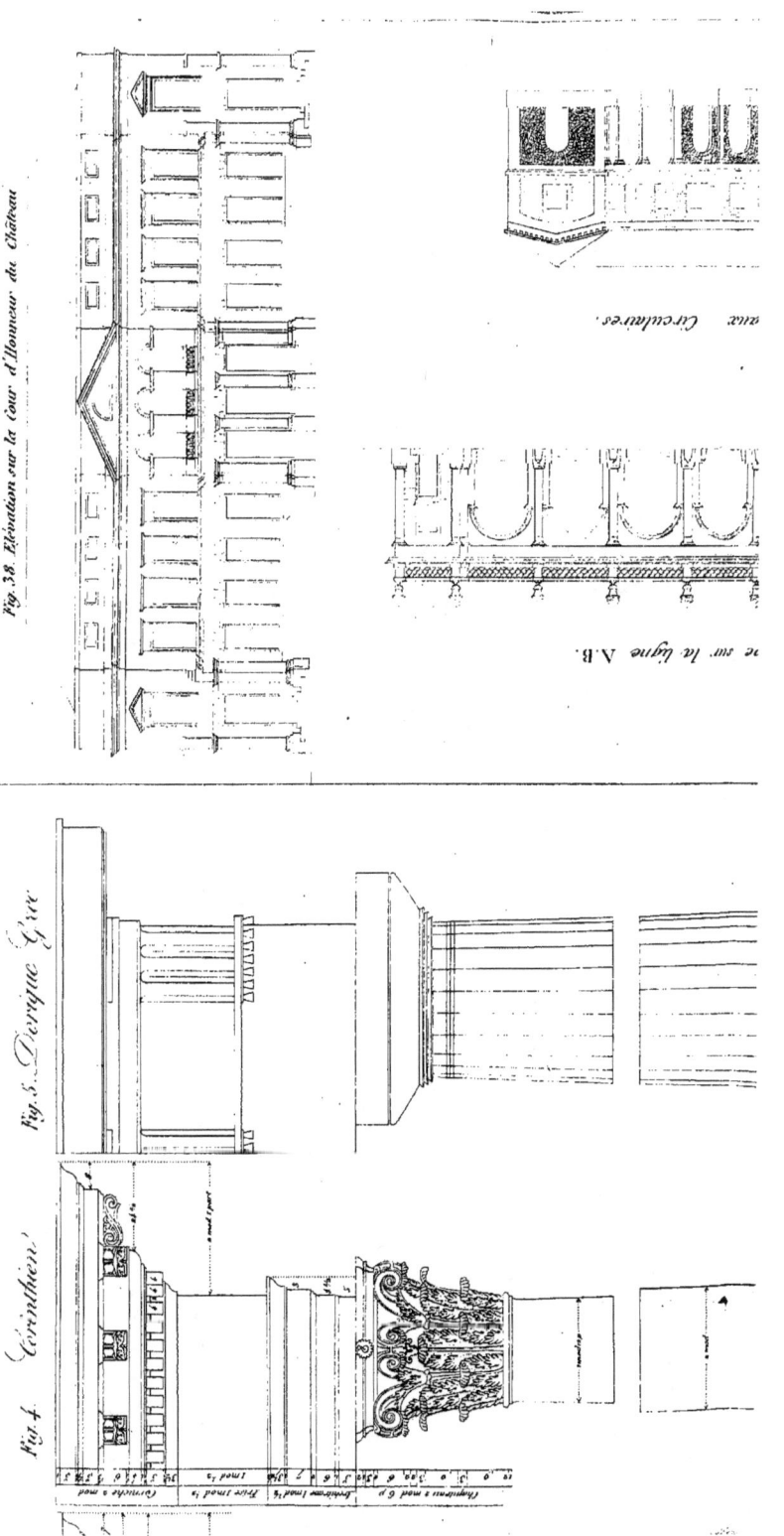

Fig. 38. Elévation sur la Cour d'Honneur du Château

aux Circulaires.

ne sur la ligne A.B.

Fig. 5. Dorique Grec

Fig. 4. Corinthien

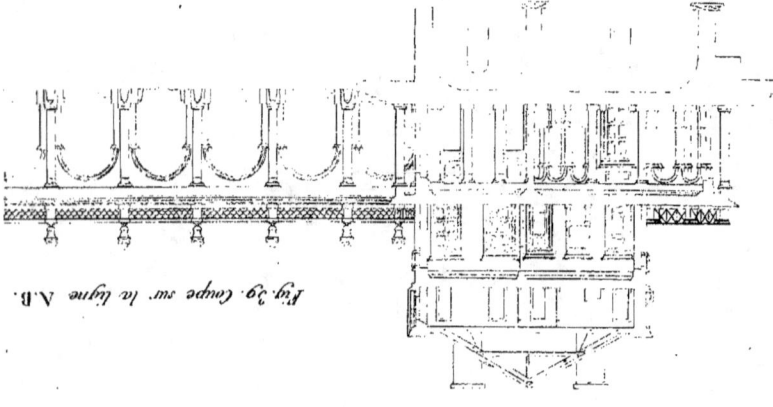

Fig 40. Façade des Bâtimens Latéraux Circulaires.

Fig 39. Coupe sur la ligne A.B.

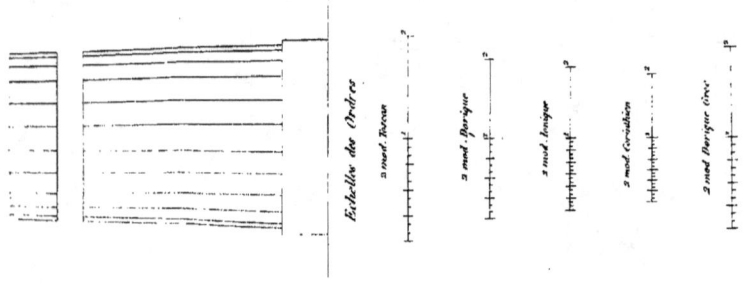

Échelle des Ordres

3 mod. Toscan

3 mod. Dorique

3 mod. Ionique

3 mod. Corinthien

3 mod. Dorique Grec

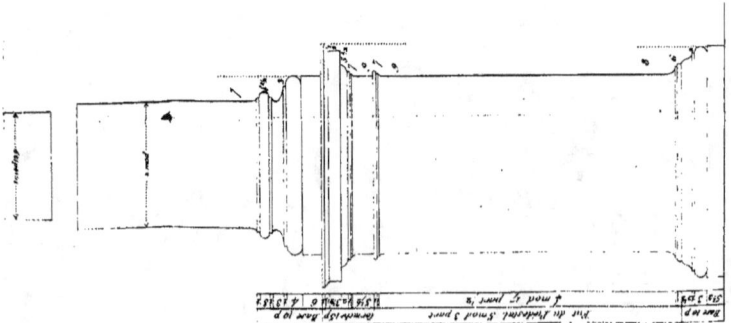

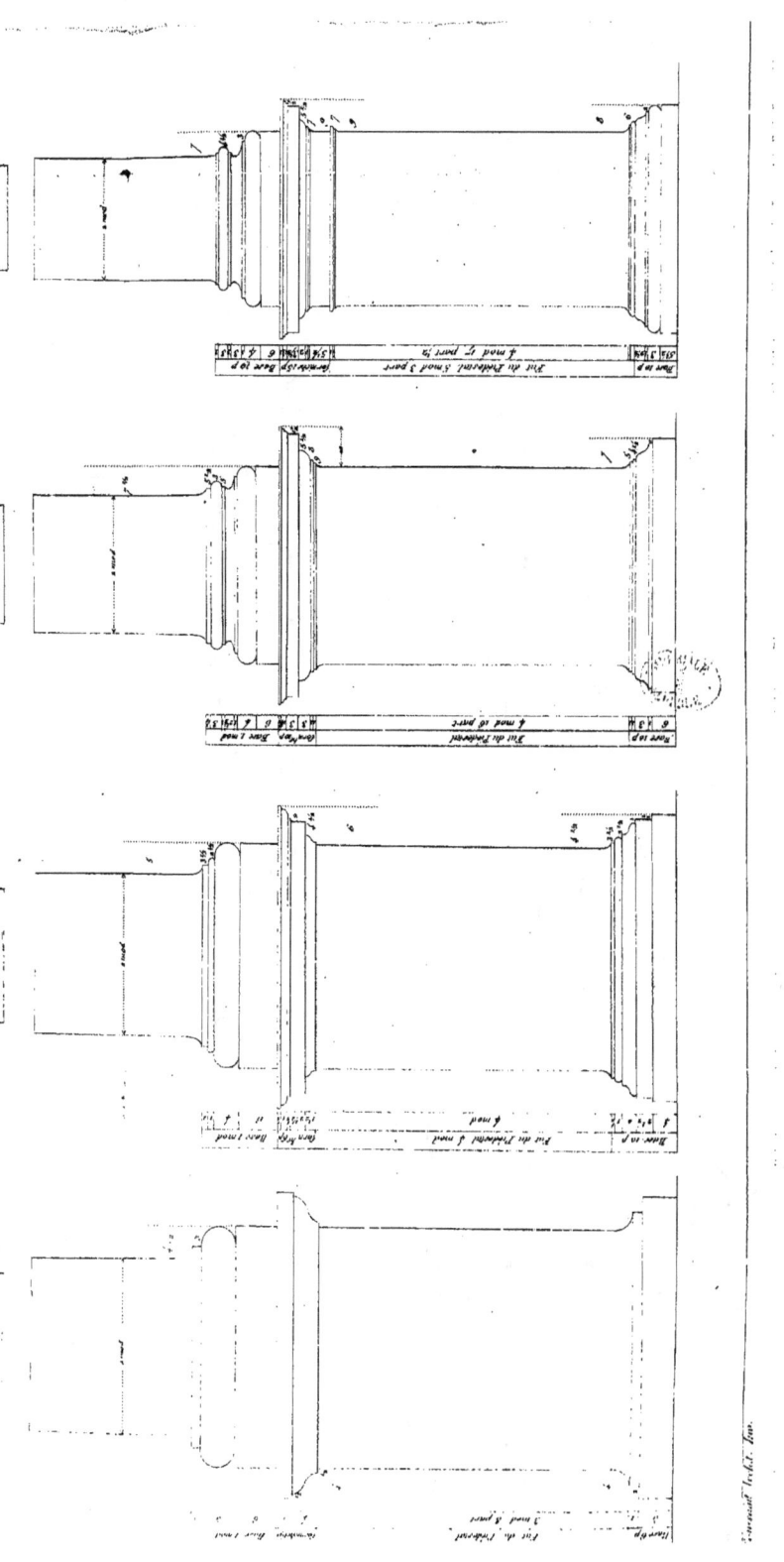

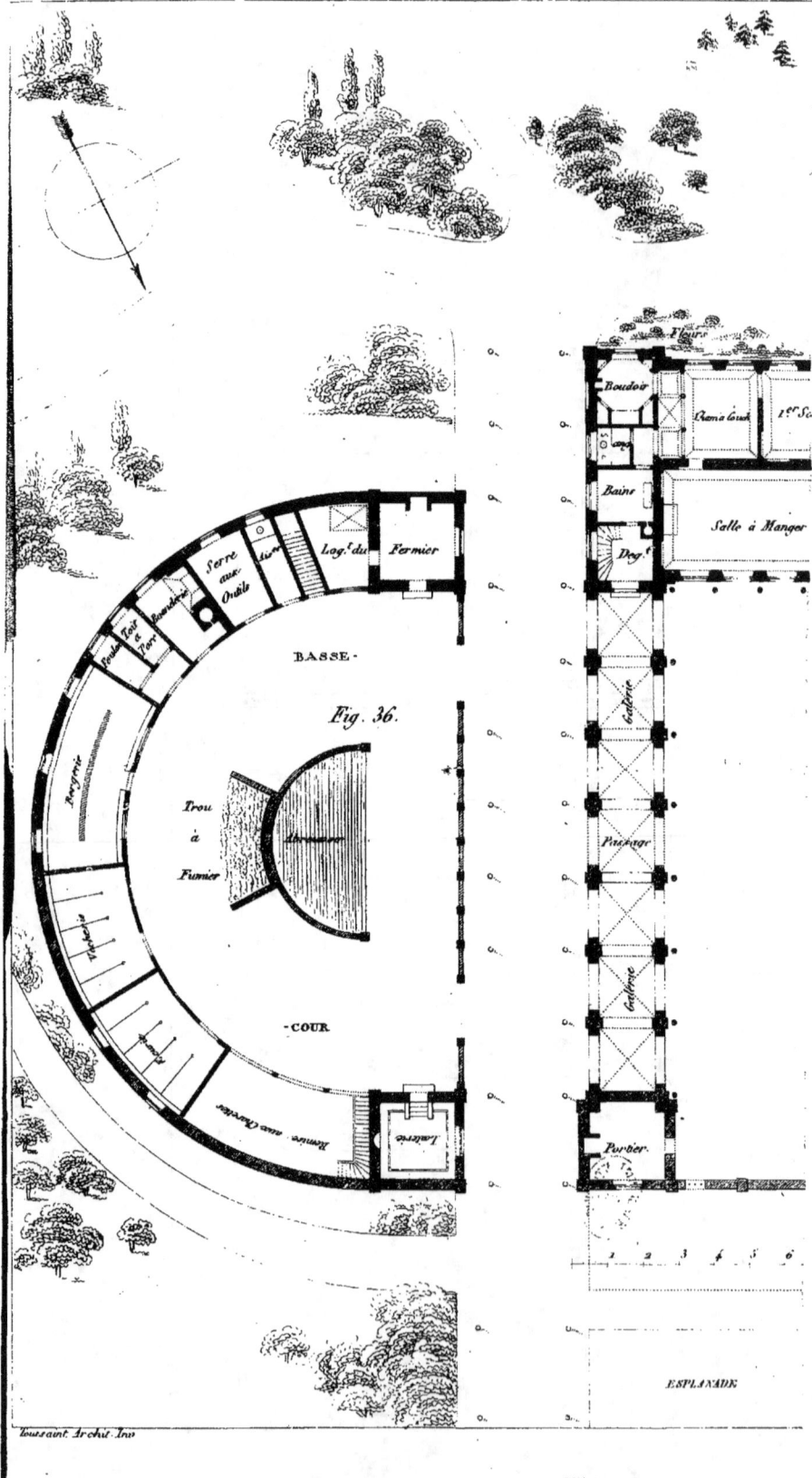

Fig. 36.

BASSE-

Trou
à
Fumier

COUR

Boudoir

Bains

Deg.ᵗ

Log.ᵗ du | Fermier

Serre
aux Oulis

Poulailler

Porcheries | Tour à Porc

Bergerie

Vacherie

Écurie

Montée aux Charettes

Laiterie

Four

Cham. à Couch. | 1.ᵉʳ Se.

Salle à Manger

Galerie

Passage

Galerie

Portier

1 2 3 4 5 6

ESPLANADE

Toussaint Archit. Inv.

Plan du Rez-de-Chaussé d'un Chateau.

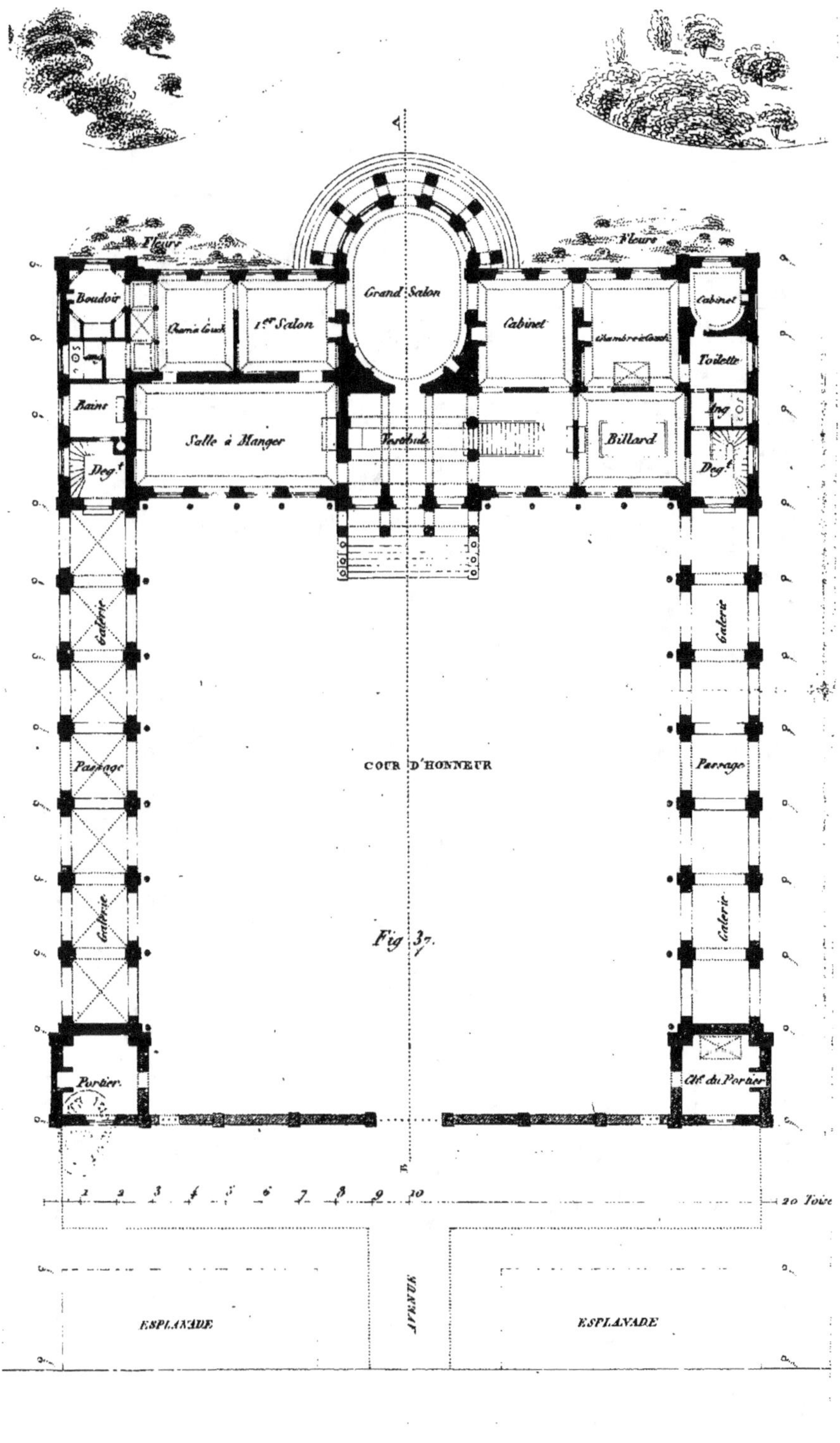

Boudoir

Cabinet

Cours à couch

1er. Salon

Grand Salon

Cabinet

Chambre à Coush

Toilette

Bains

Deg.t

Salle à Manger

Vestibule

Billard

Ing.t

Deg.t

Fleurs

Fleurs

Galerie

Galerie

Passage

COUR D'HONNEUR

Passage

Galerie

Galerie

Fig 37.

Portier

Cab. du Portier

2 3 4 5 6 7 8 9 10

20 Toise

ESPLANADE

AVENUE

ESPLANADE

Pl. 3.

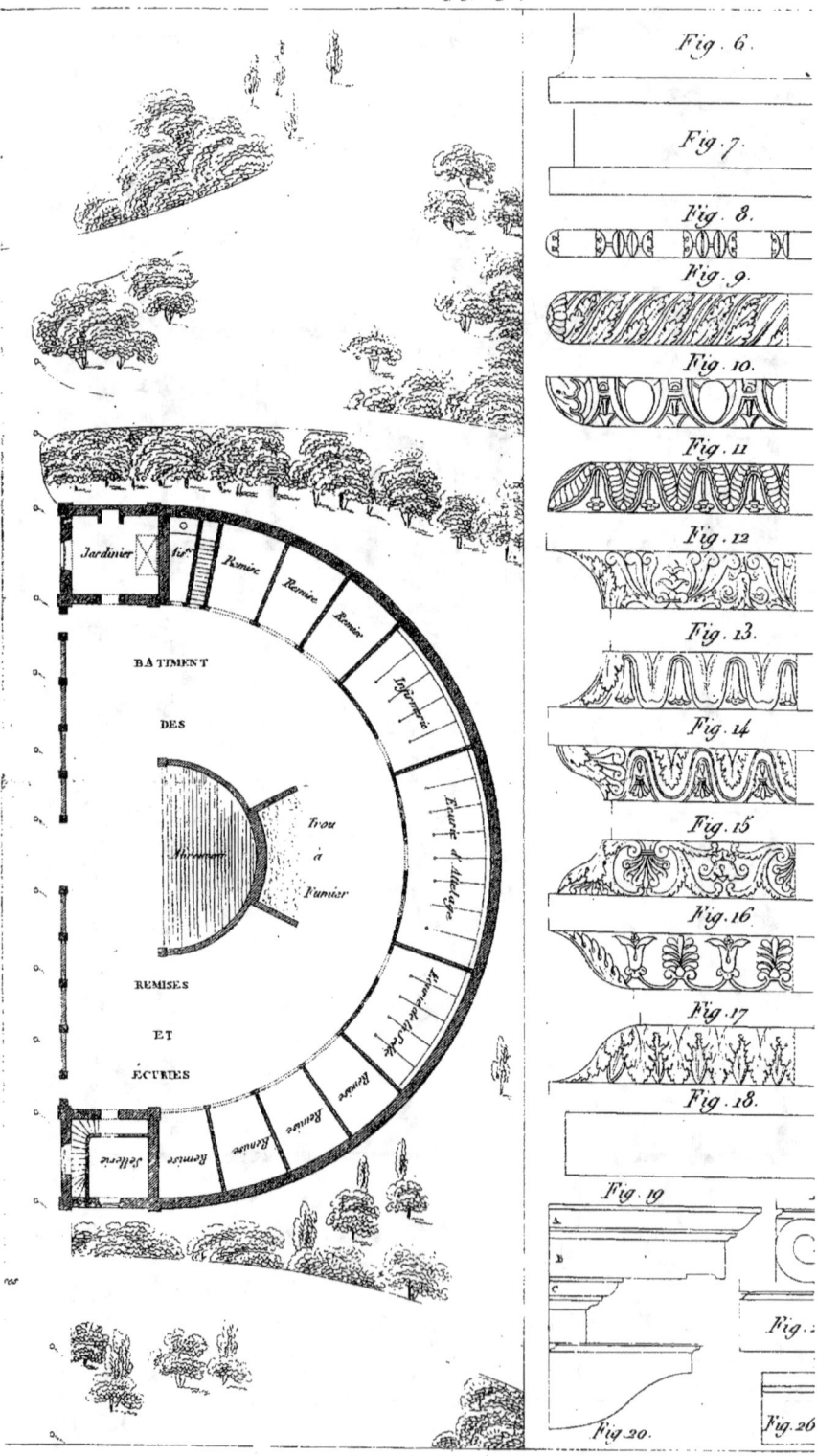

Fig. 6.

Fig. 7.

Fig. 8.

Fig. 9.

Fig. 10.

Fig. 11.

Fig. 12.

Fig. 13.

Fig. 14.

Fig. 15.

Fig. 16.

Fig. 17.

Fig. 18.

Fig. 19.

Fig. 20.

Fig. 26.

Jardinier

Remise
Remise
Remise

BÂTIMENT

DES

Trou
à
Fumier

REMISES

ET

ÉCURIES

Remise
Remise
Remise
Sellier

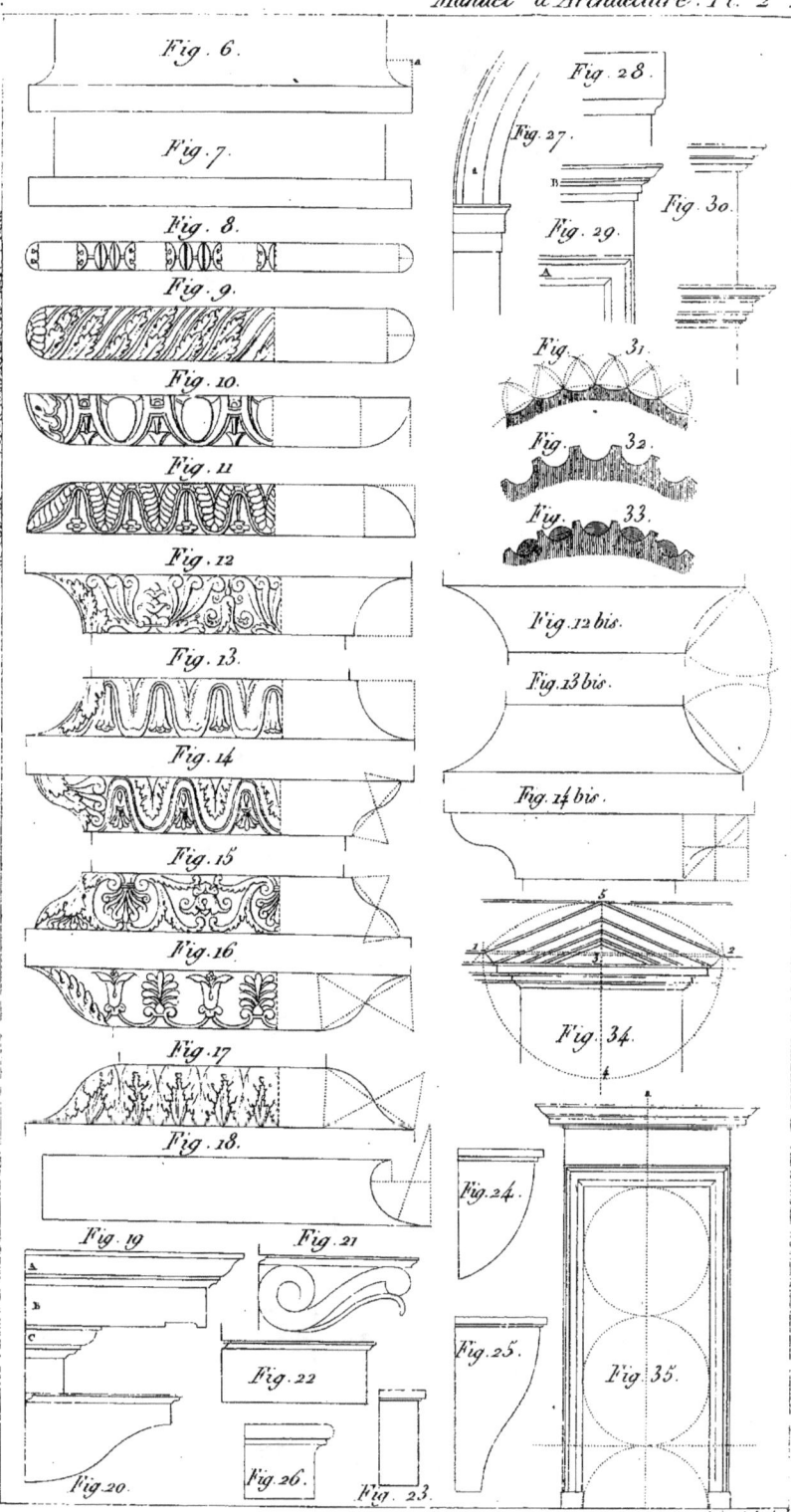

Fig. 6.

Fig. 7.

Fig. 8.

Fig. 9.

Fig. 10.

Fig. 11

Fig. 12.

Fig. 13.

Fig. 14.

Fig. 15.

Fig. 16.

Fig. 17.

Fig. 18.

Fig. 19

Fig. 20.

Fig. 21.

Fig. 22

Fig. 23.

Fig. 26.

Fig. 28.

Fig. 27.

Fig. 29.

Fig. 30.

Fig. 31.

Fig. 32.

Fig. 33.

Fig. 12 bis.

Fig. 13 bis.

Fig. 14 bis.

Fig. 34.

Fig. 24.

Fig. 25.

Fig. 35.

Huguet sculp.

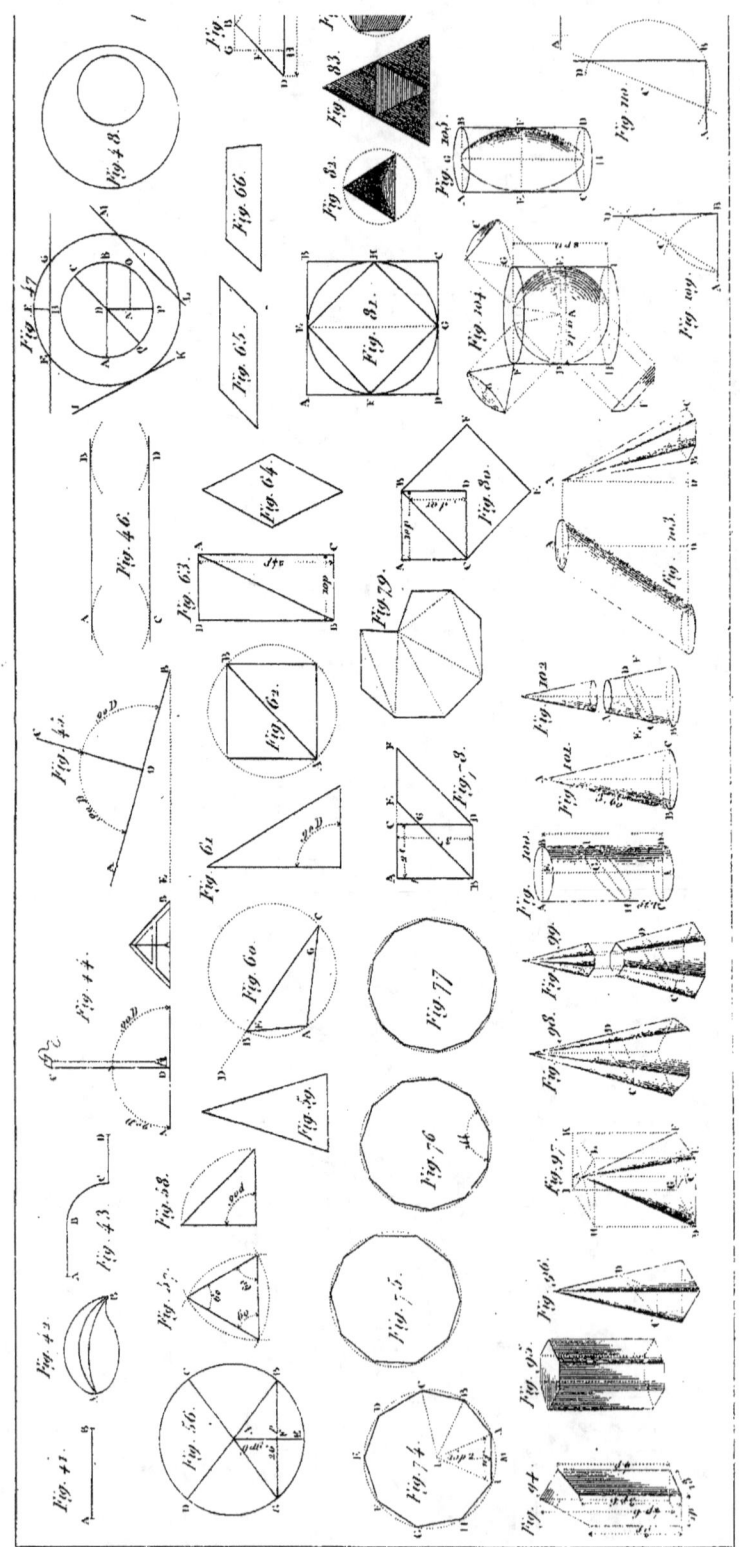

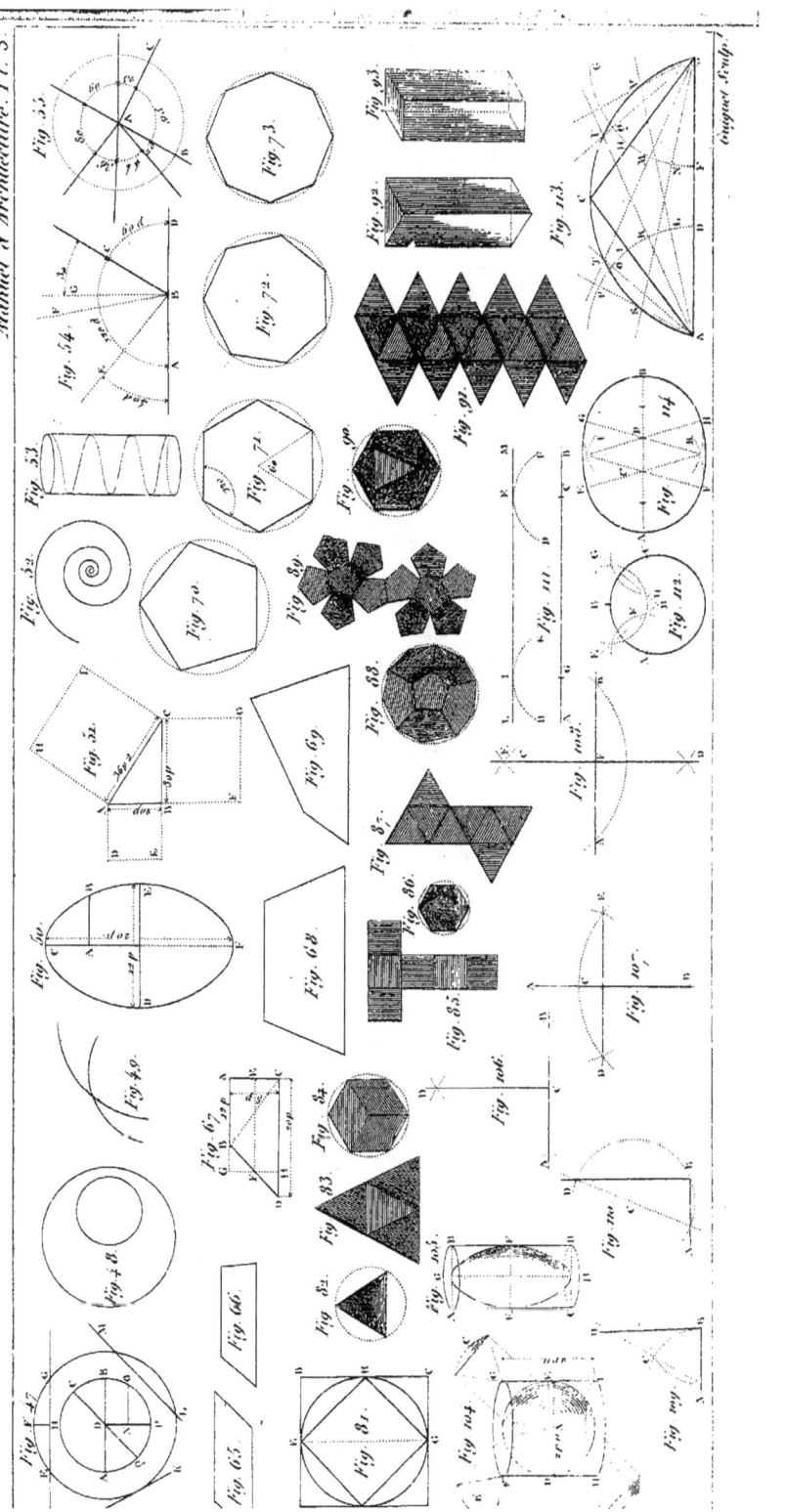

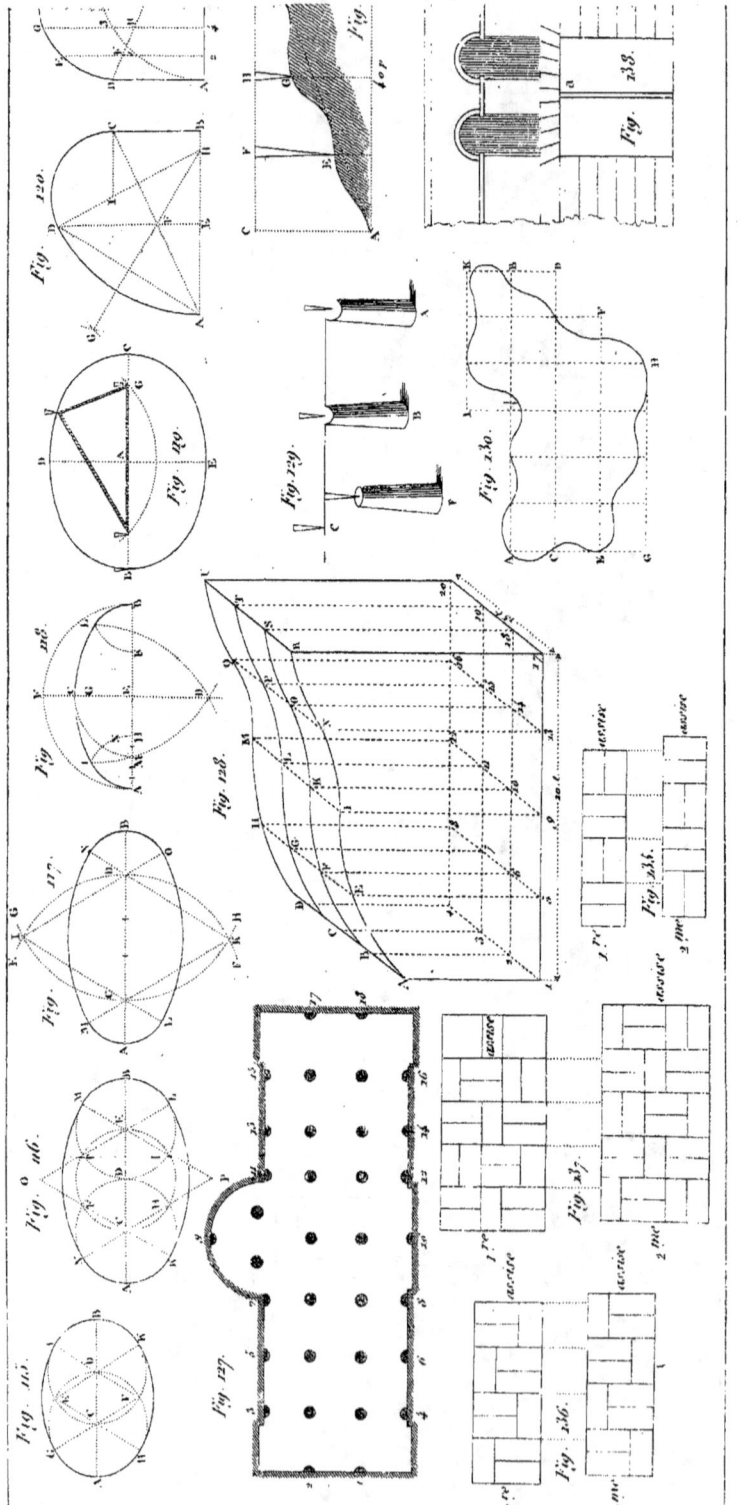

Fig. 115. Fig. 116. Fig. 117. Fig. Fig. 128. Fig. 119. Fig. 120.

Fig. 127.

Fig. 129.

Fig. 130.

Fig. 138.

Fig. 136. Fig. 137. Fig. 135.

Fig. for

Fig. 126.

Fig. 125.

Fig. 124.

Fig. 123.

Fig. 122.

Fig. 121.

Fig. 120.

Fig. 114.

Fig. 144.

Fig. 140.

Fig. 133.

Fig. 132.

Fig. 131.

Fig. 139.

Fig. 138.

Guignet Sculp.

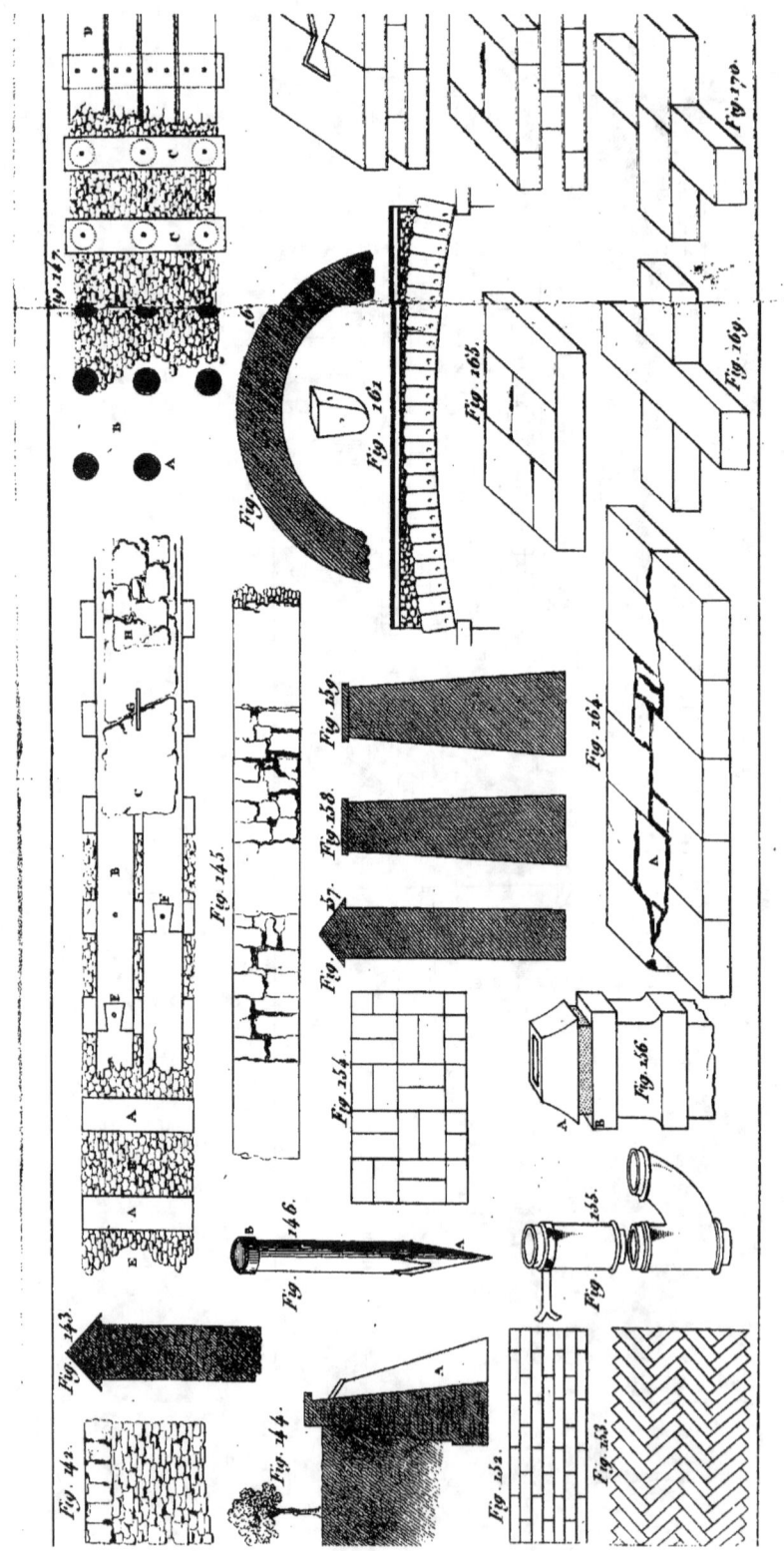

Fig. 167.

Fig. 170.

Fig. 161.

Fig. 162.

Fig. 163.

Fig. 169.

Fig. 145.

Fig. 159.

Fig. 158.

Fig. 157.

Fig. 164.

Fig. 154.

Fig. 156.

Fig. 146.

Fig. 155.

Fig. 143.

Fig. 142.

Fig. 144.

Fig. 152.

Fig. 153.

Fig. 151.

Fig. 150.

Fig. 149.

Fig. 148.

Fig. 147.

Fig. 161.

Fig. 165.

Fig. 161.

Fig. 163.

Fig. 162.

Fig. 164.

Fig. 166.

Fig. 167.

Fig. 168.

Fig. 169.

Fig. 170.

Fig. 171.

Fig. 172.

Fig. 173.

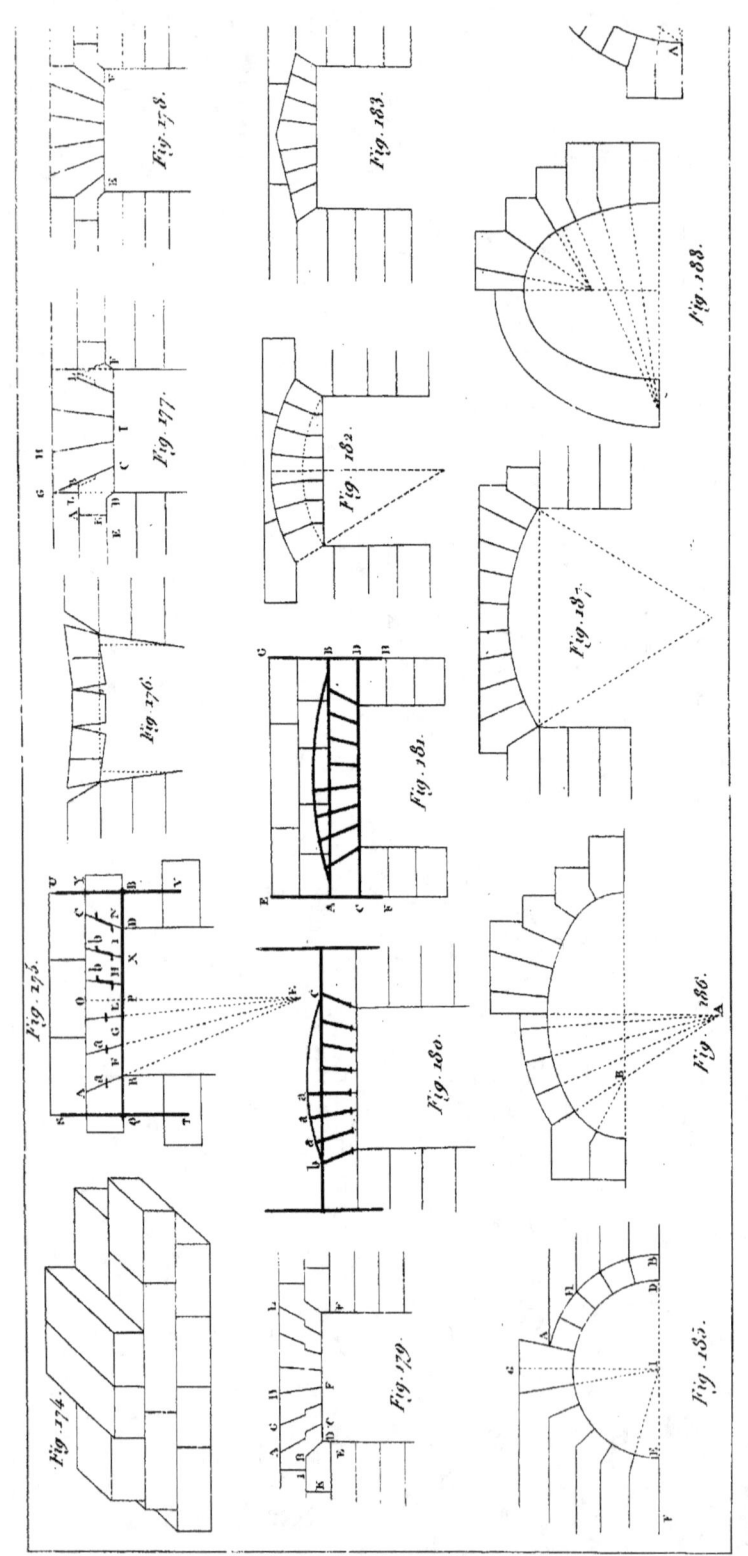

Fig. 174.
Fig. 175.
Fig. 176.
Fig. 177.
Fig. 178.
Fig. 179.
Fig. 180.
Fig. 181.
Fig. 182.
Fig. 183.
Fig. 185.
Fig. 186.
Fig. 187.
Fig. 188.

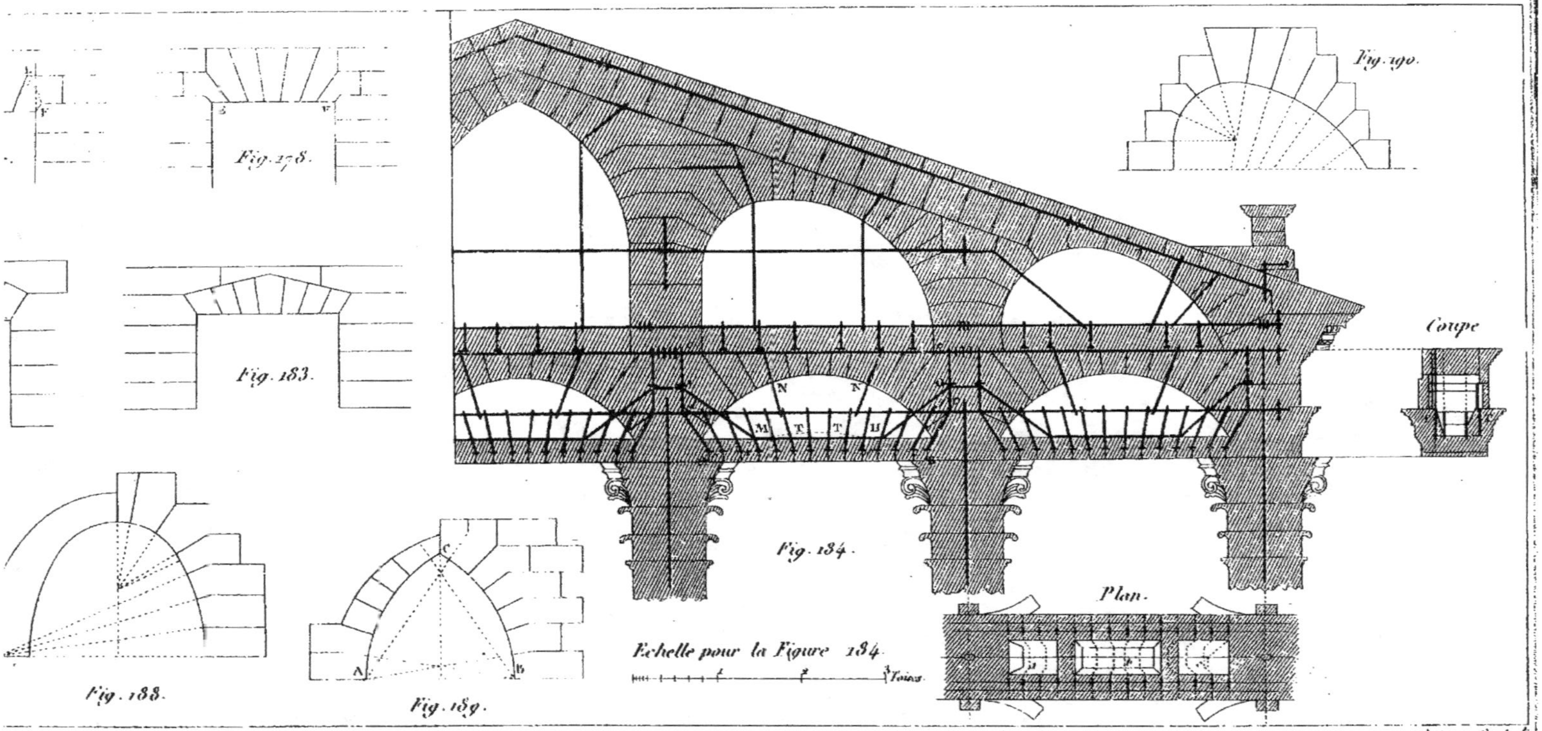

Fig. 190.

Coupe.

Plan.

Fig. 184.

Echelle pour la Figure 184.

Fig. 189.

Fig. 188.

Fig. 183.

Fig. 178.

Giquet Sculp.

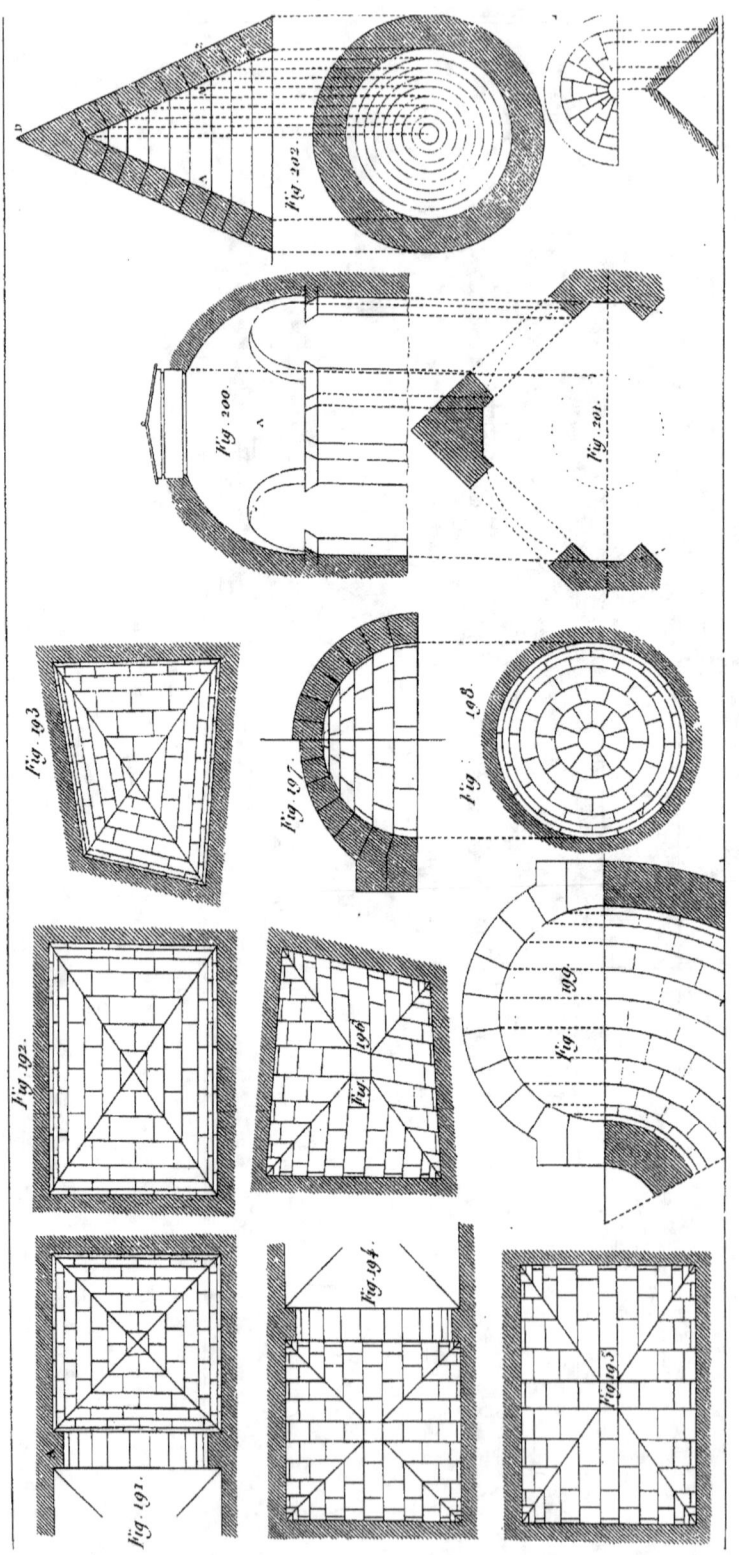

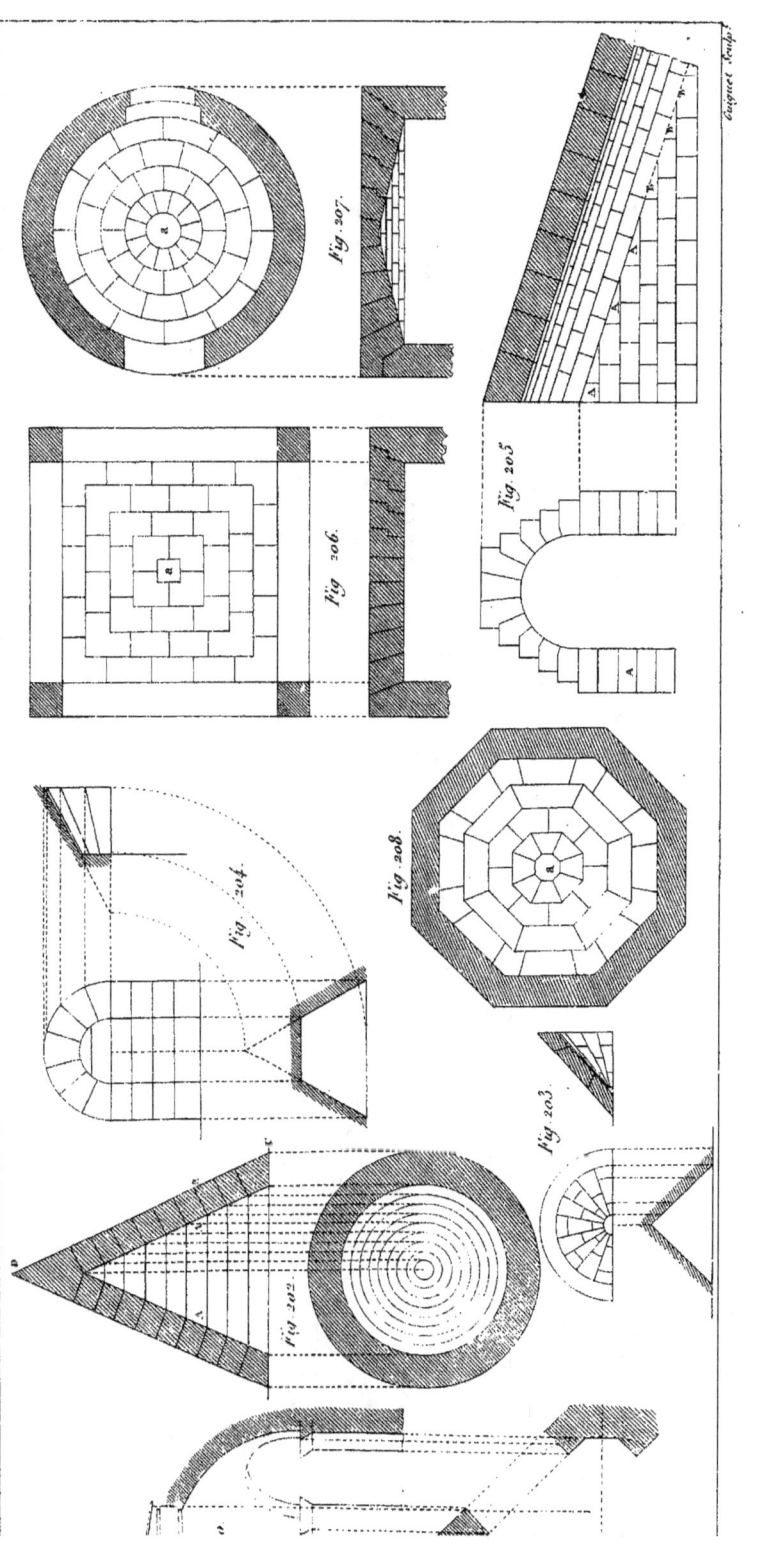

Fig. 207.

Fig. 206.

Fig. 205.

Fig. 208.

Fig. 204.

Fig. 203.

Fig. 202.

Guignet Sculp.

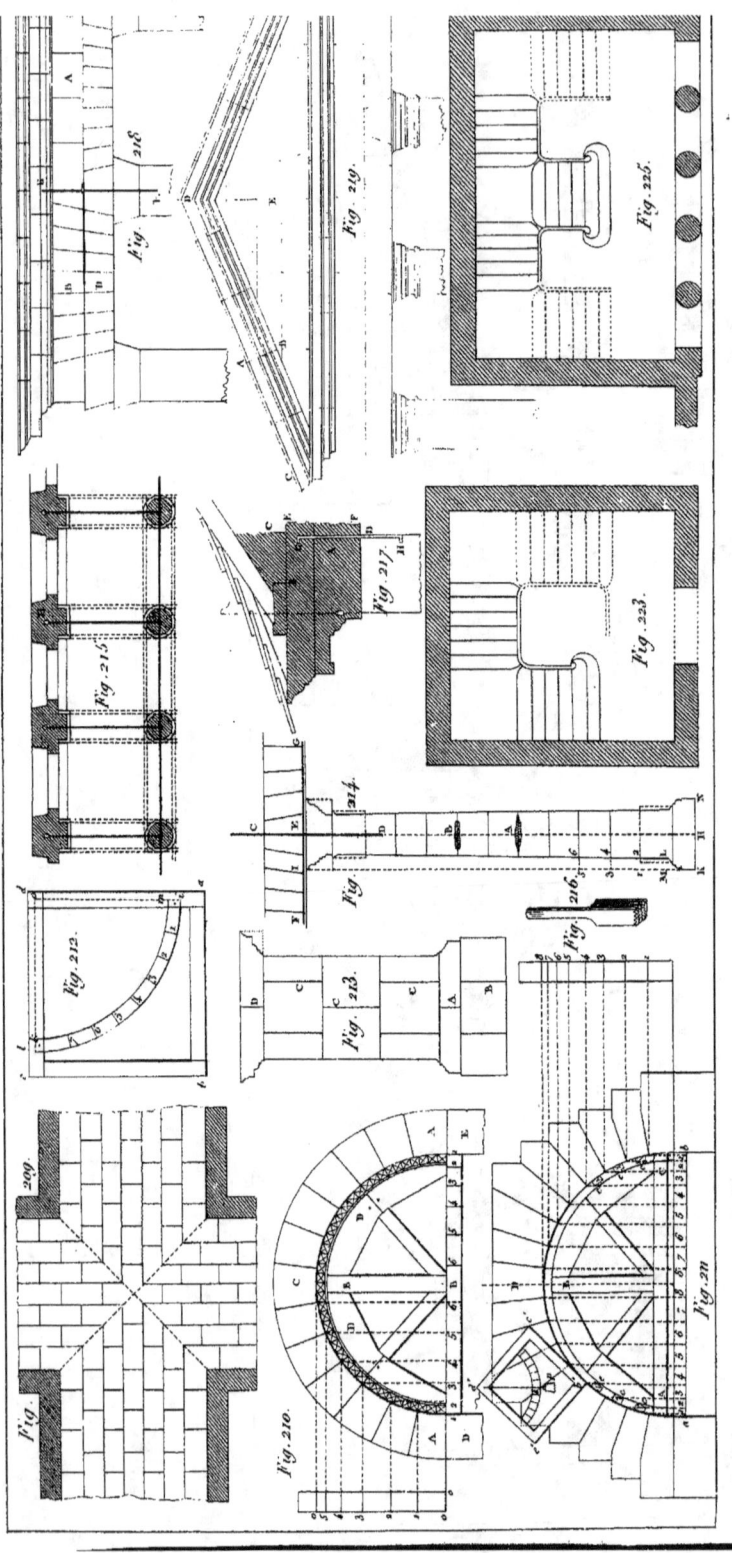

Fig. 218.

Fig. 219.

Fig. 226.

Fig. 215.

Fig. 217.

Fig. 223.

Fig. 214.

Fig. 212.

Fig. 216.

Fig. 213.

Fig. 209.

Fig. 211.

Fig. 210.

Fig. 222.

Fig. 227.

Fig. 220.

Fig. 226.

Fig. 221.

Fig. 223.

Fig. 224.

Fig. 218.

Fig. 219.

Fig. 225.

Guignet Sculp.

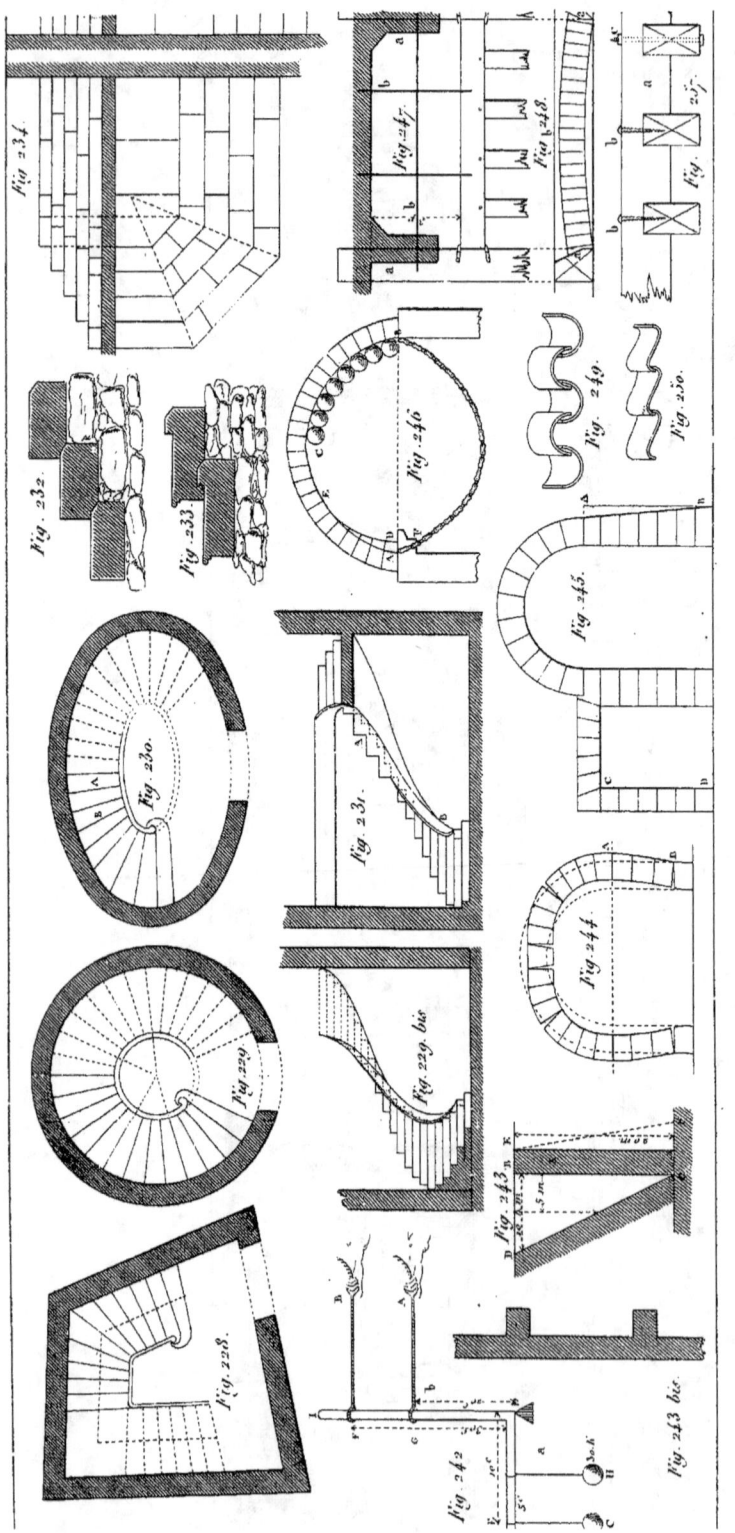

Fig. 234.

Fig. 247.

Fig. 248.

Fig. 257.

Fig. 232.

Fig. 233.

Fig. 246.

Fig. 249.

Fig. 250.

Fig. 245.

Fig. 230.

Fig. 231.

Fig. 229.

Fig. 229 bis.

Fig. 244.

Fig. 228.

Fig. 242.

Fig. 243.

Fig. 243 bis.

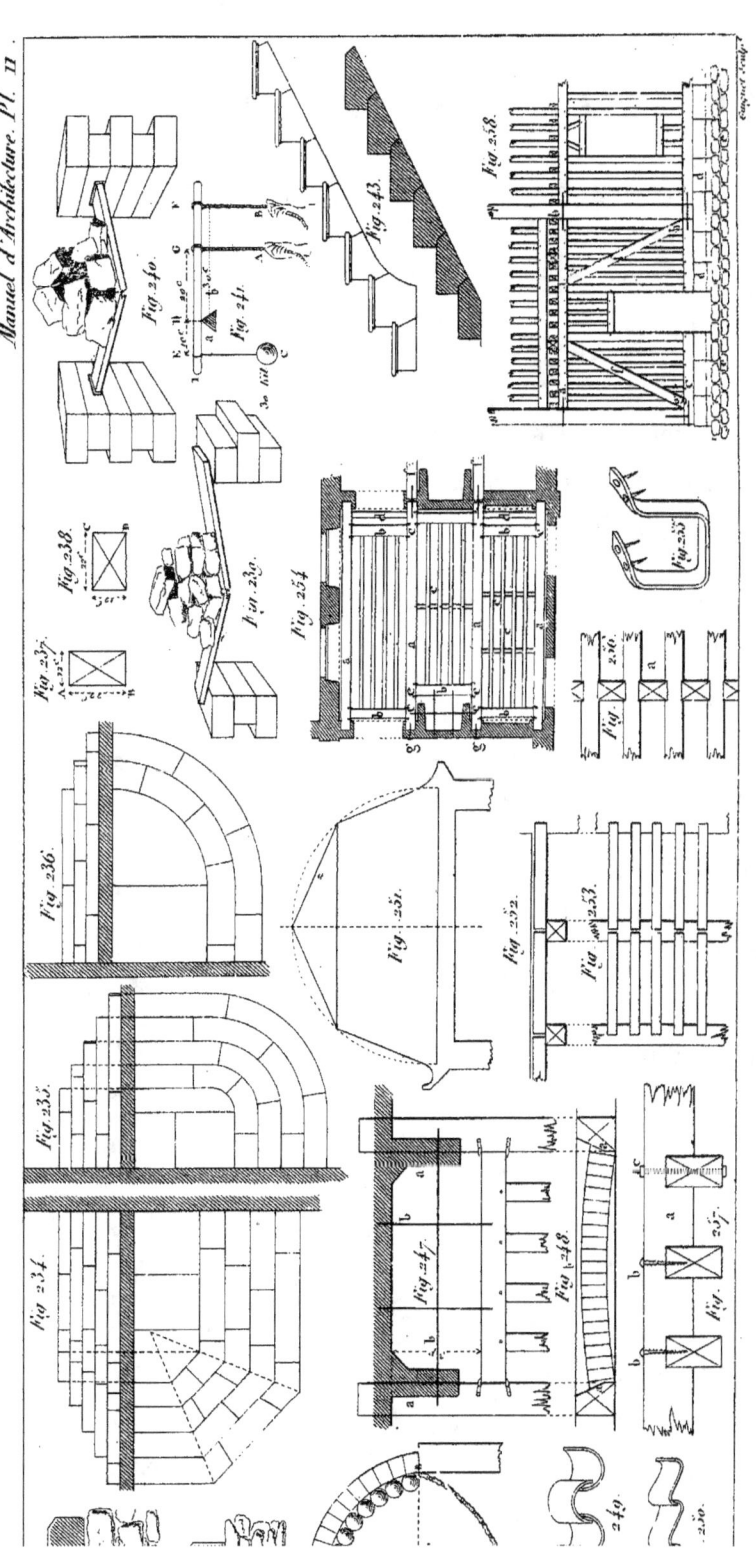

Fig. 240.
Fig. 241.
Fig. 243.
Fig. 248.
Fig. 238.
Fig. 237.
Fig. 239.
Fig. 254.
Fig. 255.
Fig. 236.
Fig. 235.
Fig. 234.
Fig. 251.
Fig. 252.
Fig. 250.
Fig. 253.
Fig. 247.
Fig. 248.
Fig. 245.
Fig. 249.
Fig. 246.

TABLE DES MATIÈRES

CONTENUES DANS LE DEUXIÈME VOLUME.

—

CHAPITRE V.

FIN DE LA TABLE.

DE L'IMPRIMERIE DE CRAPELET,
rue de Vaugirard, n°. 9.

www.ingramcontent.com/pod-product-compliance
Lightning Source LLC
Chambersburg PA
CBHW051348220526
45469CB00001B/162